I0276463

LA JEUNESSE DU ROI HENRI

LA SAINT-BARTHÉLEMY

PAR

PONSON DU TERRAIL

DEUXIÈME ÉDITION

PARIS
E. DENTU, ÉDITEUR
LIBRAIRE DE LA SOCIÉTÉ DES GENS DE LETTRES
PALAIS-ROYAL, 17 ET 19, GALERIE D'ORLÉANS.

LA JEUNESSE DU ROI HENRI

LA

S^T-BARTHÉLEMY

Paris. — Imprimerie de E. Donnaud, rue Cassette, 9.

LA JEUNESSE DU ROI HENRI

LA
St-BARTHÉLEMY

PAR

PONSON DU TERRAIL

DEUXIÈME ÉDITION

PARIS
E. DENTU, ÉDITEUR
LIBRAIRE DE LA SOCIÉTÉ DES GENS DE LETTRES
PALAIS-ROYAL, 17 ET 19, GALERIE D'ORLÉANS
1867
Tous droits réservés

LA
SAINT-BARTHÉLEMY

Nous avons laissé madame Marguerite, Nancy, Raoul et Hogier de Lévis, au château de Bury.

Hogier avait avalé, dans le fond de son verre, la poudre mystérieuse de Nancy.

Puis, comme cette poudre, avant d'agir comme narcotique, avait des effets bizarres, le jeune homme était d'abord tombé aux genoux de la jeune reine, puis il s'était endormi.

Nancy avait longtemps regardé par le trou de la serrure, tandis que Raoul, penché sur son épaule, dérobait parfois à la jolie camérière un de ces baisers ardents dont la vingtième année emporte le secret avec elle.

Nancy, la fine mouche, était trop occupée de ce

qui se passait dans la salle à manger, pour paraître s'en apercevoir; et lorsque la reine l'avait appelée, elle s'était empressée d'entrer sans se retourner vers Raoul.

C'était alors que la reine et Nancy étaient tombées d'accord que Hogier était charmant.

Ensuite Nancy avait fait la réflexion que la fraise devait être mûre...

Il y eut un moment de silence entre Marguerite et Nancy.

Cette dernière baissait les yeux et semblait jouir de l'embarras de la jeune reine.

— Ah! dit enfin celle-ci avec un soupir à fendre le cœur, si tu savais...

— Je sais.

Marguerite eut un geste de surprise.

— Comment! tu sais?

— Tout, dit froidement Nancy.

— Tu sais que le roi voyage?

— Oui...

— Avec une femme?

— Oui...

— Et que... cette femme...

— C'est Sarah.

— Mais... comment peux-tu savoir?

Nancy montra ses dents blanches en un sourire.

— J'écoutais à la porte, dit-elle.

— Nancy, Nancy! murmura la reine, je te chasserai un beau jour!...

— Bah! Votre Majesté plaisante. Elle sait bien qu'elle a besoin de moi, et que, d'ailleurs... je suis discrète...

La reine de Navarre jeta un regard plein de défiance vers la porte.

— Ah ! c'est juste, dit Nancy.

Elle sortit et trouva Raoul derrière la porte.

— Mon petit, lui dit-elle, ne penses-tu pas qu'il est bien tard ?

— Plaît-il ? fit Raoul.

— Si tu t'allais coucher ?

— Déjà !

— Oui, fit Nancy avec un sourire plein de malice.

Raoul avait fini par comprendre à demi-mot ; il posa donc sa main sur la rampe de l'escalier et monta au premier étage.

Nancy revint vers la reine.

— Maintenant nous pouvons causer, dit-elle.

— Raoul n'est plus là ?

— Non, madame.

Marguerite contemplait le jeune homme endormi avec une rêveuse émotion.

Nancy comprit la lutte qui se livrait dans l'âme de la jeune reine.

— Allons ! pensa-t-elle, le sire de Coarasse reparaît sous le roi de Navarre en ce moment. Il a laissé des racines, Dieu me pardonne !

— Oui, reprit Marguerite après un silence, le roi de Navarre voyage avec Sarah ; il l'emmène en Gascogne.

— Convenez, madame, dit Nancy, qu'il a eu bientôt pris son parti.

— Oh ! fit Marguerite indignée.

— Et que cette loi romaine qu'on appelle la peine du talion...

— Tais-toi !

— Ne trouvera jamais une plus juste application, acheva la camérière.

Marguerite était toujours rêveuse.

Mais tout à coup elle redressa la tête et son œil étincela.

— Mais je ne veux pas, dit-elle, que ce jeune homme lui serve d'instrument, je ne veux pas qu'il trouve des chevaux préparés...

— Oh ! c'est facile.

— Tu crois !

— Dame ! murmura Nancy, il ne tient qu'à Votre Majesté de faire ce qu'elle voudra.

— Nancy, Nancy, dit Marguerite, tu es un démon tentateur.

— Qui veut la fin veut les moyens...

Mais Nancy était allée un peu loin. La reine de Navarre ne parut pas comprendre et lui demanda :

— Combien de temps penses-tu qu'il dorme ainsi ?

Elle montrait Hogier que le sommeil avait appesanti dans le fauteuil où il était assis et dont la tête reposait sur le bord de la table.

— Soyez tranquille, madame, il dormira longtemps, je vous en réponds.

— Combien d'heures ?

— Douze ou quinze.

— Faut-il le laisser là.

— Ah ! pauvre garçon ! murmura Nancy avec compassion.

— Ou bien appeler les valets et le faire transporter dans sa chambre ?

Un fin sourire vint aux lèvres de Nancy.

— Votre Majesté oublie, dit-elle, que les valets du manoir se réduisent à cet ivrogne d'intendant qui cuve son vin à cette heure.

— C'est juste. Eh bien! laissons-le ici.

— C'est bien inhumain.

— Nous ne pouvons cependant pas le porter nous-mêmes.

— Oh! dit Nancy, Raoul nous aidera.

Et, de crainte que la reine n'hésitât encore, la camérière courut ouvrir la porte et appela Raoul.

Raoul était demeuré en haut de l'escalier. Il redescendit.

— Tiens, lui dit Nancy, il s'agit de charger M. Hogier sur nos épaules.

— Faut-il le jeter dans le puits?

Un cri d'effroi échappa à Marguerite, tandis que Raoul se mettait à rire.

— Bon! Elle l'aime, pensa Nancy...

Puis elle dit à Raoul :

— Non, il faut le porter dans sa chambre et l'y laisser dormir le plus longtemps possible. Nous allons t'aider, mon mignon.

— C'est inutile. Voyez!

Et Raoul prit Hogier à bras le corps et le chargea sur son épaule.

— Tu es fort comme Hercule, dit Marguerite.

Hogier ne s'éveilla point.

Nancy prit un flambeau, la reine un autre, et elles éclairèrent Raoul.

Raoul gravit pesamment les degrés de l'escalier, mais il ne fléchit point sous le poids, et il arriva au premier étage du château et à la chambre destinée à Hogier.

Là, il déposa le Gascon endormi sur le lit, et fit mine de se retirer.

— Reste, lui dit la reine.

Puis elle lui fit signe d'ouvrir le pourpoint du dormeur, ce que Raoul exécuta, et d'en retirer les parchemins que contenait la poche de dessous.

— Tu es allé en Navarre, n'est-ce pas?

— Mais oui, madame.

— Alors tu connais la langue béarnaise?

— Oh! non, certes!

— Comment! tu ne la comprends pas du tout?

— Je n'en sais pas un traître mot.

Marguerite se mordit les lèvres.

— Cependant, dit-elle, j'aurais bien voulu savoir ce que contiennent ces parchemins.

— Et moi aussi, murmura Nancy, qui avait sa dose de curiosité.

Marguerite prit néanmoins les deux parchemins et se mit à les examiner tour à tour.

Le moins indéchiffrable était celui qui contenait les noms des gentilshommes que Hogier devait requérir pour fournir des relais de chevaux.

Comme l'écriture béarnaise ne diffère point des autres, la reine put lire ces différents noms placés en regard d'un nom de pays.

Ainsi, en présence du mot *Blois*, elle lut *Maliravers*.

— Bon! se dit-elle, ce Maltravers doit être celui que Hogier est allé voir cette nuit. Passons à un autre. Et la reine lut au-dessous cet autre nom :

Terregude. Comme il n'y avait pas d'autre nom en regard, Marguerite, Raoul et Nancy en conclurent que *Terregude* désignait à la fois le manoir et le châtelain.

— C'est le relais après Blois, dit Nancy. Il paraît que Sa Majesté le roi de Navarre prendra des chevaux frais pour lui et la belle argentière chez le sire de Terregude.

— S'il en trouve! observa Marguerite dont la voix eut une expression de colère.

— Hein! fit Nancy.

— Puisque Hogier dort, il n'ira point chez le sire de Terregude, ce me semble.

— Mais il s'éveillera demain soir...

— Il ne sera plus temps, si le roi est pressé.

Tout à coup Nancy se frappa le front :

— Ah! il me vient une bonne idée! fit-elle.

— Voyons?

— Après Terregude, quel est le nom que porte cette liste, madame?

Marguerite lut :

— *Du Saussay, à Vernouillet.*

— Et puis ?

— *Altonay*, lut encore Marguerite. Celui-ci doit être près d'Angers.

— Très-bien.

— Voyons ton idée?

— Madame, répondit Nancy, lorsqu'on a pris ma poudre, on peut dormir dans toutes les positions, debout ou couché, en plein air ou au dedans, au soleil ou à l'ombre. Le sommeil tient dur.

— Que veux-tu dire?

— Je veux dire qu'en place de dormir quinze heures sur ce lit, M. Hogier pourait tout aussi bien dormir ailleurs.

— Mais où?

— En litière.

L'œil de Marguerite brilla.

— Ah! dit-elle, c'est vraiment une idée cela, et nous pourrions lui faire faire trente lieues pendant son sommeil.

— Comme qui dirait, ajouta Raoul, le transporter jusqu'à Angers.

— En litière.

Nancy se prit à sourire.

— J'aimerais qu'on s'arrêtât un peu avant, au premier village, par exemple.

— Pourquoi cela, chère petite?

— Ah! c'est mon secret...

Et Nancy se prit à rire après avoir souri. Ensuite elle dit encore :

— Nos porteurs doivent être reposés, nos muletiers dorment, mais on les éveillera.

— Est-ce que tu veux te remettre en route sur-le-champ, mignonne?

— Oui, madame.

— Mais je suis bien lasse...

— Votre Majesté dormira dans la litière.

— Et toi?

— Oh! je monterai le cheval de ce pauvre M. Hogier.

— Diable! diable! grommelait Raoul, ce n'est pas ce que j'avais rêvé, je comptais dormir ici.

Mais l'idée de Nancy était lumineuse, en ce sens

qu'on faisait passer Hogier endormi à travers tout le pays qu'il aurait dû parcourir en préparant des relais au roi de Navarre, et Marguerite était trop vindicative pour ne se point rejouir d'avance de la déconvenue qu'éprouverait son volage époux en se trouvant dans l'impossibilité de continuer son chemin.

Raoul, un peu consolé par un doux regard de Nancy, s'en alla éveiller les muletiers. Marguerite contemplait le doux et charmant visage d'Hogier.

Nancy observait Marguerite du coin de l'œil.

Cinq minutes après, Raoul remonta.

— Ah ça ! dit-il, tout le monde a donc pris un narcotique ici ? Je ne pouvais plus faire lever nos muletiers.

— Et le gros intendant ?

— Oh ! celui-là, il ronfle à ébranler la maison. Ce manoir me paraît être le palais du sommeil.

— Et les servantes ?

— Les servantes couchent dans les combles.

— C'est fort bien, dit la reine. Mais pourrons-nous sortir ?

— Je me charge d'ouvrir les portes et de baisser le pont levis.

— Alors, acheva Marguerite, partons !

. . . .

Quinze heures après, suivant la prédiction de Nancy, Hogier de Lévis sortit de son sommeil léthargique et rouvrit les yeux.

Entre autres propriétés, la poudre narcotique avait celle de brouiller un peu les idées et la mémoire, et il s'écoula quelques minutes pour notre héros avant qu'il eût pu savoir où il était et pourquoi il ne s'éveillait point dans son manoir des bords de l'Ariége. Son regard étonné rencontra une grande chambre éclairée par une lampe posée sur une table.

Lui-même, Hogier, était couché tout vêtu sur un lit.

— Où diable suis-je donc? se demanda-t-il. Sa mémoire le servait si peu en ce moment, qu'il n'était pas bien certain d'être jamais allé à Paris.

— Quels drôles de rêves je fais depuis hier soir ! se dit-il.

Il avisa un sablier dans le coin de la salle.

Le sablier marquait dix heures.

— Habituellement, pensa Hogier, je ne me couche jamais avant minuit. Or, il n'est que dix heures... il me semble qu'il y a longtemps que je dors... C'est bizarre !... Holà !... quelqu'un !...

Il frappa du poing sur la table placée auprès du lit.

Au bruit une porte s'ouvrit.

Hogier tourna les yeux vers cette porte et vit entrer une femme qui s'avança sur la pointe du pied.

C'était Nancy. Hogier la regarda, et soudain un vague souvenir éclaira son cerveau troublé.

— Je vous connais, vous, dit-il.

— Bonsoir, monsieur Hogier, répondit Nancy en s'asseyant au chevet du jeune homme.

— Ah ! vous me connaissez, vous aussi !

— Sans doute.

— Mais... vous... qui... êtes-vous ?

— Je suis la nièce de madame de Château-Landon.

— Il me semble que... je... la connais...

Nancy se mit à rire :

— Comment donc ! fit-elle.

Et tandis qu'il la regardait avec une sorte d'hébétement :

— Je crois même qu'hier au soir vous étiez à ses genoux.

— Ah ! fit Hogier...

— Que vous baisiez ses mains... et que vous prétendiez l'aimer...

Ces derniers mots furent pour Hogier un trait de lumière.

— Ah ! dit-il, je me souviens...

— C'est fort heureux, ma foi !

— Oh ! oui, je l'aime... répéta-t-il.

— Vrai ?

Hogier mit la main sur son cœur.

Puis il eut un frisson de crainte et s'écria :

— Mais où est-elle, mon Dieu ? Serait-elle partie !... Ah ! c'est impossible... puisque... vous voilà...

— Elle dort, dit Nancy.

Hogier passa la main sur son front.

— Mais moi aussi, j'ai dormi...

— Profondément, monsieur Hogier.

— Ah ! je sais où nous sommes... Oh ! je me souviens, reprit le jeune homme...

— En vérité, dit Nancy, vous savez où nous sommes ?

— Parbleu ! au château de Bury.

— Ah !

Hogier regarda le sablier qui marquait un peu plus de dix heures.

— Mais cette horloge est arrêtée, dit-il.

— Elle va très-bien, monsieur Hogier.

— Serait-il donc dix heures du matin ?

— Non, du soir.

— Ciel ! aurais-je dormi tout le jour, mademoiselle.

— Oui, monsieur.

Hogier sentit ses cheveux se hérisser, car la mémoire lui revint tout à fait, et il se souvint de sa mission.

— Mais c'est impossible !... s'écria-t-il, je ne dors jamais aussi longtemps.

— Je le crois, dit Nancy en riant, mais cette fois vous avez dérogé à vos habitudes, monsieur Hogier, et vous avez eu le sommeil si dur que nous vous avons fait faire trente lieues sans vous éveiller.

Hogier jeta un cri.

— Trente lieues ! dit-il.

— Oui.

— Je ne suis donc plus à Bury?

— Non.

— Et où suis-je donc, sang du Christ?

— A Saint-Mathurin, un village à trois lieues d'Angers.

Hogier poussa un nouveau cri :

— Ainsi, dit-il, vous m'avez enlevé de Bury tandis que je dormais ?

— Oui.

— Et vous m'avez transporté ici ?

— Oui.

— Pourquoi?

Et Hogier se dressa pâle et l'œil étincelant.

— Oh ! oh ! pensa Nancy, le damoiseau va se fâcher.

Et elle s'approcha de la cloison et frappa deux petits coups régulièrement espacés.

— Ma foi ! dit-elle, ma tante vous l'expliquera, monsieur Hogier.

Soudain la porte par laquelle Nancy était entrée se rouvrit.

Marguerite apparut.

Soudain aussi Hogier sentit son cœur battre à outrance, sa vue se troubla et il s'élança les bras tendus vers cette femme dont la beauté merveilleuse avait fait une si grande impression sur son âme.

— Bonjour, monsieur Hogier, lui dit Marguerite avec son divin sourire.

— Ah ! madame, murmura Hogier, dites-moi que cette jeune fille...

Il désignait Nancy du geste et du regard.

— Dites-moi qu'elle m'a raillé...

— Elle ? fit Marguerite.

— Qu'elle s'est moquée de moi en me disant que nous n'étions plus à Bury.

— Mais non, dit Marguerite avec calme, nous n'y sommes plus, en effet.

— Et où sommes-nous donc, juste ciel ?

— Je vous l'ai dit, répéta Nancy, à Saint-Mathurin, près d'Angers.

— Elle dit vrai, fit la reine d'un signe.

— Alors, madame, dit froidement Hogier, s'il en est ainsi, il ne me reste plus qu'à me passer mon épée au travers du corps, car je suis un homme perdu d'honneur.

Et Hogier courut à son épée qu'on avait placée sur un escabeau durant son sommeil.

II

Marguerite et Nancy se précipitèrent en même temps et arrachèrent l'épée des mains de Hogier.

— Malheureux! s'écria la reine de Navarre.

— Que faites-vous donc, monsieur? fit Nancy, qui n'avait point perdu tout à fait sa physionnomie railleuse et mutine.

Mais un désespoir immense s'était emparé de Hogier.

— Ah! dit-il, essayant de dégager son épée, vous voulez savoir pourquoi je veux me tuer?

— Oui, dit résolûment Marguerite.

— Eh bien!... je veux me tuer parce que vous m'avez déshonoré?

— Moi! fit Marguerite.

— Vous, madame.

Elle prit un air ingénu :

— Soit! dit-elle. Je vous permets de vous tuer, si vous me prouvez comment je vous ai déshonoré!

— Oh! c'est facile, dit Hogier avec amertume.

— Voyons, en ce cas.

Marguerite tenait toujours l'épée par la lame, au risque de se blesser cruellement.

— Mais auparavant, ajouta-t-elle, laissez cette arme.

— Non, car je ne suis plus digne de vivre.

— Eh bien! dit Marguerite, quand vous me l'aurez prouvé, je vous la rendrai.

Une grande franchise brillait dans le regard de Marguerite.

Hogier lâcha l'épée.

Aussitôt Nancy s'en empara, et la reine de Navarre lui dit :

— Laissez-nous!

— Hum! grommela Nancy, voici qui devient sérieux,... et madame Marguerite va se voir contrainte à de grandes concessions pour empêcher ce jeune homme de se donner la mort.

Lorsque Nancy fut partie, madame Marguerite prit un grand air d'autorité.

— Monsieur, dit-elle à Hogier, je suis prête à vous écouter, et si votre honneur vous commande le sacrifice de votre vie, je ne m'opposerai point à ce sacrifice.

Le ton grave et pénétré dont se servait Marguerite impressionna vivement Hogier de Lévis.

Marguerite s'assit.

Puis, comme Hogier demeurait debout devant elle :

— Voyons! dit-elle, je vous écoute...

Hogier était calme, mais la résolution brillait dans son regard.

— Madame, répondit-il, je suis gentilhomme et Béarnais.

— Je le sais.

— Je suis au service du roi de Navarre.

— Vous me l'avez dit hier.

— Et j'ai trahi le roi de Navarre.

— Bah! fit Marguerite.

Hogier poursuivit.

— Le roi m'avait envoyé au-devant de lui pour lui préparer des relais.

— Je sais cela, dit Marguerite.

— Pourquoi et comment me suis-je endormi au manoir de Bury? Je l'ignore... Mais vous m'avez fait mettre dans votre litière... sans doute?...

— En effet, dit la jeune reine, qui prit un air innocent. On ne parvenait point à vous réveiller, monsieur.

— Et vous m'avez fait faire trente lieues?

— A peu près.

— Ce qui fait que j'ai perdu quinze heures d'une part et dix de l'autre.

— Comment cela?

— Je n'ai point préparé les relais du roi.

— Ah! c'est juste, dit Marguerite, toujours impassible.

— Or, madame, acheva Hogier d'un ton convaincu, à cette heure le roi est passé.

— Croyez-vous?

— Il n'aura point trouvé ses relais.

— Bah!

— Et le roi pense que je suis un traître! acheva Hogier avec l'accent du désespoir. Vous voyez donc bien qu'il faut que je meure!...

Notre héros prononça ces mots avec une résignation chevaleresque si remplie de simplicité que Marguerite eut un élan d'enthousiasme.

— Oh! dit-elle, cela ne sera pas!

— Et pourquoi donc? fit-il avec amertume.

Elle l'enveloppa d'un regard ardent sous le magnétisme duquel il se sentit frissonner.

— Mais parce que... je ne... le veux pas!... dit-elle.

Il tressaillit et la regarda à son tour.

— Vous... ne... le voulez pas?... balbutia-t-il.

— Non.

— Et de quel droit?

Son œil devint humide, sa voix s'altéra :

— Parce que, moi aussi, dit-elle, je... vous... aime!...

Hogier jeta un cri et tomba à genoux :

— Oh! murmura-t-il, il me semble que le ciel m'écrase!

— Vous êtes fou! dit Marguerite.

— Fou, dites-vous? non, madame; je suis l'homme le plus malheureux du monde, murmura-t-il, car je vais mourir au moment où le paradis s'ouvrait pour moi.

Marguerite eut peur, elle lisait dans les yeux du jeune homme sa résolution bien arrêtée de mourir.

— Rendez-moi mon épée, ajouta Hogier, et laissez-moi, madame.

— Non, pas encore, dit Marguerite.

Et comme il la regardait à son tour avec étonnement :

— Moi aussi, dit-elle, je veux que vous m'écoutiez, monsieur. Si vous vous tuez, j'aurai été la cause involontaire de votre mort, moi.

Hogier tressaillit.

— Moi, qui vous aime, acheva-t-elle.

— Ah! dit Hogier, taisez-vous, madame!... votre

voix et votre regard séduiraient un ange, et je ne suis qu'un homme, hélas!

Marguerite eut un frisson d'espérance.

— Vous allez vous tuer, dit-elle, et ce sera moi qui serai la cause de votre mort.

— Qu'importe !

— Moi qui d'un mot pourrais vous forcer à vivre, ajouta Marguerite.

Ces mots frappèrent Hogier d'étonnement.

La reine reprit :

— Tenez, dit-elle, écoutez-moi encore, je vais vous faire juge...

— Parlez, madame.

— Supposez que je sois la reine de Navarre...

— Vous!

Et Hogier jeta sur la prétendue dame de Château-Landon un regard éperdu.

Marguerite se prit à rire :

— Hélas! dit-elle, si je l'étais, en effet, je ne voyagerais pas en si mince équipage; mais admettez-le...

Hogier, un moment suffoqué, se reprit à respirer.

— Ah ! dit-il, ce n'était donc qu'une simple supposition ?

— Mon Dieu! oui...

— Et vous êtes?...

— Je suis une demoiselle de Touraine, veuve du sire de Château-Landon.

— Alors, observa Hogier, qui comprenait de moins en moins, à quoi bon cette plaisanterie, madame ?

— Je ne plaisante pas.

— Cette supposition, veux-je dire ?

— Ah ! c'est différent. Écoutez : je suppose que je

sois la reine de Navarre, vous me rencontrez et vous m'aimez...

— Oh!... dit Hogier avec une naïve admiration, je défie qu'il en soit autrement.

— Je l'admets, répondit Marguerite en souriant. Donc, vous m'aimez, et comme on n'a rien de caché pour celle qu'on aime, n'est-ce pas?...

— Parlez!...

— Vous me faites l'aveu que vous servez de coureur au roi de Navarre.

— Bon!...

— Lequel voyage *incognito*, de nuit et avec toutes sortes de précautions, en compagnie d'une femme dont il fait sa favorite !

— Mais, madame...

— Alors, — je suppose toujours que je sois la reine de Navarre, — apprenant la trahison du roi mon époux, je m'irrite et jure de me venger. Est-ce mon droit?

— Oh ! certes !...

— Et comme vous êtes jeune, spirituel, aimable...

— Madame !...

— Et que vous paraissez m'aimer...

— Ah ! murmura Hogier, que la voix, le regard et le sourire de Marguerite fascinaient...

— Je jette les yeux sur vous, continua-t-elle, et je fais de vous le complice de ma vengeance.

Ces derniers mots mirent le comble au trouble, à la stupéfaction de Hogier.

La reine poursuivit :

— Alors encore je vous fais prendre un narcotique,

et je vous fais transporter à trente lieues plus loin durant votre sommeil.

— Mais, madame...

— De cette façon, acheva Marguerite, dont la voix devint railleuse, les relais du roi ne sont pas prêts, et la belle qu'il enlevait...

Hogier interrompit brusquement Marguerite :

— Ah ! dit-il, je crois que je deviens fou.

La jeune femme haussa les épaules, puis elle prit sa main dans les siennes et continua :

— Alors, placé entre la mort que vous avez méritée pour avoir trahi votre roi et l'amour de votre reine, que ferez-vous ?

Hogier eut le vertige et baissa la tête.

Marguerite reprit :

— Maintenant, supposons encore autre chose. Je ne suis pas la reine de Navarre, mais je suis sa dame d'honneur... sa confidente... une femme enfin qui possède son amitié et ses secrets...

— Eh bien ? fit Hogier, qui commençait à se demander s'il n'était pas le jouet de quelque rêve affreux.

— Eh bien ! la reine de Navarre a eu vent des projets du roi.

— Ah !

— Et elle m'a envoyée en avant, afin que je vous arrête, vous retienne et vous captive.

— S'il en est ainsi, madame, dit tristement Hogier, vous avez réussi...

— Ah ! voyez-vous !

— Car je vous aime sincèrement.

— En vérité !

— Et je vais mourir aussi désespéré qu'un condamné.

— Pauvre ami ! murmura la jeune reine.

— Mais si ardent que soit mon amour, acheva Hogier, il ne m'empêchera pas de me faire justice.

— Sur-le-champ ?

Un pâle sourire vint aux lèvres du jeune homme.

— Mieux vaut plus tôt que plus tard, dit-il.

— Mais enfin, puisque... je vous aime...

Hogier haussa la tête :

— Votre amour ne me rendra pas l'honneur.

— Mais, si je vous suppliais de différer votre mort.

— Ah ! madame...

— De quelques heures.

Hogier eut le vertige.

— Si je prenais votre main... si je vous disais... que je veux vous aimer... que je veux être aimée de vous...

— Oh ! je vous aime ! je vous aime !...

— Au moins jusqu'à demain.

— Mon Dieu ! murmura le Gascon éperdu, faites que j'aie la force de ne point survivre à mon honneur.

Mais Marguerite acheva :

— Monsieur Hogier, me refuserez-vous votre protection quelques heures encore ?...

— Madame !...

— Jusqu'à Angers, où m'appelle une affaire importante.

— Soit, madame, dit Hogier, je vous accompagnerai jusqu'à Angers.

Marguerite laissa échapper un cri de joie.

— Mais là... mais là, dit le jeune homme, vous me rendrez ma liberté ?

Marguerite courba le front.

— Vous me le jurez?

— Je vous le jure, si toutefois à Angers je n'ai pu réussir à vous convaincre.

Hogier secoua la tête.

— Oh! dit-il, on ne persuade point à un homme tel que moi que la vie sans honneur est chose possible.

Mais Marguerite avait obtenu une première concession qui lui suffisait, momentanément du moins.

Aussi courut-elle vers la porte appelant Nancy.

Nancy revint l'épée de Hogier à la main.

— Rends cette épée à monsieur, dit la jeune reine.

— Est-ce pour qu'il se tue? demanda la camérière d'un ton moqueur.

— Non, il m'a promis d'être raisonnable.

— Ah! c'est différent...

— Jusqu'à Angers, du moins, observa Hogier, toujours désespéré.

Nancy regarda Marguerite :

— Est-ce que nous allons passer la nuit ici, ma tante?

— Non, nous allons coucher à Angers, où nous pouvons arriver en moins d'une heure, ce me semble.

— A peu près, dit Hogier.

— Et où nous trouverons un meilleur gîte.

Le muet sourire qui glissa sur les lèvres de Nancy suffit à jeter Hogier dans tout un monde de suppositions.

Qui lui disait que cette femme, qu'il persistait à prendre pour la dame de Château-Landon, n'était pas la reine de Navarre, ainsi qu'elle l'avait un moment prétendu ?

Et, à cette pensée, Hogier regardait Marguerite et s'avouait qu'une beauté semblable ne pouvait appartenir qu'à une reine.

Mais, en même temps aussi, le jeune homme se disait qu'une fille de France ne saurait voyager dans le chétif équipage où il l'avait rencontrée et que, d'ailleurs, si la chose était ainsi, ce ne serait point une raison pour que Nancy l'appelât *ma tante*.

Tandis que notre héros était livré à ces perplexités, Raoul entra.

— Bonsoir, monsieur Hogier, dit-il à son tour, avez-vous bien dormi ?

— J'ai trop dormi, monsieur, répondit tristement le Gascon.

Marguerite posa un doigt sur ses lèvres :

— Chut ! fit-elle.

— Il paraît, pensa Hogier, qu'elle ne veut pas que son neveu sache que je dois me tuer.

La reine dit à Raoul :

— M. Hogier consent à nous accompagner à Angers.

— Ah ! ah !

— Et nous allons partir sur-le-champ.

— Les chevaux sont las, observa Raoul, qui regarda Nancy avec éloquence.

— Tu crois ? fit la reine.

— Et nous étions fort bien ici pour y passer la nuit, acheva Raoul.

— Nous serons bien mieux à Angers.

— Ah !

Et Raoul allongea sa lèvre inférieure et prit un air boudeur.

Mais Nancy se pencha à l'oreille du page, après l'avoir regardé et elle murmura :

— Vous savez bien, monsieur, que, une fois à Angers, on y passera quelque temps, et qu'on aura tout loisir de parler d'amour.

Raoul poussa un gros soupir et s'en alla faire préparer les chevaux.

Un quart-d'heure après la reine et Nancy, après avoir payé l'écot à l'auberge de *Saint-Mathurin,* montaient en litière.

Hogier et Raoul, à cheval tous deux, se rangeaient aux portières. Le muletier, chargé des bagages de la prétendue dame de Château-Landon, fermait la route.

De Saint-Mathurin à Angers il y avait trois grandes lieues de pays.

Le sablier de l'auberge marquait onze heures du soir lorsque le petit cortége se mit en route.

Une heure du matin sonnait au beffroi du château d'Angers quand Marguerite et ses compagnons se présentèrent à la porte de la ville.

Angers était une place de guerre dans laquelle on ne pénétrait point aisément.

Il fallait avoir un nom bien connu de l'officier de poste, ou savoir le mot de passe, ou être mandé par quelque haut personnage pour entrer ainsi au milieu de la nuit.

Mais madame Marguerite ne s'effrayait pas pour si peu.

Elle appela Raoul.

Raoul se pencha à la portière, et la reine lui dit :

— Tu vas heurter à la porte avec le pommeau de ton épée.

— Bien! fit Raoul.

— On te demandera qui tu es et d'où tu viens.

— Que répondrai-je?

— « Je viens de Paris, service du roi. »

— Bon! fit Raoul; mais il n'est pas bien sûr, malgré cela, qu'on veuille nous ouvrir.

— Alors tu prieras l'officier de sortir et de venir me parler.

Raoul piqua des deux, laissa la litière en arrière et s'approcha seul de la porte.

Il paraît qu'on ne pénétrait pas souvent de nuit dans Angers, car Raoul fut obligé de frapper plusieurs fois avant qu'on se décidât à démasquer le guichet grillé à travers lequel s'échangeaient d'ordinaire les pourparlers.

— Qui êtes-vous? d'où venez-vous? demanda une voix grondeuse et entachée d'accent germanique.

— Hum! pensa Raoul, la porte est gardée par des lansquenets.

Et il répondit tout haut:

— Je viens de Paris et je suis au service du roi.

— Avez-vous le mot d'ordre?

— Non.

— Alors, bonsoir, *bortez fus bien*. Et le lansquenet ferma le guichet.

Mais Raoul, furieux, se remit à frapper si fort que l'officier de la porte accourut et fit ouvrir le guichet.

L'officier était Français.

— Oh! oh! mon jeune coq, dit-il, vous faites grand tapage, ce me semble.

— On me l'a commandé, monsieur, répondit courtoisement Raoul.

— Et qui donc, s'il vous plaît ?

— Une personne qui se trouve là-bas, dans cette litière, et qui a le droit de parler haut et fort.

— Diable! fit l'officier d'un ton incrédule ; et cette personne veut entrer ?

— Oui.

— A-t-elle le mot d'ordre ?

— Monsieur, répliqua Raoul avec hauteur, il est probable qu'elle vous le donnera tout à l'heure, si vous voulez bien me suivre...

— Plaît-il ?

— Jusqu'à la litière, acheva Raoul.

— Monsieur, répondit l'officier, dites-moi le mot d'ordre, et la porte s'ouvrira. Sinon... bonsoir !

— Allons! pensa Raoul, il faut employer les grands moyens.

Et il dit à l'officier :

— Voulez-vous faire un pari, mon gentilhomme ?

— Lequel ?

— Que si vous nous faites coucher à la belle étoile, demain, à pareille heure, vous serez en prison dans une tour du château d'Angers.

Ces mots firent impression sur le chef du poste.

— Venez voir, acheva Raoul, à qui vous avez affaire.

— Faites avancer votre litière, répondit l'officier, qui donna l'ordre d'ouvrir un des battants de la porte.

Puis il sortit et s'en alla, suivi de Raoul, à la rencontre de la litière.

Il faisait un beau clair de lune, et bientôt l'officier put distinguer une tête de femme qui sortait à demi par la portière.

Soudain il tressaillit, car il avait reconnu cette tête, ayant accompagné plusieurs fois le duc d'Anjou au Louvre.

— La reine de Navarre ! s'écria-t-il.

Soudain aussi un cri d'étonnement et de douleur se fit entendre.

Hogier ne pouvait plus douter, c'était bien la reine de Navarre qu'il aimait.

Le cri qu'il avait poussé remua profondément la jeune reine.

Elle tendit la main au jeune homme tout frémissant d'émotion et de respectueuse terreur :

— Oui, lui dit-elle tout bas, oui, je suis la reine de Navarre qui vous défends de vous tuer... elle vous aime !...

Hogier se sentit défaillir sur sa selle :

— Mon Dieu ! murmura-t-il, je crois que je n'aurai pas besoin du secours de mon épée, il me semble que je vais mourir.

III

Revenons à Henri.

Nous avons laissé la petite caravane qui enlevait la reine-mère, madame Catherine de Médicis, au milieu d'une forêt où on s'attendait à trouver des chevaux frais.

Cette forêt était voisine du manoir de Terregude,

un gentilhomme huguenot sur lequel Henri de Navarre croyait pouvoir compter.

Mais, comme on a pu le voir, Hogier, victime de la poudre narcotique de Nancy, n'avait prévenu ni le sire de Terregude, ni les autres gentilshommes qui se trouvaient sur la route d'Angers.

Et cependant, ce galop forcené que Henri de Navarre et ses compagnons entendaient depuis si longtemps, se rapprochait peu à peu et retentissait plus sonore dans l'espace.

La litière escortée par Hector et Lahire avait rejoint le jeune roi et Noë au milieu du carrefour.

— Halte! cria Noë.

— Où sont donc les chevaux? demanda Hector tout bas.

— Il n'y a pas de chevaux, répondit Noë.

— Trahison! murmura Lahire.

— Malheur! répéta Hector.

— Mais enfin que faut-il faire? demanda Hector, qui rangea son cheval auprès de celui de Noë.

— Attendre! répondit Noë.

Le roi fit un signe.

A ce signe, la petite escorte entoura la litière.

Puis Hector, qui avait toujours parlé à madame Catherine, se pencha vers elle et lui dit :

— Je ne dois point vous cacher, Madame, que vous courez quelque danger.

— Moi? fit-elle en tressaillant.

— Si c'est nous qu'on poursuit, continua Hector, nous nous défendrons.

La reine sentit son espoir augmenter.

— Et nous vendrons chèrement notre vie, madame, ajouta le jeune homme.

— C'est votre droit, monsieur.

— Or, dans ce cas, il est probable que Votre Majesté ne tombera point vivante aux mains de ses libérateurs.

— Mais... monsieur... supplia la reine.

Hector ne répondit pas et se rapprocha de Noë et du roi.

Ces derniers tenaient conseil.

— Sire, disait tout bas Noë, si mon oreille ne me trompe, ils sont au moins quinze cavaliers.

— Tu crois?

— Écoutez plutôt.

— Quatre contre quinze, c'est peu...

— Bah! fit Noë.

Et il eut un chevaleresque sourire.

— Supposons, reprit Noë, que nous nous défendions une heure.

— Bon!

— Après il faudra toujours succomber...

— On succombera, Noë, mon ami, répondit fièrement le roi.

Mais Noë secoua la tête :

— Et notre étoile, continua Noë, que nous contemplâmes, un soir, d'une des fenêtres du Louvre; cette étoile qui semblait luire pour vous seul, Sire, et vous promettre un grand avenir.

— Eh bien! répondit Henri, si cette étoile est la mienne, elle ne m'abandonnera point aujourd'hui.

Le galop devenait de plus en plus sonore et distinct.

Il n'y avait plus à s'y tromper, les gens qui semblaient poursuivre le roi de Navarre et sa suite étaient nombreux.

— Sire, reprit Noë, il est un proverbe qui dit : « Aide-toi, le ciel t'aidera ! »

— Je le connais, ami Noë.

— Cela veut dire que votre étoile ne luira pour vous que si vous vous y prêtez, Sire.

— Et que veux-tu donc que je fasse ?

Hector venait de s'approcher.

— Sire, dit-il, votre cheval et ceux de mes compagnons sont las, mais le mien est un cheval du Béarn, et il peut courir trois ou quatre heures encore.

— Eh bien ?

— Prenez-le, sire, et fuyez ! dit Noë.

Mais Henri répondit par un éclat de rire :

— Ces hommes-là sont fous ! dit-il.

Puis il tira son épée.

— Allons ! dit-il, mes amis, au lieu de raconter de pareilles sornettes, il faut en découdre !

Noë s'était penché à l'oreille de Lahire :

— Nous sommes perdus ! murmura-t-il.

— Oh ! oh ! murmura Henri, c'est bien à nous qu'on en veut !

En effet, la forêt se trouvait sur la gauche de la route, et du moment où la troupe abandonnait cette voie battue, c'est qu'elle était sur les traces des ravisseurs de madame Catherine.

— Nos chevaux ne peuvent plus courir, murmura Henri, mais ils auront bien encore assez de force pour combattre. Allons ! mes enfants à la rescousse !

Et le jeune roi, plein d'ardeur, poussa son cheval à la rencontre de l'ennemi.

Noë s'était rangé auprès du roi.

Hector et Lahire s'étaient placés chacun à une des portières de la litière.

Madame Catherine, qui avait toujours son capuchon sur la tête, avait bien compris qu'il se passait quelque chose d'extraordinaire, mais elle ne pouvait au juste définir ce *quelque chose*.

Cependant elle entendit tout à coup retentir des cris, et ce galop infernal qui semblait les poursuivre depuis une heure devint si distinct et si bruyant, que la reine-mère comprit qu'une collision allait avoir lieu.

En effet, Henri et Noë s'étaient avancés à la rencontre de cet ennemi mystérieux.

Les poursuivants venaient de faire irruption dans le carrefour.

C'étaient, on le devine, René, le duc et ses favoris, les amoureux de la duchesse.

Cinq contre quatre, la partie eût été presque égale.

Mais René, en homme prudent, avait requis à deux lieues de là une dizaine de reîtres et leur officier qui s'en allaient à Angers tenir garnison et qu'il avait rencontrés sur la route.

On avait promis deux pistoles à chaque soldat, cinquante à l'officier et des chevaux de rechange pour ceux qui auraient crevé les leurs. Ce n'était donc plus à cinq hommes mais à quinze que le Béarnais et ses trois Gascons allaient avoir affaire.

Henri les compta du regard.

Puis il cria en Béarnais :

— Chargeons cette canaille !

Et les quatre braves se ruèrent sur cet ennemi nombreux qui les avait poursuivis avec tant d'acharnement.

Mais le duc et René, en généraux habiles, avaient mis les reîtres en avant, gardant avec Leo et ses amis le rôle de la réserve.

Ce furent donc les reîtres qui reçurent le premier choc.

Henri s'ouvrit un passage au milieu d'eux conservant toujours son masque et frappant d'estoc et de taille.

Hector était demeuré auprès de la litière, prêt à poignarder la reine-mère, si Henri et ses compagnons succombaient.

Le combat fut court, mais terrible.

Cinq reîtres tombèrent ; une balle tua le cheval de Noë.

Noë se releva rapide comme l'éclair et se retrouva, à pied, à la droite de son roi.

Mais aux cinq reîtres tombés succédèrent alors le duc et ses hommes.

Il faisait clair de lune, et Henri reconnut son ennemi, son rival, ce cousin de Guise qui le haïssait si mortellement.

Aussi courut-il droit à lui, frappant à tort et à travers pour s'ouvrir un passage.

— Ah ! ah ! ricana le duc, qui l'attendait de pied ferme, il paraît que voilà le chef de la bande !...

Alors entre ces deux hommes, dont l'un connaissait l'autre, tandis que le second peut-être devinait aussi à qui il avait affaire, entre ces deux hommes, disons-nous, il se livra un combat terrible, acharné, sans exemple ! A la façon dont leurs épées se froissaient, se suivaient dans l'air en sifflant, on devinait qu'elles se connaissaient et s'étaient déjà rencontrées.

Noë combattait à pied, mais il avait eu le temps de prendre ses pistolets dans ses fontes et de les passer à sa ceinture.

Tandis que le duc ferraillait avec Henri, René, toujours traître, accourait au secours du prince lorrain et s'apprêtait à frapper Henri par derrière.

Mais Noë le prévint, et d'un coup de pistolet il abattit son cheval.

Puis il tomba sur René, l'épée haute :

— A nous deux ! dit-il.

— Je connais cette voix ! murmura le Florentin.

— Tu ne la connaîtras pas longtemps, s'écria Noé hors de lui.

Et il se fendit sur le Florentin.

Mais René fit un leste saut de côté, l'épée glissa dans le vide, Noé fit un faux pas et tomba.

Au même instant, deux reîtres, qui avaient été démontés, se ruèrent sur Noé, et l'un d'eux l'enlaça de ses bras robustes, tandis que l'autre lui appuyait un genou sur la poitrine et la pointe de sa dague sur la gorge.

Mais René cria :

— Ne le tuez pas ! c'est l'affaire du bourreau, garottez-le... Tandis que Henri ferraillait avec le duc qu'il avait blessé trois fois, et que Noé était fait prisonnier, Hector et Lahire, placés devant la litière, se défendaient avec une énergie sauvage.

Leo et ses compagnons, suivis de ce qui restait de reîtres, les avaient entourés, leur criant :

— Rendez-vous !

Mais Hector et Lahire se battaient à outrance, frappant d'estoc, frappant de taille, après avoir fait feu de leurs quatre coups de pistolet et tué trois reitres, parmi lesquels se trouvait l'officier.

Mais que pouvaient deux hommes épuisés contre dix?

Une heure vint où les forces leur manquèrent.

L'épée de Lahire se brisa vers sa poignée, et un reitre qu'il avait abattu se releva et planta sa dague dans le flanc du cheval que montait le Gascon.

Cheval et cavalier roulèrent pêle-mêle sur le sol, et, pour la seconde fois, Henri, qui avait atteint le duc d'un quatrième coup d'épée, entendit la voix de René qui criait à Leo et à ses compagnons :

— Ne tuez pas ! garottez !

Deux hommes luttaient encore contre sept ou huit : Henri qui pressait le duc et le forçait à reculer ; Hector qui s'était fait un rempart de la litière après s'être d'abord placé devant elle.

Dans la litière madame Catherine, épouvantée, n'osait faire un mouvement ni relever son capuchon.

— Ah ! mordioux! s'écria tout à coup Hector, qui tenait toujours contre tant d'ennemis, au moins ils ne l'auront pas vivante !

Et il allongea le bras à l'intérieur de la litière et frappa la reine d'un coup de dague.

Un cri sourd se fit entendre, une pluie chaude inonda la main du Gascon.

— Je l'ai tuée ! pensa-t-il.

Et alors il ne songea plus à se défendre, mais à fuir et à s'ouvrir une route au milieu de ces ennemis sans cesse renaissants.

Henri, à dix pas plus loin, pressait toujours le duc de Guise et ne pouvait parvenir à l'abattre.

Hector poussa son cheval.

Le vaillant Lucifer bondit, foula aux pieds deux reîtres démontés, l'épée d'Hector frappa à droite et à gauche, rencontra la poitrine de Leo d'Arnembourg et y disparut presque tout entière.

Ce fut une chance de salut pour Hector.

Les compagnons de Leo s'écartèrent un moment pour soutenir leur malheureux ami, qui chancelait sur sa selle...

Hector était déjà auprès du roi...

Que se passa-t-il alors ?

Il est impossible de le dire, mais ces deux hommes, qui venaient de se battre en désespérés et n'avaient eu, un moment, d'autre perspective que celle de mourir vaillamment, ces deux hommes, disons-nous, échangèrent un regard, se devinèrent, se comprirent...

Et soudain Henri, dont le cheval harassé, blessé, était prêt à s'abattre, Henri sauta lestement à terre, tandis que Hector se plaçait devant le duc et remplaçait son roi.

Henri était sain et sauf, le duc était blessé.

Henri était l'enfant des montagnes, il avait l'agilité d'un chamois ; il savait, au besoin, bondir comme un tigre.

Un cheval dont le cavalier avait été tué errait en liberté au milieu de cette scène de carnage. Henri s'élança sur lui, jeta un cri guttural, le cri d'un Béarnais qui fuit après avoir résisté à l'ennemi jusqu'au dernier moment, et, enfonçant l'éperon aux flancs de l'animal, il s'éloigna au galop.

Soudain aussi Hector avait fait volte-face, et deux secondes après il galopait à côté du Béarnais qui lui disait :

— A Paris ! à Paris il faut sauver Noë et Lahire de l'échafaud !...

IV

Tandis que tous ces événements s'accomplissaient sur la route de Paris à Angers, le Louvre était en grand émoi.

Quelques heures après l'enlèvement de madame Catherine et la disparition de madame Marguerite, S. M. le roi Charles IX, qui avait fort bien dormi, chose rare, s'éveilla de très-belle humeur.

Pour les gens qui vivaient alors au Louvre, la belle humeur du roi Charles IX était aussi peu commune qu'un jour de soleil en plein hiver.

Aussi M. de Pibrac, qui attendait, dès sept heures, dans l'antichambre, le bon plaisir de Sa Majesté, fut-il agréablement surpris lorsque le page Gauthier qui avait passé la nuit dans un fauteuil, dans la chambre royale, lui vint dire :

— Monsieur le capitaine des gardes, le roi s'est éveillé en souriant et demande à vous voir.

M. de Pibrac, en entendant ces paroles, regarda le sablier de l'antichambre.

Cette horloge patriarcale marquait non-seulement les heures, mais encore les jours et les années.

Or, le sablier indiquait en ce moment qu'on était au dix-sept août, et qu'il était sept heures et demie du matin.

— Voilà une date que je retiendrai, mordioux! murmura M. de Pibrac.

Et, d'un pas délibéré, il entra dans la chambre royale.

S. M. le roi Charles IX était assis sur son séant, le sourire aux lèvres, ainsi l'avait annoncé le page Gauthier, l'œil clair et brillant.

— Bonjour, Pibrac, dit le roi.

— Bonjour, Sire.

— Quel temps fait-il?

— Un soleil magnifique, Sire.

— Pourra-t-on chasser?

— Oh! certes!

— Seyez-vous là, Pibrac, mon ami, dit le roi en indiquant un siége à son capitaine des gardes...

Pibrac s'assit.

— Savez-vous, dit le roi, que j'ai dormi cette nuit comme le dernier paysan de mon royaume, mon cher Pibrac?

— Tant mieux! Sire.

— Et j'ai fait des rêves charmants...

— Ah! fit Pibrac.

— Oh ! continue le roi, des rêves impossibles à réaliser, je vous assure.

— Vraiment, Sire ?

— Jugez-en vous-même : J'ai rêvé que madame Catherine ma mère avait pris René en horreur...

— En effet, Sire, observa Pibrac, ce rêve-là est un peu... léger.

— Attendez donc, Pibrac, mon ami !

— Qu'est-ce encore, Sire !

— Dans mon rêve, madame Catherine et mon cousin le roi de Navarre étaient au mieux.

— En vérité !

— Ils s'embrassaient et s'accablaient de protestations d'amitié.

— On voit bien que Votre Majesté a rêvé, dit finement Pibrac.

— Et madame Marguerite, ma sœur, se réconciliait avec mon autre cousin que vous savez, Pibrac, mon ami.

— Le duc de Guise ?

— Justement.

M. de Pibrac fronça le sourcil :

— Ma foi ! Sire, dit-il, voilà la dernière partie du rêve de Votre Majesté qui me semble plus vraisemblable que les deux autres.

— Hein ! fit le roi.

Et il regarda Pibrac fort attentivement.

Le capitaine des gardes prit un air ingénu.

— Dame ! Sire, dit-il, madame Catherine n'aimait pas beaucoup le duc de Guise.

— C'est vrai.

— Mais elle aime encore moins le roi de Navarre.

— Je suis de votre avis, Pibrac.

— Or, reprit le prudent capitaine des gardes, Votre Majesté sait aussi bien que moi que madame Catherine a toujours eu un faible pour la discorde.

Le roi eut un gros sourire plein de gaieté.

— Et poursuivit Pibrac encouragé, à la seule fin de chagriner le roi de Navarre, elle est femme à avoir fait sa paix avec le duc de Guise.

— Vous croyez?

— Dame! c'est possible, Sire.

— Mais qu'est-ce que ma sœur Margot peut avoir à faire en tout cela?

— La reine de Navarre est jeune, Sire.

— Elle a vingt ans.

— Elle est belle... elle a l'orgueil de sa beauté.

— Ça, j'en suis sûr...

— Elle est peut-être jalouse...

— C'est bien possible!

— Et si le roi de Navarre....

— Bon, interrompit Charles IX, je comprends, Pibrac, mon ami.

— Par conséquent, madame Catherine, continua le capitaine des gardes, est bien capable d'avoir tiré parti de tout cela.

— Au profit du duc?

— Je le crains.

Le roi sauta à bas de son lit et appela le page Gauthier.

— Habille-moi! dit-il.

Pibrac fit mine de se retirer.

— Non, non, dit le roi, restez, Pibrac.

— Votre Majesté a besoin de moi?

— Je veux savoir ce qu'il peut y avoir de vrai dans mon rêve...

— Comment cela, Sire ?

Le roi eut un sourire mystérieux :

— Margot ne me cache rien, dit-il.

— Ah ! fit Pibrac d'un air de doute.

— Et si madame Catherine a intrigué quelque peu en faveur du duc... Margot me le dira.

— Peut-être, Sire.

— Donc allez me la quérir.

Pibrac s'inclina, se leva et sortit, tandis que le roi se faisait habiller.

On se levait de bon matin, au Louvre, sous le règne du roi Charles IX, surtout en plein été, au mois d'août.

M. de Pibrac s'en alla donc tout droit aux appartements de la reine de Navarre, persuadé qu'il faisait jour chez elle dès sept heures du matin, ou que, tout au moins, il trouverait dans ses antichambres soit Nancy, la jolie camérière, soit un page ou une fille de chambre qui se chargerait de transmettre à madame Marguerite la volonté du roi.

M. de Pibrac se trompait.

Les antichambres de madame Marguerite étaient vides.

Le capitaine des gardes les traversa et arriva jusqu'à la porte de l'oratoire où la jeune reine de Navarre se tenait tous les matins, sans rencontrer personne.

— Oh ! oh ! pensa-t-il, on s'est couché tard, paraît-il.

Et il gratta doucement.

Un profond silence régnait à l'intérieur de l'oratoire et personne ne répondit.

Pibrac gratta plus fort et n'obtint aucun résultat.

La reine de Navarre est sortie, se dit-il. Sans doute elle est chez madame Catherine... à moins qu'elle ne soit dans le cabinet du roi son époux.

Il traversa de nouveau les antichambres et s'en alla heurter à la porte du roi de Navarre.

Le même silence l'accueillit.

— Tiens! se dit-il, voilà qui est bizarre!

Il sortit de l'antichambre et, en homme qui savait son Louvre sur le bout du doigt, il prit le petit corridor qui conduisait de chez la reine de Navarre aux appartements de madame Catherine.

Là, une nouvelle surprise attendait le capitaine des gardes.

Comme l'antichambre de la jeune reine, celle de la reine-mère était déserte.

— Ma foi! tant pis! se dit Pibrac.

Et il frappa.

Personne ne répondit; mais presque aussitôt des pas se firent entendre et un page arriva par une porte opposée.

Ce page, qu'on nommait Hobert, était depuis peu au service de la reine-mère. Il salua Pibrac.

— Bonjour, page, lui dit le capitaine des gardes.

— Bonjour, monsieur de Pibrac.

— Sais-tu si la reine est levée?

Le page prit un air mystérieux :

— Je ne crois pas, dit-il.

— Oh! oh!

— J'ai frappé vainement du moins, ajouta le page.

— Mais tu es entré ?...

Et Pibrac attacha un clair regard sur l'enfant.

— Oui, monsieur, dit-il.

— La reine dort-elle encore?

— Je crois que oui... balbutia l'enfant.

— Et madame Marguerite n'est point chez elle, alors?

— Non.

M. de Pibrac s'imagina que le page mentait et lui dit sèchement :

— Je te préviens, mon jeune ami, que je viens de la part du roi.

Ces mots troublèrent le page, qui se prit à rougir jusqu'au blanc des yeux.

— Allons! petit, insista Pibrac, dis-moi la vérité, si tu veux conserver tes deux oreilles : c'est un bon conseil que je te donne.

Le page eut peur :

— La reine-mère n'est point rentrée, dit-il.

— Comment ! elle n'est point rentrée ?

— Non.

— Depuis quand ?

— Depuis hier soir...

— Oh! oh! fit Pibrac stupéfait.

— C'est la vérité, monsieur.

— Et où est-elle allée ?

— Je ne sais.

— Quand est-elle sortie ?

— Vers dix heures du soir.

— Et elle n'a point reparu depuis lors ?

— Non, monsieur.

— Sais-tu où elle est allée ?

— Je l'ignore.

— Ah! par exemple! murmura Pibrac, ceci est trop fort!...

Et il s'en alla tout rêveur.

Cependant, avant d'aller rapporter ces choses au roi, il jugea prudent de retourner voir si madame Marguerite était chez elle.

Pibrac, le Gascon prudentissime, s'était dit :

— Si je trouve madame Marguerite, les affaires de la reine-mère n'étant pas les miennes, je n'ai pas besoin de narrer au roi ce que je viens d'apprendre.

Cette fois, dans le corridor, le capitaine des gardes rencontra une camérière.

Ce n'était pas Nancy, — Nancy était bien loin à cette heure, — mais Ponette, une jolie fille qui remplaçait quelquefois la favorite de la reine de Navarre.

— Ma mignonne, lui dit M. de Pibrac, pourriez-vous me dire où je trouverai madame Marguerite ?

— Hélas! non, monsieur.

— Vous êtes cependant entrée chez elle ce matin ?

— Je ne l'ai pu.

— Pourquoi ?

— J'ai heurté à toutes les portes...

— Et elles sont demeurées closes ?

— Justement.

— Diantre! murmura Pibrac, voici qui se complique étrangement.

— Mais au moins avez-vous vu Nancy ?

— Pas davantage, monsieur, je suis montée à sa chambre.

— Et elle n'y était pas ?

— Non, dit Ponette; il y a mieux, j'ai regardé par le trou de la serrure, et j'ai constaté que le lit n'avait pas été foulé.

— Diantre! diantre! répéta Pibrac, et le roi de Navarre?

— Je ne l'ai pas vu non plus. Cependant, ajouta la jeune fille, je suis entrée dans son cabinet, mais ce cabinet était vide.

Pibrac prit galamment le menton de la camérière et retourna chez Sa Majesté.

— Je gage, dit le roi en le voyant entrer, que ma sœur Margot n'est point levée.

— C'est bien possible, Sire.

— Comment! vous n'en êtes pas sûr, Pibrac! s'écria le roi.

— Sire, je ne puis voir à travers les murs, et Votre Majesté ne m'a point commandé d'enfoncer les portes.

— Que voulez-vous dire?

— Que la reine de Navarre n'est point chez elle, Sire.

— Allons donc!

— Ou que, si elle y est, elle ne peut point se laisser voir.

— Bah! dit le roi, elle sera chez madame Catherine.

— La reine-mère n'est pas chez elle, Sire.

Cette fois, le roi demeura comme stupéfait.

— Il paraît même, dit Pibrac, que Sa Majesté est sortie du Louvre hier soir.

— Vous dites?...

— Et qu'elle n'est point rentrée.

— Ah ! voilà qui est impossible !
— C'est ce que je tiens d'un de ses pages, Sire.
— Comment le nommez-vous ?
— Robert.

Le page Gauthier, qui achevait en ce moment de vêtir le roi, osa prendre la parole :

— La reine-mère, sort du Louvre presque tous les soirs.

— Que nous contez-vous là, petit ?
— La vérité, Sire.
— Et où va-t-elle ?
— Je l'ignore.
— Tu rêves, mon mignon.
— Oh ! non, Sire ; seulement, elle est souvent vêtue en cavalier.
— Ah !

Et Charles IX fronça le sourcil.

— Elle se dirige habituellement vers la place Saint-Germain, et je l'ai vue un soir s'engager dans la rue des Prêtres. Je n'ai pas osé la suivre...

Charles IX était devenu rêveur.

— Mon pauvre Pibrac, dit-il tout d'un coup, convenez que le métier de roi est fort vilain. Il se passe à mon insu toute sorte de choses étranges dans le Louvre, mais il faudra bien que je sache...

Et le roi eut un subit accès de colère.

— Venez avec moi, Pibrac, dit-il.

Charles IX prit son chapeau, sa canne et son épée, puis suivi de son capitaine des gardes, il s'en alla tout droit aux appartements de madame Catherine.

Le page Robert, qui était demeuré dans l'antichambre, confirma au roi ce qu'il avait déjà dit à M. de Pibrac.

— Va me chercher un Suisse, dit le roi, le plus grand et le plus fort que tu pourras trouver.

Le page courut exécuter l'ordre qu'il recevait.

Pendant ce temps, le roi disait à Pibrac :

— Si madame Catherine a quitté le Louvre hier soir et n'est point rentrée, et que ma sœur Margot ne soit point chez elle non plus, évidemment elles sont ensemble.

Le page revint, suivi d'un Suisse gigantesque, un vrai fils d'Uri et d'Unterwalden, qui devait chanter à pleins poumons le Ranz des vaches.

Le roi lui montra la porte de l'oratoire de madame Catherine :

— Appuie ton épaule ! dit-il.

Le Suisse obéit.

— Et enfonce !

Le Suisse exerça une pesée et la porte vola en éclats.

— Il fait bon être roi, murmura Pibrac en souriant, quand on pénètre ainsi chez les gens.

Le Suisse allait se retirer, mais le roi lui fit signe de demeurer dans l'antichambre.

Alors, suivi de Pibrac, il fit le tour de l'oratoire et de la chambre à coucher de madame Catherine.

Tout était vide ; le lit n'avait pas été foulé.

Mais nulle part le roi ne put trouver un indice qui le mît sur les traces de madame Catherine.

— Voyons, dit-il à Pibrac, si nous serons plus heureux chez Margot.

Et suivis du Suisse, ils se rendirent devant la

porte des appartements de madame Marguerite.

Cette deuxième issue fut forcée comme la première, en un coup d'épaule du Suisse; puis, le roi entra dans l'oratoire.

Mais tandis que Charles IX traversait cette première pièce pour se rendre sur-le-champ à la chambre à coucher, l'œil perçant du capitaine des gardes aperçut sur un guéridon les trois lettres laissées par madame Marguerite.

Pibrac était un homme d'inspiration. Il lut les trois suscriptions : *A madame Catherine. — A S. M. le roi. — Au roi de Navarre.* »

Et obéissant à un pressentiment bizarre, Pibrac s'empara de cette dernière missive avec toute l'adresse d'un escamoteur.

Puis il appela le roi :

— Voyez, Sire, dit-il.

Et il lui montrait les deux autres lettres.

— Oh! oh! fit le roi. Lisons donc!

Il brisa le cachet de la missive que la reine de Navarre lui adressait, et il lut tout haut :

« Sire,

« Votre Majesté sait quelle répugnance j'ai pour les choses de la politique. J'espère donc qu'elle ne verra dans mon absence qu'un caprice de femme et nulle autre chose.

« Je vais, du consentement du roi mon époux,
« faire un petit voyage de quelques semaines.

« Votre Majesté m'a toujours témoigné une grande
« amitié, et je pense qu'elle continuera, malgré mon

« absence, à en reporter une bonne part sur le roi
« de Navarre, qui a tant d'ennemis à votre cour,
« malgré qu'il soit le plus fidèle sujet de Votre
« Majesté... »

— Peste ! dit le roi, voilà une chaleureuse recommandation !... Voyons maintenant ce qu'elle dit à madame Catherine.

Et le roi, à qui tout était permis, brisa sans façon le scel de la lettre qui ne lui était point adressée.

V

Le roi, en décachetant la lettre que madame Marguerite écrivait à la reine-mère, fit la réflexion suivante :

— Si Margot écrit à madame Catherine, c'est qu'elle n'est point sortie avec elle du Louvre ; où donc est madame Catherine ?

Et le roi lut :

« Madame,

« Je joins à ce billet un message que vous pour-
« rez faire parvenir, je n'en puis douter, à monsei-
« gneur le duc de Guise, attendu que j'ai appris de
« bonne source le revirement d'amitié que vous avez
« pour lui, après l'avoir voulu faire occire en un coin
« du Louvre.

« Je vous dirai, madame ma mère, que lorsque ce
« billet vous parviendra, j'aurai probablement fait
« beaucoup de chemin, loin du Louvre et de Paris.

« Comme je me suis aperçue que nous n'étions pas
« du même avis, le roi de Navarre et moi, sur la fa-
« çon dont nous devons gouverner notre peuple de
« Gascogne, je prends le parti d'aller voyager quel-
« ques jours, à la seule fin de m'instruire sur les
« choses de la politique, en étudiant les mœurs et
« coutumes des différents pays...

« Je vous prie donc, madame ma mère, d'accep-
« ter mes adieux, et je demande au ciel qu'il con-
« tinue à vous protéger.

« MARGUERITE. »

Le roi lut et relut, tout pensif.

Il avait trouvé sous l'enveloppe le billet que madame Marguerite écrivait au duc de Guise.

— Ah çà, s'écria-t-il avant d'ouvrir ce dernier message, et regardant Pibrac, je ne suis donc plus rien au Louvre?

Pibrac tressaillit.

— Je ne suis plus roi de France, continua le prince exaspéré, que de semblables choses se passent auprès de moi sans que j'en sois averti?

— Voici l'orage qui gronde, pensa Pibrac, et, mordioux! je crois que j'ai bien fait de supprimer la lettre au roi de Navarre : elle doit contenir bien d'autres choses!

Le roi, hors de lui, brisa le cachet de la lettre que Marguerite écrivait au duc de Guise.

Cette lettre était ainsi conçue :

« Mon cher duc,

« La vie est un fleuve dont on ne remonte pas le

« courant, mais dont les rives sont parfois si belles
« que le voyageur qui les a parcourues en garde un
« éternel souvenir.

« Le souvenir vaut mieux que l'espérance.

« A vous, dans le passé.

« Marguerite. »

Cette fois, la colère de Charles IX fut sans bornes.

— Comment! s'écria-t-il, le duc de Guise est venu à Paris?

— Dame! fit Pibrac.

— Il a revu Marguerite?

— La lettre de la reine de Navarre le laissait à supposer, Sire.

— Cornes du cerf! murmura le roi, mon cousin de Navarre en sera instruit!

— Sire, dit Pibrac, j'ai vainement cherché le roi de Navarre en tout le Louvre.

— Cependant il n'est point parti avec Margot...

— Je ne le pense point, Sire.

— Et si Margot est allée de son côté, poursuivit Charles IX, la reine-mère est allée du sien.

— Cela m'en a tout l'air, Sire.

— Et vous dites, Pibrac mon ami, que le roi de Navarre n'est point au Louvre?

— J'en suis certain.

— Il faut savoir où il est... Cherchez-le-moi! je veux le voir!...

Et le roi, hors de lui, quitta Pibrac et rentra furieux dans son cabinet, laissant son capitaine des gardes au milieu d'un corridor.

M. de Pibrac était tellement abasourdi de tout ce

qu'il venait de voir et d'apprendre, qu'il éprouva le besoin de se recueillir un moment.

Pour ce faire, il alla s'enfermer chez lui.

Là il s'assit en un grand fauteuil et se prit à rêver.

— Voyons! se dit-il, tâchons de résumer et de coordonner un peu tout cela.

D'abord, la reine-mère a revu le duc de Guise, je le savais.

Ensuite ils sont au mieux ensemble, ce dont je me doutais.

Enfin madame Catherine est sortie du Louvre hier soir comme à l'ordinaire; mais elle n'est pas rentrée.

Où donc est madame Marguerite?

Voici la première partie du problème, passons à la seconde :

Primo. Madame Marguerite a, elle aussi, revu le duc de Guise. Mais elle l'a mal reçu, puisqu'elle lui donne congé. Donc elle n'aime plus le duc et aime toujours le roi de Navarre, son époux.

Jusque-là, tout est naturel, et madame Catherine en est pour ses frais d'imagination et de haine.

Mais...

Ce *mais* était si gros d'objections, que M. de Pibrac éprouva le besoin de reprendre haleine :

— Mais, reprit-il enfin, s'il en est ainsi, si madame Marguerite aime toujours le roi de Navarre, pourquoi donc a-t-elle quitté furtivement le Louvre?

Voici que le problème devient insoluble, à moins que...

M. de Pibrac tira de sa poche cette lettre qu'il avait escamotée, obéissant à je ne sais quel pressentiment, et que la reine de Navarre avait laissée à l'adresse de son époux.

Pendant quelques minutes, le Gascon tourna et retourna cette lettre dans ses mains, la flaira et chercha à deviner ce qu'elle pouvait contenir :

— L'explication de tout le mystère est peut-être là-dedans, se dit-il. Quel dommage que je ne sois pas le roi de Navarre lui-même! Je saurais tout...

M. de Pibrac hésita longtemps, puis il fit cette réflexion héroïque :

— Je suis au service du roi de France, mais, en ma qualité de Gascon, j'aime le roi de Navarre et je lui suis trop dévoué pour ne pas me mêler un peu de ses affaires. Or, qui sait? de la connaissance de cette lettre dépendent peut-être de gros intérêts. Bah! il me pardonnera...

Et de M. de Pibrac, que l'exemple de Charles IX avait encouragé à l'indiscrétion, rompit le scel de la lettre et lut :

« Sire,

« J'ai éprouvé de votre conduite un violent cha-
« grin que mon séjour prolongé au Louvre entre-
« tiendrait sûrement.

« Souffrez que je m'absente quelques jours en me
« disant

« Votre bonne amie,

« Marguerite. »

« *P. S.* Je vous conseille de vous méfier plusque
« jamais de madame Catherine, de René et de no-
« tre excellent cousin le duc de Guise. »

— Hum! murmura Pibrac, si je n'ai pas encore le mot de l'énigme tout entier, je crois que j'en tiens la première syllabe.

M. de Pibrac croisa ses jambes, appuya son coude sur son genou et son menton dans sa main, puis il poursuivit ainsi son monologue :

— Le roi de Navarre a trompé madame Marguerite, la chose est claire; madame Marguerite a voulu se venger, et elle a songé à renouer avec le duc de Guise. Alors elle s'est aperçue qu'elle n'aimait plus le duc, et elle a eu l'idée de faire un voyage... Ce voyage est une petite amorce destinée à ramener l'époux infidèle.

M. de Pibrac n'était pas tout à fait dans le vrai, mais il *brûlait*, comme on dit, en ce qui touchait la reine de Navarre.

Seulement il en était toujours au même point après qu'avant la lecture de la lettre écrite par madame Marguerite au roi de Navarre, sur la disparition simultanée de ce dernier et de la reine-mère.

— Je sais bien, se disait le capitaine des gardes, que si le roi de Navarre a une intrigue, l'objet de cette intrigue est probablement hors du Louvre, et alors il est possible que le roi de Navarre ait passé la nuit en bonne fortune.

Mais où est la reine-mère?

— Ma foi! acheva Pibrac se levant en prenant une résolution soudaine, en cherchant le roi de Navarre, je trouverai peut-être madame Catherine.

Le capitaine des gardes sortit du Louvre par la poterne, posa son chapeau sur l'oreille, enfouit ses deux mains dans les poches de ses chausses et se donna l'apparence d'un brave homme d'épée qui respire le grand air, fait claquer sa langue, s'en va à la recherche d'une bouteille de vieux vin et ne songe à rien de plus sérieux.

Puis il s'en alla à petits pas vers le cabaret de Malican.

Le bon Malican était sur le seuil de sa porte, les bras croisés, la tête coiffée de son béret rouge ; et du plus loin qu'il aperçut M. de Pibrac, il le salua.

— Bonjour, Malican, dit le capitaine en lui tendant la main, honneur que Malican, fier comme un montagnard, ne refusait pas. Le capitaine des gardes jeta un regard à l'intérieur du cabaret, et constata qu'il était désert.

— Hé ! dis donc, Malican, fit-il, je me suis levé ce matin avec une soif ardente, et j'ai songé à me désaltérer d'une bouteille de ton vieux vin, tu sais ?

— Oui, messire.

— Va-t-en la chercher et rince deux gobelets, Malican mon ami.

Le cabaretier descendit à la cave sur-le-champ et Pibrac entra.

Le capitaine des gardes déboucla son ceinturon, posa son épée sur un escabeau, s'assit sur un autre, croisa les jambes et se fit cette réflexion :

— Noë est le mari de la jolie Myette. Un mari n'a pas de secrets pour sa femme, et Myette étant la nièce de Malican, il est probable qu'elle n'a pas de secrets pour son oncle.

Or, Noë est le confident de notre Henri ; donc il est possible que les secrets de ce dernier soient parvenus jusqu'à Malican.

Le cabaretier revint et, persuadé que tous Béarnais sont égaux et ont le droit de s'asseoir à la même table, il s'assit sans façon en face de Pibrac, et décoiffa une des deux bouteilles poudreuses qu'il avait rapportées sous son bras.

La première rasade versée et avalée, Pibrac regarda Malican en face :

— Tu me connais, n'est-ce pas? lui dit-il.

— Certainement, messire.

— Tu sais que je suis Béarnais...

— De sang et de cœur, c'est connu.

— Et bien qu'au service du roi de France...

— Oh ! fit Malican, je sais que vous êtes dévoué à notre Henri.

— Eh bien ! dit Pibrac, je te viens voir tout exprès pour lui.

— Hein! fit Malican.

— Le roi de Navarre n'est pas au Louvre.

Malican cligna de l'œil.

— Je le sais, dit-il.

— Ah !

— Et je vous conseille de n'être point en peine de lui, ajouta le cabaretier.

— Tu sais où il est.

— Oui.

— Alors tu vas me le dire ?

— Non, dit Malican.

— Et pourquoi, s'il te plaît !

— Parce que ce n'est pas mon secret, à moi.

— Mais si je te le demande, dans l'intérêt même de *notre* roi, de me le confier, ce secret?

— Non, répéta Malican.

— Peut-être y va-t-il de sa vie?

Malican se mit à rire.

— Oh! dit-il, à cette heure, le roi Henri n'a rien à craindre de personne.

— Tu crois ?

— J'en suis sûr.

Malican était entêté comme une mule espagnole ; Pibrac le savait.

— Soit, dit-il; mais au moins tu me feras une grâce, Malican mon ami.

— Laquelle?

— Ecoute bien.

— Voyons.

— Le roi de Navarre est absent ; très-bien, tu le sais et ne veux pas me dire où il est allé.

— J'ai juré de me taire.

— C'est convenu. Je ne te le demande pas, mais tu peux répondre à ma question...

— C'est selon.

— Le roi est-il absent pour affaire d'amour.

— Je ne crois pas, dit Malican, dont l'œil gris pétilla de malice.

— C'est bon ! pensa Pibrac, maintenant je sais à quoi m'en tenir ; lorsque le roi de Navarre ne songe point à l'amour, il s'occupe sûrement de politique ; c'est clair comme le jour...

Et le capitaine des gardes acheva sa bouteille et tomba en une rêverie profonde.

L'arrivée de deux Suisses qui entrèrent dans le cabaret ôta à Pibrac la possibilité de questionner plus longtemps Malican.

Il s'en alla, fit quelques pas au bord de l'eau, et,

tout à coup, une idée bizarre traversa son esprit.

— Oh! oh! se dit-il, si pareille chose était arrivée, ce serait bizarre!...

M. de Pibrac avait cru deviner que l'absence du roi de Navarre et celle de madame Marguerite pourraient bien avoir un même point de départ.

Et, le visage déridé, Pibrac rentra au Louvre et se rendit chez le roi Charles IX.

VI

M. de Pibrac était bien, comme il l'avait dit à Malican, demeuré Bearnais au fond du cœur.

Pour lui, le roi de Navarre passait avant le roi de France; et s'il se fût fait un cas de conscience de mentir à Charles IX pour tout autre motif, il n'éprouvait aucune répugnance à lui assaisonner la vérité de quelque artifice dans la circonstance actuelle.

Donc, en s'en allant chez le roi, M. de Pibrac prépara son discours et se dit en manière de conclusion :

— L'essentiel est que le roi ne devine pas ce que je crois avoir deviné moi-même.

S. M. le roi Charles était rentré dans son cabinet, en proie à un vif ressentiment.

Ce ressentiment, on le devine, ne provenait ni du départ de madame Marguerite, ni de la disparition du roi de Navarre, mais bien de ce qu'il venait d'apprendre touchant les relations de la reine-mère et du duc de Guise.

Lorsque le capitaine les gardes entra, Charles IX se promenait de long en large d'un pas saccadé, jurant et pestant comme un païen, au grand scandale du page Gauthier, qui s'était blotti tout tremblant dans un coin du cabinet.

— Eh bien! où est le roi de Navarre? demanda brusquement Charles IX en voyant reparaître M. de Pibrac.

— Le roi de Navarre est parti, Sire.

— Parti! exclama le roi.

— Oui, Sire.

— Pour quel pays?

— Il court sur les traces de madame Marguerite.

Charles IX regarda son capitaine des gardes avec étonnement, et sa colère se calma tout à coup.

— Ah ça! Pibrac mon ami, dit-il, vous n'êtes pas dans votre bon sens, ce me semble.

— Pourquoi cela, Sire?

— Margot ne m'a-t-elle pas écrit qu'elle partait avec l'assentiment du roi son époux?

— Oui, Sire.

— Alors pourquoi le roi de Navarre courrait-il après elle?

Pibrac eut son fin sourire de Gascon :

— Madame Catherine a passé par là, dit-il.

Le roi fit un pas en arrière.

— Encore! dit-il.

M. de Pibrac jeta un éloquent regard sur le page Gauthier.

— Laisse-nous, dit le roi à l'enfant.

Gauthier sortit.

Alors Pibrac prit son air le plus mystérieux et dit:

— Je suis allé aux renseignements et je sais bien des choses.

— Ah !

— D'abord le roi et la reine de Navarre sont en brouille.

— Hein ? fit le roi.

— Madame Catherine a passé par là, répéta Pibrac.

Le roi fronça le sourcil.

— Votre Majesté, continua le capitaine des gardes, se souvient bien certainement de cet argentier de la rue aux Ours, nommé Loriot...

— Que René assassina ?

— Justement.

— Et qui avait une jolie femme, morbleu ! acheva Charles IX.

— Eh bien ! Sire, il paraît que cette femme est devenue un instrument dans les mains du duc de Guise et de madame Catherine.

— Oh ! oh !

— Le roi de Navarre s'en était énamouré jadis, avant son mariage.

Je sais cela...

La reine-mère a replacé l'argentière sur le chemin du roi de Navarre.

— Et Margot a été jalouse ?...

— C'est-à-dire, continua M. de Pibrac, qu'on lui a prouvé, clair comme le soleil, que le roi de Navarre la trompait ; ce qui fait que la jeune reine indignée est partie pour on ne sait quel pays.

— Mais le roi de Navarre ? demanda Charles IX.

— Le roi de Navarre a couru après elle pour se disculper.

La rejoindra-t-il ? Je l'ignore.

Charles IX fut pris d'un accès de gaîté subite :

— Eh ! dit-il, ce serait drôle que ma sœur Marguerite eût pris la route de Navarre.

— C'est bien possible, Sire.

— Et que, poursuivant sa femme, le roi entrât dans ses États.

— Pourquoi donc cela serait-il drôle, Sire ? demanda Pibrac.

— Parce qu'il y a loin de Nérac à Paris.

— Huit jours de chevauchée, Sire.

— Et qu'une fois chez lui, le roi de Navarre y restera, ajouta Charles IX.

M. de Pibrac avait l'esprit singulièrement ouvert ce matin-là, et il devinait à demi-mot.

— Ce qui fait, dit-il en clignant de l'œil, qu'il ne reparlerait plus à Votre Majesté de la dot de sa femme.

— Précisément.

Et le roi Charles eut un bon gros rire plein de belle humeur.

— Bah ! pensa Pibrac, puisque le roi est gai, voici une bonne occasion de lui parler un peu de madame Catherine.

On eût dit que le roi devinait la pensée de son capitaine.

— Mais, dit-il, le départ de madame Margot boudant son époux, et celui de son époux courant après elle, ne m'expliquent nullement la disparition de la reine-mère.

— C'est vrai, Sire.

Le roi était redevenu grave tout à coup, et il regardait Pibrac dans le blanc des yeux.

— Sire, dit Pibrac, il est dangereux de jouer avec le feu.

— Comment !

— De réchauffer dans ses mains un serpent engourdi.

— Bon !

— Et de redevenir l'ami de ceux qu'on a voulu faire assassiner.

Le roi tressaillit.

— Expliquez-vous donc ! fit-il brusquement.

— Ah ! c'est que, dit Pibrac, qui parut hésiter, Votre Majesté sait qu'il fait mauvais pour de pauvres gens comme moi de s'occuper des affaires de la reine-mère.

— Allez toujours ! dit le roi, ne suis-je pas là moi ?

— Eh bien ! Sire, comme le vient d'apprendre Votre Majesté, la reine-mère et le duc de Guise se sont revus...

— Oui.

— La reine sortait tous les soirs du Louvre.

— Et où allait-elle ?

— Voir le duc de Guise qui était caché quelque part dans Paris.

— Qui sait, murmura le roi tout rêveur, ce qu'ils complotaient ensemble ?

Pibrac se prit à sourire.

— Je ne me mêle pas de politique, Sire, dit-il.

— Parlez ! je le veux ! dit Charles IX avec hauteur

— Sans nul doute, reprit M. de Pibrac avec soumission, il était question du roi de Navarre.

— Ah ! vous croyez ?

— Le duc de Guise aimait toujours madame Marguerite.

— C'est probable.

— Et la reine-mère était heureuse de trouver un ennemi acharné du roi de Navarre dans le duc de Guise.

— Or, poursuivit Pibrac, madame Catherine, aveuglée par la haine, et le duc de Guise, étreint par son amour, se sont associés de bonne foi.

— Ils sont fourbes tous deux cependant.

— Mais quand le duc aura perdu tout espoir de conquérir le cœur de madame Marguerite, alors il aura cessé d'être de bonne foi avec la reine-mère.

— Comment l'entendez-vous ?

— Il se sera souvenu que la reine-mère a voulu le faire assassiner.

— Et alors ?...

— Alors, Sire, je crois que nous allons nous expliquer la disparition de madame Catherine.

Le roi tressaillit de nouveau :

— Que voulez-vous dire ? fit-il.

— Hé ! hé ! la reine est un bel ôtage ! murmura Pidrac.

— Un ôtage !

— Dame !

Et le capitaine des gardes prit un air naïf qui acheva d'impressionner le roi Charles IX.

— Voyons, Pibrac, fit le roi, soyez clair, mon bel ami.

— Votre Majesté l'exige ?

— Je l'ordonne !

— J'obéirai, Sire.

— Qu'est devenue la reine-mère ? vous le savez ?

— Je m'en doute. Elle est sortie du Louvre hier soir... comme à l'ordinaire.

— Et puis ?

— Et comme à l'ordinaire, murmura Pibrac, elle est allée rejoindre le duc de Guise.

— Mais... où ?

— Ah! Sire, dit le capitaine des gardes, voilà ce que je ne puis dire au juste. Cependant...

Pibrac s'arrêta encore.

— Cependant ? fit le roi que l'impatience commençait à gagner.

— Je ne serais pas étonné qu'un certain La Chesnaye... qui fait les affaires de la maison de Lorraine... sût où le duc logeait.

— Ah! ah! et savez-vous où demeure ce La Chesnaye ?

— Oui, Sire.

— Bon! dit le roi, vous allez prendre dix Suisses avec vous et vous l'irez arrêter.

— Qui ? La Chesnaye ?

— Lui-même.

— Sur-le-champ ?

— Oh! tout à l'heure... finissons-en avec la reine-mère. Vous disiez donc, Pibrac mon ami, que madame Catherine a quitté le Louvre hier soir, comme à l'ordinaire ?

— Oui, Sire.

— Et qu'elle a rejoint le duc de Guise ?

— Je le crois.

— Eh bien ?

— Eh bien ! Sire, le duc, apprenant que madame Marguerite ne l'aime plus, se sera souvenu que la reine-mère le voulait faire occire jadis, et l'aura enlevée...

— Comment ! il aura osé !...

— Les princes lorrains osent tout, Sire.

— C'est vrai, murmura le roi qui devint pensif.

— Le duc n'était pas seul à Paris, probablement.

— Bah !

— Il avait avec lui deux ou trois gentilshommes dévoués ; ils auront baillonné, garotté la reine-mère, puis ils l'auront mise en litière ou couchée en travers sur une selle...

— Mais c'est un crime de haute trahison, cela !

— Oui, Sire.

— Et le duc aurait pu le concevoir ?...

— Je le crois.

Charles IX frappa du pied.

— Mais alors, s'écria-t-il, vous allez monter à cheval, Pibrac.

— Soit, dit le capitaine des gardes avec flegme.

— Et courir après les ravisseurs.

Le sourire narquois de Pibrac reparut.

— Sire, dit-il, quand j'aurai crevé dix chevaux et galopé vingt-quatre heures, je n'en serai pas plus avancé.

— Pourquoi donc ?

— Parce que le duc a douze heures d'avance sur nous, et qu'il a dû jouer de l'éperon.

— Ah ! c'est juste !...

— Et, dit Pibrac, mon avis serait, sauf le bon plaisir de Votre Majesté...

— Voyons votre avis, Pibrac?

— D'arrêter plutôt ce La Chesnaye.

— Et puis?

— Qui sait? murmura Pibrac, il en sait plus long que nous, Sire. Nous le ferons causer.

— Soit, dit le roi, allez arrêter La Chesnaye sur-le-champ.

M. de Pibrac fit trois pas vers la porte.

Le roi le rappela :

— Un instant? dit-il.

M. de Pibrac revint.

— Hé! Pibrac mon ami, dit le roi, vous voyez les choses justes, ce me semble.

— Quelquefois, Sire.

— Donnez-moi donc votre avis...

— J'écoute, dit le capitaine des gardes.

— Si le duc a enlevé la reine-mère...

— Oh! je le jurerais, Sire.

— Quel est son but?

— Il veut un ôtage?

— Mais pourquoi?

— Les princes lorrains, Sire, ont toujours eu envie d'une certaine forteresse qui appartient au roi de France et touche à leur frontière.

— Hein? fit le roi, est-ce que vous voulez parler de Dieulouard?

— Oui, Sire.

— Mort de ma vie! s'écria Charles IX, s'ils ont compté là-dessus, ils ont compté sans leur hôte.

Pibrac, à son tour, regarda le roi d'un œil interrogateur.

Mais le roi était redevenu calme, un sourire glissait sur ses lèvres, et ce fut avec un sang-froid superbe qu'il répondit : — Mes cousins de Lorraine peuvent bien garder la reine-mère toute sa vie, mais ils n'auront pas Dieulouard...

— Amen! dit Pibrac.

— Car, voyez-vous, mon bel ami, acheva le roi, tout bien réfléchi, la reine-mère sera fort bien à Nancy, auprès de ses cousins qu'elle aime tant.

Le capitaine des gardes ne souffla mot ; mais Charles IX, dans l'esprit mobile duquel un revirement venait de se faire, Charles IX poursuivit :

— En fin de compte, madame Catherine devenait fort gênante au Louvre; elle se mêlait à toutes les intrigues, inventait des conspirations, chamaillait mon cousin le roi de Navarre et s'occupait d'une foule de choses malséantes et déshonnêtes avec ce misérable René.

— Hé! sire, dit le capitaine des gardes, Votre Majesté prétend qu'elle ne sait rien de ce qui se passe dans son royaume. Cependant elle me semble être assez au courant.

— Heu! heu!

— Donc, puisque Votre Majesté pense qu'un voyage à Nancy peut-être utile à la santé de la reine-mère.

— Certainement.

— Il est superflu d'arrêter ce La Chesnaye, ce me semble ?

— Non pas, dit le roi.

— Ah! il faut l'arrêter?

— Oui, nous pourrons toujours en tirer quelque chose.

— C'est différent, Sire.

Amenez-le-moi ici.

— Quand ?

— Mais tout de suite.

Pibrac salua et sortit.

Puis, d'un pas rapide, le capitaine des gardes gagna la grande cour du Louvre, entra dans le poste des Suisses et y prit dix hommes.

Après quoi il s'en alla au domicile de maître La Chesnaye, et, avant de frapper, il établit, avec ses dix Suisses, un cordon autour de la maison, donnant cette consigne laconique à ses hommes :

— Vous arquebuserez quiconque voudra sortir de là.

Cet ordre donné, M. de Pibrac souleva le marteau de la porte et le laissa retomber sur le chêne ferré.

— Voilà un homme qui dort encore, pensa-t-il en voyant les volets clos, et qui aura un mauvais réveil.

VII

Il n'était guère que huit heures lorsque M. de Pibrac, après avoir fait entourer la maison de maître La Chesnaye, souleva le marteau de la porte.

Les volets des fenêtres étaient hermétiquement clos, et tout le monde paraissait dormir profondément.

Au premier coup de marteau personne ne bougea, aucun bruit ne se fit entendre.

Pibrac frappa plus fort.

Alors une fenêtre s'ouvrit et une voix cassée demanda :

— Que voulez-vous?

— Voir maître La Chesnaye, répondit le capitaine des gardes.

Une tête de vieille femme s'était penchée en dehors et regardait avec une sorte de stupeur les Suisses qui formaient le cordon autour de la maison.

— Ouvrez! ouvrez! répéta Pibrac d'une voix impérieuse.

— Maître La Chesnaye n'y est pas! répondit encore la vieille.

Pibrac fit un signe.

A ce signe, un Suisse gigantesque, le même qui avait enfoncé la porte de madame Catherine d'un coup d'épaule, prit sa hallebarde à deux mains et se mit en devoir d'ébranler l'huis de maître La Chesnaye.

Au bruit, une deuxième fenêtre s'ouvrit et encadra une tête d'homme :

— Qu'est-ce que tout ce vacarme et que me veut-on? demanda le survenant.

— Tiens! fit Pibrac, c'est monsieur La Chesnaye lui-même.

— Oui, c'est moi, répondit le maître de la maison, non moins stupéfait de voir des soldats à sa porte. Que voulez-vous!

— On me disait que vous étiez absent, cher monsieur, railla Pibrac.

— J'avais commandé qu'on me laissât dormir.

— Ah! ah!

— Que me voulez-vous?

— Eh bien! vous voilà réveillé?

— Oui, certes.

— Alors veuillez m'ouvrir. J'ai une petite commission à vous faire.

— De la part de qui?

— Au nom du roi.

Maître La Chesnaye comprit qu'il ne fallait point plaisanter, et il cria à la vieille femme :

— Gertrude, allez ouvrir...

— A la bonne heure! murmura M. de Pibrac.

Le capitaine des gardes entra et trouva maître La Chesnaye dans le corridor.

L'homme d'affaires de la maison de Lorraine était à moitié vêtu, et il était facile de voir à son visage qu'il avait été réveillé en sursaut.

Il connaissait de vue M. de Pibrac.

— Que me voulez-vous, monsieur? lui dit-il avec un certain effroi.

— Monsieur, répondit Pibrac, j'ai eu l'honneur de vous le dire, je viens vous visiter de la part du roi.

— Ah! dit hypocritement La Chesnaye, le roi fait un bien grand honneur à un pauvre marchand comme moi, monsieur.

— Le roi veut vous voir.

— Moi?

— Vous, mon cher monsieur La Chesnaye.

— Est-ce que le roi me voudrait nommer prévôt des marchands?

Et La Chesnaye prit un air bonhomme qui fit sourire Pibrac.

— Peut-être.

— Eh bien! vous pouvez dire à Sa Majesté que je me vais rendre au Louvre, monsieur.

Mais Pibrac hocha la tête.

— Non, mon cher monsieur, dit-il, ce n'est pas cela...

— Hein?

— Je vous viens quérir et j'ai ordre de vous conduire au Louvre moi-même.

La Chesnaye fronça le sourcil :

— C'est que je ne suis point vêtu convenablement, dit-il.

— Eh bien! habillez-vous...

— Et peut-être que le roi est encore au lit.

— Non, il est levé.

— Alors donnez-moi une heure.

— Pas seulement dix minutes, mon cher monsieur.

Le ton bref de Pibrac apprit à La Chesnaye qu'il fallait obéir.

— Mais au moins, dit-il, vous me permettrez d'aller mettre un pourpoint de gala.

— C'est inutile.

— Je n'oserais jamais paraître ainsi vêtu devant le roi.

— Oh! mon Dieu! fit le capitaine des gardes, croyez-moi bien, cher monsieur La Chesnaye, le roi est un homme fort simple qui a un grand mépris de l'étiquette.

— En vérité!

— Seulement il n'aime pas à attendre.. Et tenez, suivez mon avis... il est bon...

— J'écoute, monsieur.

— Prenez mon bras et allons-nous-en au Louvre, comme deux amis.

— Mais...

— Sinon, je vais vous faire garotter par mes Suisses et emporter comme un fagot sur les épaules de l'un d'eux.

Les tempes de maître La Chesnaye se mouillaient d'une légère sueur.

Il inclina la tête.

— Alors, monsieur, marchons ! dit-il.

— A la bonne heure !

— Seulement... hasarda La Chesnaye, vous me permettrez bien...

— Quoi donc ?

— De donner quelques ordres à ma gouvernante...

— Soit ! Appelez-la.

— Hé ! Gertrude ! cria La Chesnaye.

La vieille femme descendit toute tremblante.

Alors M. de Pibrac fit un nouveau signe et deux Suisses entrèrent dans le corridor.

— Garottez-moi cette vieille sorcière, ordonna Pibrac, et logez-vous, avec elle, à l'intérieur de cette maison. Que personne n'y entre ou n'en sorte !

Les Suisses s'inclinèrent.

— Maintenant, acheva le capitaine en se tournant vers La Chesnaye venez donc avec moi au Louvre

La Chesnaye, était sans armes, et ne pouvait avoir un seul instant la pensée de résister.

D'ailleurs, résister, n'était-ce pas se compromettre ?

Il suivit donc Pibrac au Louvre ; sinon avec plaisir, du moins avec résignation.

Le capitaine des gardes le fit entrer par la poterne et le conduisit à travers les petits corridors jusqu'au cabinet du roi.

Charles IX, le roi léger et mobile par excellence, s'était mis à lire, en l'absence de Pibrac, le livre de sire de Brantôme, la *Vie des Dames galantes*.

— Sire, dit Pibrac en rentrant, voilà M. La Chesnaye.

— Ah ! ah ! fit le roi.

Il jeta son livre sur la table voisine, et, sans quitter son fauteuil, il se prit à regarder attentivement le personnage qu'on lui amenait.

La Chesnaye s'était fait humble et chétif; il paraissait trembler de tous ses membres et être saisi d'admiration et de respect à la vue du monarque.

— Hé! dit le roi en attachant sur lui un clair regard, c'est vous qu'on nomme La Chesnaye ?

— Oui, Sire, balbutia le bourgeois.

— Quelle est votre profession ?

— Je suis drapier.

— Vous n'en avez aucune autre ?

— Non, Sire.

— Bah! fit le roi de ce ton moqueur et sec qu'il savait prendre quelquefois, ce n'est pas l'avis de Pibrac.

La Chesnaye leva un œil étonné et suppliant sur le capitaine des gardes.

Le roi poursuivit :

— Mon ami Pibrac prétend, lui, que vous êtes, à

Paris, l'homme d'affaires de mes bons cousins les princes de Lorraine.

La Chesnaye laissa échapper une exclamation de surprise, leva les mains et les yeux au ciel, puis regarda le capitaine des gardes...

— Ah! dit-il, se peut-on moquer ainsi d'un pauvre drapier comme moi! Seigneur Jésus! si pareille chose était vraie, je serais bien heureux!

— Vraiment? fit le roi.

— Et en place de me donner tant de mal pour gagner ma vie...

— C'est bon! dit le roi d'un ton bref. Ainsi Pibrac a menti?

— Monsieur de Pibrac est mal informé.

— Vrai?

— Oh! certes!

— Eh bien! reprit le roi, vous avez du malheur, monsieur La Chesnaye...

— Sire...

— Car, voyez-vous, j'ai l'habitude de croire Pibrac.

— Mais Votre Majesté...

— Et je me suis mis en tête de vous faire pendre demain au lever du soleil.

La Chesnaye frissonna.

— Si vous refusez de me mettre un peu au courant des affaires de mes cousins.

La Chesnaye grimaça un sourire.

— Alors, balbutia-t-il, je serai pendu.

— Ah! ah!

— Car je n'ai jamais vu les princes lorrains, Sire.

— En vérité!

— Oh ! je le jure...

— Eh bien ! dit froidement le roi, c'est fâcheux pour vous, en effet.

Les cheveux de La Chesnaye se hérissèrent.

— Car vous serez pendu, ajouta le roi ; vous comprenez que je ne puis donner un démenti à mon ami Pibrac.

La Chesnaye avait peur de la mort, mais il était fidèle à ceux qu'il servait.

— Eh bien ! dit-il, je serai pendu, Sire.

— Oh ! oh ! murmura le roi.

Et se tournant vers Pibrac :

— Faites-moi enfermer cet homme dans un cachot du Louvre, dit-il.

— Sire, dit froidement Pibrac, oserais-je émettre un avis ?

— Parlez, Pibrac, mon ami.

— Si on pendait cet homme tout de suite...

La Chesnaye eut la chair de poule, mais il ne broncha pas.

— Je vais mourir innocent, murmura-t-il. Seigneur, ayez pitié de votre malheureux serviteur !

— Non ! répondit le roi, attendons à demain, d'ici là il se décidera à parler.

— Comme il plaira à Votre Majesté.

Et Pibrac dit à La Chesnaye :

— Venez avec moi.

La Chesnaye sentait ses jambes fléchir.

— Mais venez donc ! fit Pibrac en le prenant rudement par le bras.

Et il l'emmena hors du cabinet du roi.

Charles IX, parfaitement calme, avait repris son livre et lisait.

Le capitaine des gardes conduisit La Chesnaye par le même chemin jusqu'à ce couloir obscur qui précédait la poterne.

Mais là, il appela le lansquenet qui se trouvait de faction et lui dit :

— Va me quérir deux soldats au poste de la grande porte, et tu demanderas la clef du Prie-Dieu.

Le Prie-Dieu dont parlait M. de Pibrac était un cachot étroit, humide, obscur et infect situé sous l'escalier tournant que nous connaissons...

Un prisonnier qui l'aurait habité huit jours serait mort le neuvième. Des rats y grouillaient par centaines.

L'homme qu'on renfermait dans le Prie-Dieu était condamné par avance.

La Chesnaye comprit qu'il était perdu et il ne compta plus que sur un miracle pour le tirer de cette position critique.

Le lansquenet revint avec les deux Suisses et les clefs du Prie-Dieu.

Sur un signe de Pibrac, on alluma une torche, et le capitaine des gardes poussa La Chesnaye devant lui et lui fit descendre les dix marches qui séparaient le sol du corridor de la porte du cachot.

— Mon cher monsieur, dit-il alors à La Chesnaye, devenu livide, tandis que le lansquenet ouvrait les deux serrures et tirait les trois verrous de l'infâme réduit, le roi vous a prédit que vous seriez pendu demain.

La Chesnaye soupira.

— Le roi s'est trompé.

La Chesnaye leva sur Pibrac un regard étrange.

— Car, ajouta le capitaine des gardes, je ferai revenir Sa Majesté sur cette décision.

— Ah! murmura La Chesnaye, vous ne pouvez vouloir la mort d'un innocent, monsieur.

Pibrac haussa les épaules.

— Ce n'est pas ce que je veux dire, fit-il. On pend au soleil, devant le peuple assemblé, et le peupl aime les bourgeois, cela rend un roi impopulaire. Il y a ici près une oubliette de cent pieds de profondeur... On vous jettera dedans, mon cher monsieur La Chesnaye, dès demain matin...

Et Pibrac poussa La Chesnaye dans le Prie-Dieu après lui avoir fait cette sinistre prédiction, fit refermer la porte avec soin et s'en alla, mettant les clefs dans sa poche, et laissant les deux soldats en faction à la porte...................................
....

La journée se passa sans que ni le roi Charles IX, ni M. de Pibrac, eussent la moindre nouvelle des absents.

Malgré la recommandation du roi, la chose avait passablement transpiré dans le Louvre.

Des gens de l'importance de madame Catherine, du roi et de la reine de Navarre, ne disparaissaient pas ainsi sans qu'on s'en occupât.

Les pages avaient jasé, — et comme le babil d'un page ne tarit pas, avant le coucher du soleil il courait cent versions différentes dans le Louvre.

Selon les uns, la reine-mère, le roi et la reine de Navarre, étaient partis de compagnie.

Selon d'autres, ils se donnaient mutuellement la chasse.

D'autres encore prétendaient que le roi Charles IX les avait fait arrêter sans bruit ni scandale et conduire au donjon de Vincennes. Ceux qui faisaient ce dernier conte représentaient, au Louvre, la section des poètes et des fantaisistes.

M. de Pibrac écoutait çà et là, souriait et prenait un air étonné et s'en allait ensuite rôder aux environs de Malican.

Le bonhomme béarnais lorgnait du coin de l'œil M. de Pibrac, souriait à demi, et feignait de ne l'avoir point aperçu.

Cependant, comme le capitaine des gardes passait, à la brune, pour la dernière fois devant sa porte, Malican l'appela :

— Hé! monsieur de Pibrac? dit-il.

Pibrac entra.

— Vous paraissez bien en peine, en vérité! fit Malican.

— Tu crois?

— Dame!

— Eh bien! dit le capitaine des gardes avec son fin sourire, tire-moi d'affaire, si tu peux.

— Je le voudrais... mais...

— Ah! oui, c'est vrai... tu as fait un serment, n'est-ce pas?

— Justement.

M. de Pibrac soupira.

— Mais, ajouta Malican, j'en serai délié...

— Ah!

— Bientôt...

7.

— Et quand cela?

— A minuit.

— A minuit tu pourras parler?

— Oui, car il y aura environ vingt-six heures que notre Henri sera parti.

— Mordioux! murmura Pibrac, je ne suis pas curieux de ma nature, mais je te jure bien que je te viendrai voir.

— A minuit?

— Parbleu!

— Soit! dit Malican, venez à minuit; je vous attendrai. Vous cognerez au volet de la fenêtre.

M. de Pibrac s'en retourna au Louvre se disant :

— Il est neuf heures, c'est donc trois heures à attendre... Que faire pendant ces trois heures? Bah! j'ai une idée...

Et Pibrac se frotta le front.

VIII

M. de Pibrac avait fait le raisonnement que voici et qui ne manquait ni de sagacité ni de logique :

— En me faisant arrêter La Chesnaye, le roi m'a tout à fait compromis vis-à-vis du duc de Guise.

Je suis devenu l'ennemi des princes lorrains ouvertement, comme je l'étais au fond du cœur; donc l'heure des ménagements est passée, et puisque la guerre est déclarée, il s'agit de la faire avec conscience et courage.

On le voit, le capitaine des gardes, prudent d'ordinaire, savait faire appel à la violence de son sang gascon lorsque besoin était.

D'ailleurs, à vrai dire, M. de Pibrac n'avait qu'une terreur sérieuse au monde, la haine de madame Catherine.

Il eût bravé l'univers entier, mais la pensée que la reine-mère le pourrait haïr lui donnait la chair de poule.

Or donc, le digne capitaine des gardes s'étant résolu à faire la guerre aux princes lorrains, termina son raisonnement par la conclusion suivante :

— Il est impossible que La Chesnaye n'ait pas chez lui des papiers compromettants ; lesquels papiers, tombés en ma possession, me permettront de tenir monseigneur le duc de Guise à une distance respectueuse.

Et M. de Pibrac prit le chemin de la maison où il avait, le matin, arrêté La Chesnaye et dans laquelle il avait laissé deux Suisses chargés de veiller sur la vieille servante.

Seulement, le capitaine des gardes était loin de s'attendre au spectacle qu'il trouva en arrivant ; et, pour expliquer ce qui s'était passé, il faut nous reporter à quelques heures plus tôt.

La vieille femme garottée, et la consigne donnée aux deux Suisses, M. de Pibrac s'était en allé emmenant son prisonnier.

Alors les deux Suisses avaient fermé la porte d'entrée et s'étaient installés dans la maison, poussant la servante, qui remplissait l'air de ses gémissements, dans un coin de la cuisine.

Et comme elle criait de plus belle, l'un d'eux prit son mouchoir et la bâillonna en disant :

— Prends garde, vieille sorcière ! si tu n'es pas plus raisonnable, nous allons te faire rôtir sur un tas de fagots.

Cette menace épouvanta dame Gertrude qui n'osa plus ni gémir, ni se débattre.

Les deux Suisses demeurèrent persuadés, pendant plus d'une heure, que le capitaine des gardes allait revenir, et en vrais fils de l'Helvétie, fidèles à leur consigne, ils attendirent patiemment le retour de leur chef.

Mais les heures s'écoulèrent, M. de Pibrac ne revint pas.

Comme midi sonnait à la paroisse voisine, l'un des Suisses émit cette réflexion :

— Messire le capitaine n'est pas raisonnable de nous laisser ici sans boire ni manger.

— Moi, répondit l'autre, je meurs de soif.

— Au fait, reprit le premier, le capitaine ne nous a pas défendu de manger, ce me semble.

— Non, mais de sortir.

— Pourquoi ne mangerions-nous pas ici ?

— Tiens ! c'est une idée. Ce vieux singe que le capitaine a emmené ce matin doit avoir une bonne cave.

— Et la maison n'est pas sans un morceau de lard et une miche de pain blanc.

En prononçant ces derniers mots, le premier Suisse regarda la servante :

— Hé ! vieille sorcière ! dit-il, nous avons faim et soif... il faut que tu nous donnes à boire et à manger !

La servante, qui avait toujours grand'peur et ne savait ce qu'on voulait faire d'elle, fit signe que si on lui ôtait son bâillon elle répondrait.

Les Suisses la débarrassèrent, puis, quand elle put parler ils lui dirent :

— Indique-nous l'office et la cave.

— Ouais ! répondit-elle, et que ferez-vous pour moi ?

— Tu te mettras à table avec nous.

— Non, dit la vieille, je veux m'en aller.

— Hein ?

— Vous me laisserez aller, répéta-t-elle, et vous ferez ce qu'il vous plaira dans la maison.

Les deux Suisses se mirent à rire.

— Tu es folle, la vieille, dirent-ils... tu veux donc que nous soyons pendus ?

— Alors c'est bien, répondit-elle, cherchez si vous voulez... moi je ne vous indiquerai rien...

Les deux Suisses se consultèrent du regard.

— Nous allons allumer le feu, en ce cas, dit le premier, et tu nous serviras de braise.

La vieille eut peur.

— Soit ! dit-elle, je vous indiquerai la cave et je vous donnerai les clefs de l'office, mais vous me délierez, car vos affreuses cordes me font un mal horrible.

Les deux Suisses se consultèrent de nouveau.

— Au fait ! dit le second, elle ne nous échappera pas... il n'y a qu'à bien fermer la porte de la rue.

— Et puis, reprit le premier, elle nous fera la cuisine.

— Tiens ! c'est juste...

Ils délièrent la servante, allumèrent le feu et ordonnèrent à dame Gertrude de leur mettre le couvert et de leur confectionner une omelette au lard.

Du reste, ils avaient l'œil sur ses moindres mouvements, et ils lui avaient promis de l'assommer d'un coup de hallebarde, si elle cherchait à leur échapper.

Quand l'omelette fut cuite, celui des deux qui avait émis le premier l'idée de ce petit festin accompagna la servante à la cave.

Si on eût pu douter, à voir la chétive apparence de la maison que possédait maître La Chesnaye, de ses relations mystérieuses avec de grands personnages, les doutes auraient disparu à la vue de la cave.

Le cellier du prétendu drapier était vaste et merveilleusement bien garni de vins de tous les crûs.

On y voyait de vieilles barriques et des bouteilles couvertes d'une barbe vénérable.

Ce fut vers le rayon le plus chargé de poussière que le Suisse força la vieille à se diriger.

Dame Gertrude se prit à gémir, mais elle fut contrainte de mettre dans son tablier quatre bouteilles, tandis que le Suisse lui-même en plaçait deux autres sous son bras.

Puis on remonta à la cuisine où l'autre Suisse attendait...

La servante s'était subitement calmée.

Elle ne gémissait plus ; son geste et son regard ne trahissaient plus la terreur.

Les deux soldats l'invitèrent à se mettre à table avec eux. Elle accepta.

Une heure après, les deux Suisses étaient aux trois-quarts ivres.

Alors la vieille Gertrude leur dit :

— Vous êtes de gais compagnons, ma foi ! et je vais vous faire boire d'une liqueur que je fabrique moi-même avec des cerises.

— Kirschen ! kirschen ! s'écrièrent les fils de l'Helvétie, tout joyeux.

Dame Gertrude ouvrit la porte de l'office et y entra sans que, cette fois, ses gardiens songeassent à la suivre.

Elle en revint, quelques minutes après, armée d'une bouteille enfermée dans une enveloppe d'osier.

— Goûtez-moi cela, dit-elle...

Les Suisses tendirent leurs verres, dame Gertrude les emplit jusqu'au bord.

Ce fut l'affaire d'un instant : les deux soldats trinquèrent, burent, en même temps aussi roulèrent sous la table comme foudroyés...

La perfide servante de maître La Chesnaye avait mêlé au kirch un narcotique des plus puissants.

Quand ils ronflèrent sur le sol, la servante ne perdit pas un moment ; elle monta au premier étage et ouvrit un volet avec précaution.

Elle craignait que la maison ne fût toujours environnée de soldats : mais la rue était déserte, et dame Gertrude ne vit qu'un jeune homme qui se promenait de long en large à distance.

C'était le commis drapier de maître La Chesnaye.

Le commis était venu le matin, à l'heure accoutumée, pour ouvrir la boutique ; mais il avait vu les soldats de M. de Pibrac, puis ce dernier emmenant

La Chesnaye et laissant deux Suisses à l'intérieur de la maison, et il s'était bien gardé d'approcher.

— Hé! Patureau? cria la servante.

A cette voix bien connue, le commis s'approcha.

— Arrive! arrive! répéta la vieille.

Et elle descendit lui ouvrir la porte.

— On a arrêté le maître, dit-elle vivement, de la part du roi.

— Je le sais, dit Patureau.

— Mais il ne faut pas qu'on le pende!

— Viens! viens!

Elle l'entraîna à l'intérieur de la maison.

— Mais où me conduisez-vous donc? demanda le commis.

— Il faut brûler les papiers où les emporter loin d'ici... Il y en a, acheva la servante, qui sont de nature à nous faire tous rouer vifs...

A son tour, lorsque le commis fut entré, la vieille servante de La Chesnaye ferma la porte au triple verrou.

Les Suisses ronflaient comme des orgues de cathédrale.

IX

La vieille servante et le commis montèrent en toute hâte à la chambre de La Chesnaye.

Dame Gertrude était dans tous les secrets de son maître, car elle ouvrit un vieux bahut, lequel en apparence ne contenait que des hardes.

Seulement le bahut avait un double fond et cette

cachette était remplie de papiers et de parchemins de toute sorte.

— Je ne sais pas lire, dit la vieille à Patureau, mais j'ai toujours entendu dire à maître La Chesnaye qu'il y avait là-dedans de quoi faire pendre bien du monde.

— Raison de plus pour tout brûler...

— Oh! non, répondit la vieille.

— Mais si on arrête le patron, on viendra fouiller dans la maison.

— Il faut les emporter d'ici.

— Mais où ?..,

— Hé! le sais-je ? pourvu qu'ils soient en sûreté.

— On ne peut pourtant pas les mettre dans la rue

— Oh! non.

— Alors...

— Imbécile! s'écria dame Gertrude, à qui vint tout à coup une idée lumineuse, est-ce que tu n'as pas ton logis derrière l'église Saint-Eustache, dans la rue du Jour?

— Hein? fit le commis en tressaillant, vous parlez de mon logis ?

— Mais sans doute.

— Et vous voulez que...

— Je veux que tu portes ces papiers avec toi.

— Dans ma chambre ?

Les cheveux de Patureau se hérissaient.

— Mais, dame Gertrude, reprit-il, puisque ces papiers peuvent faire pendre le patron...

— Il faut les enlever à tout prix.

— Mais ils me feront pendre également, moi...

La servante haussa les épaules :

— Grand niais! dit-elle.

Et comme l'épithète ne suffisait point à calmer la terreur du commis, dame Gertrude ajouta :

— Comment veux-tu qu'on puisse supposer jamais qu'un pauvre diable comme toi se mêle des choses de la politique?

— Malgré ce beau raisonnement, Paturcau hésitait encore.

Alors Gertrude indignée lui dit :

— Maître La Chesnaye sera mis en liberté tôt ou tard et il te chassera!...

Ces derniers mots décidèrent le commis. Il laissa Gertrude faire un paquet de tous les papiers et les lui placer entre sa chemise et son pourpoint.

Puis elle lui dit :

— Sauve-toi vite, maintenant!

— Faudra-t-il revenir?

— Non. Et prends garde aux papiers...

— Oh! je ne vais pas les perdre dans la rue, soyez tranquille.

— Songe, acheva la servante, que s'il en manque un seul, les Lorrains t'écharperont et te mettront le corps en lambeaux.

Cette deuxième menace acheva d'épouvanter le commis.

Cependant il demanda à Gertrude :

— Est-ce que vous allez rester ici, vous?

— Oh! non, dit-elle.

— Où irez-vous?

— C'est mon secret. Va-t'en, et garde bien les papiers.

Et elle se remit à la fenêtre pour le voir sortir.

La peur d'être pendu par les gens du roi ou d'être écharpé par ceux des princes lorrains donna des ailes à Patureau.

La servante le vit traverser la rue d'un pas précipité et se sauver comme s'il avait eu le diable à ses trousses.

— Bon! se dit-elle, il s'agit maintenant de prévenir monseigneur le duc de Guise et de ne pas perdre un instant.

Elle redescendit à la cuisine, s'assura que les deux Suisses ronflaient toujours sous la table, et après avoir entr'ouvert la porte avec précaution pour s'assurer qu'aucune hallebarde et aucun mousquet ne brillait dans le voisinage, elle s'esquiva avec non moins de rapidité que maître Patureau, après avoir toutefois fermé la porte et mis la clef dans sa poche.

Quant à Patureau, le commis drapier, il avait déjà gagné son logis, situé dans les combles d'une vieille maison de la rue du Jour.

Ce logis était une pauvre mansarde dont tout le mobilier consistait en un grabat, un escabeau et une table boiteuse.

Le peuple, en tous pays et à tous âges, a les mêmes instincts.

Si d'aventure le pauvre veut cacher quelque chose, un bijou, un petit pécule ou un objet compromettant, soyez sûr qu'il l'enfouira dans sa paillasse.

Ainsi fit le commis.

Il déboutonna son pourpoint, prit la liasse de parchemins et la cacha dans la paille de son grabat.

Puis, comme s'il se fût trouvé mal à l'aise en pareil voisinage, il sortit et se prit à errer sur le pavé comme une âme en peine.

Pendant plusieurs heures, Patureau s'en alla de rue en rue, la sueur au front, l'angoisse au cœur, se répétant :

— Si on trouvait ces papiers en ma possession, je serais pendu!...

Et les cheveux de Patureau se hérissaient et alors il s'indignait de sa complaisance et murmurait :

— Je risque ma vie par dévouement pour maître La Chesnaye, lequel n'a jamais été ni bon ni généreux.pour moi, qui me paye mal, me nourrit plus mal encore et a voulu me chasser deux fois déjà. Qu'est-ce que cela me fait, après tout, qu'on pende maître La Chesnaye?...

Et Patureau avait envie de retourner chez lui, d'y prendre les papiers et de les brûler.

Mais alors la deuxième menace de dame Gertrude lui revenait en mémoire :

— Si les papiers s'égarent, lui avait-elle dit, les Lorrains t'écharperont.

Le commis battit le pavé pendant plusieurs heures, il oublia de manger, il endura la soif et ne songea point à boire.

De rue en rue, et après avoir longtemps tourné aux environs de Saint-Eustache sans oser remonter à son logis, il arriva sur la place de Grève.

Le grand prévôt avait fait pendre la veille un pauvre diable, et le corps du supplicié se balançait encore dans l'air.

Ce hideux spectacle épouvanta si bien Patureau qu'il se dit :

— Non! non! j'aime encore mieux être écharpé que pendu!... je vais brûler les papiers!...

Dès lors le commis n'hésita plus, il rebroussa chemin vers son logis en passant par la rue aux Ours qui a déjà, on s'en souvient, joué un grand rôle dans notre histoire.

La rue aux Ours avait acquis une vraie célébrité parmi les Parisiens, depuis l'assassinat de l'argentier Loriot.

En la traversant, Patureau ne put se défendre de songer à cette sombre histoire et de faire cette réflexion naïve :

— Ce n'est pas moi qu'on assassinera jamais pour me voler... je suis trop pauvre!...

Et lorsqu'il se fut avoué qu'il était pauvre, qu'il portait des chausses trouées, couchait en un taudis, buvait de l'eau et mangeait une maigre pitance d'un bout à l'autre de l'année. Patureau songea qu'il y avait de par le monde des gens qui avaient de l'or plein leurs mains et qui ne se refusaient aucune des jouissances terrestres.

Alors une mauvaise pensée lui vint.

— Qui sait ? se dit-il, le roi paierait bien cher peut-être pour avoir ces papiers que dame Gertrude m'a fait emporter et que je veux brûler pour n'être point pendu ?

Patureau repoussa d'abord cette idée, puis elle lui revint, et il lui sembla voir une bourse arrondie à travers les mailles de laquelle brillaient des pièces d'or.

Et quand il fut arrivé à la porte de la maison où il demeurait, il hésita à en franchir le seuil.

Sans doute, en ce moment, il se passa dans l'âme naïve et cupide à la fois du commis drapier quelque étrange lutte entre sa conscience et l'âpre amour de l'or ; sans doute aussi la conscience fut vaincue, car, au lieu de monter chez lui, il revint brusquement sur ses pas, longea de nouveau l'église Saint-Eustache et prit résolûment le chemin du Louvre.

Patureau était décidé à aller trouver le roi et à trahir La Chesnaye et les princes lorrains.

Il s'en alla droit au Louvre.

En route, le naïf commis se disait :

— Je vais demander à parler au roi, et je lui dirai : Sire, il est en votre pouvoir de me faire pendre, mais que peut vous importer la vie d'un pauvre diable ? tandis que si vous me voulez bailler beaucoup d'or, je vous donnerai en échange des parchemins fort compromettants pour monseigneur le duc de Guise.

Le roi aurait bien tort de refuser...

Et, bien qu'il n'eût point encore le premier écu de ce trésor qu'il rêvait, Patureau, chemin faisant, en calcula l'emploi.

Il achèterait une boutique de drapier et s'établirait pour son propre compte, puis il se marierait.

Il avait vu sur le seuil d'un droguiste de la rue du Renard une fille qui lui plaisait fort...

Patureau songeait à l'épouser, et il préparait son petit discours au père de la jeune fille comme il s'était répété déjà son allocution au roi, lorsque tous ses rêves vinrent se briser au guichet du Louvre.

Patureau s'était imaginé qu'on entrait au Louvre

comme on entre chez soi, avec la souquenille de grosse laine et le chapeau d'un bourgeois.

Passe avec le pourpoint et le toquet à plumes d'un gentilhomme !

Le Suisse de faction croisa sa hallerbade en criant à Patureau.

— Au large !

— Mais je veux parler au roi !...

Le Suisse le prit pour un fou et lui appliqua le manche de la hallebarde entre les deux épaules, en répétant :

— Au large ! maraud !

Cependant le commis était tenace, et il allait sans doute revenir à la charge une troisième fois, lorsqu'il vit sortir par la poterne un gentilhomme qu'il reconnut sur-le-champ pour celui qu'il avait vu passer le matin emmenant son malheureux patron prisonnier.

C'était M. de Pibrac.

Une idée vint à Patureau :

— Puisque ce gentilhomme a arrêté maître La Chesnaye, se dit-il, ce doit être un favori du roi. Je vais l'aborder...

Mais M. de Pibrac marchait d'un pas rapide, et il avait de longues jambes.

Patureau allongea le pas pour le rattraper.

Mais comme Patureau ne parlait pas d'abondance et qu'il avait toujours besoin de préparer une allocution, il perdit environ dix minutes et laissa M. de Pibrac s'engager dans les petites rues étroites qu conduisaient à la maison de La Chesnaye.

Le commis le vit, comme neuf heures et le quart

sonnaient à la paroisse Saint-Eustache, s'arrêter devant la maison de La Chesnaye.

Alors, obéissant à un sentiment de prudence, Patureau se tint à l'écart.

Pibrac frappa. Personne ne répondit.

— Oh! oh! dit-il, est-ce que mes Suisses auraient gagné au large?

Il frappa plus fort, puis ébranla la porte à coups d'épaules.

Mais la porte était solide, et elle résista.

Alors Patureau n'hésita plus, et il s'approcha, sa toque à la main, d'un air humble et prévenant.

— Que veux-tu, maraud? demanda le capitaine des gardes.

— Offrir mes services à Votre Seigneurie, répondit Patureau.

— Pourquoi faire?

— Pour entrer dans cette maison.

— As-tu de bonnes épaules?

Patureau regarda Pibrac.

— Afin d'enfoncer la porte, ajouta le capitaine des gardes.

Mais Patureau secoua la tête :

— Ce n'est pas utile, dit-il.

— Pourquoi?

— Parce qu'on peut entrer par la boutique.

Et il indiquait une seconde porte.

— Mais elle est fermée aussi...

— Oui, mais j'en ai la clef.

— Toi?

Et Pibrac le regarda.

— Qui es-tu donc? dit-il.

— Je m'appelle Patureau.
— Bon ! après ?
— Et je suis le commis de maître La Chesnaye.
— Ah ! ah ! dit Pibrac, voilà qui est bon à savoir... Ouvre-moi, en ce cas !...

Le commis tira une clef de sa poche, ouvrit la porte de la boutique et fit pénétrer Pibrac dans la maison.

— Holà ! les Suisses ! cria le capitaine des gardes.

Patureau poussa une seconde porte qui de la boutique donnait accès dans la cuisine, et alors Pibrac entendit un ronflement sonore.

— Sandis ! murmura-t-il, les drôles auront bu et se seront grisés !

Et, en effet, lorsqu'il eut franchi le seuil de la cuisine, M. de Pibrac put se rendre compte de ce qui s'était passé.

Alors il se tourna vers Patureau :

— Pourquoi n'étais-tu point ici ce matin ? lui dit-il.

— Je loge au dehors.

— Es-tu venu après mon départ.

— Oui, messire.

— Qui as-tu rencontré ?

— La vieille Gertrude qui m'a ouvert la porte.

— Et où est-elle maintenant ?

— Elle s'est sauvée après avoir grisé les deux Suisses.

— Ah !

Pibrac leva les yeux sur le visage mélangé d'astuce et de naïveté de Patureau :

— Sais-tu où est La Chesnaye ? dit-il.

— Vous le devez mieux savoir que moi, puisque ce matin...

— Oui, certes, je le sais, et je vais te le dire : La Chesnaye est dans un cachot du Louvre, et il sera pendu demain matin.

Patureau tressaillit.

— Il sera pendu en ta compagnie, acheva Pibrac, si d'ici là tu ne m'as aidé à trouver certains papiers qui doivent exister ici.

Patureau tressaillit de nouveau. M. de Pibrac allait au devant de ce qu'il avait à lui dire.

— Comme cela se trouve ! pensa-t-il.

X

Les gens les plus timides s'enhardissent parfois outre mesure et tout d'un coup.

Ce fut l'histoire de Patureau.

Durant toute la journée, le pauvre diable avait tremblé comme un lièvre. En présence de M. de Pibrac, qui cependant parlait de le faire pendre, non-seulement il ne trembla plus, mais encore il prit un aplomb qui eût stupéfié dame Gertrude elle-même.

— Monseigneur, dit-il, on trouve toujours ce qu'on veut trouver.

— Ah ! ah !

— Le tout est de mettre aux recherches un prix convenable.

— Hein ! fit Pibrac.

— Car, ajouta Patureau, en ce monde, tout se paye.

Pibrac regarda attentivement le commis :

— Hé! hé! dit-il, me voudrais-tu faire des conditions, maraud?

— Moi? pas du tout...

— Alors, aide-moi... ou plutôt indique-moi...

— Mais, monseigneur, toute peine mérite salaire, et si vous m'employez à chercher les papiers de maître La Chesnaye, il est juste... que...

— Tiens! voilà une pistole...

Patureau se mit à rire et n'étendit point la main pour prendre la pistole...

— Votre Seigneurie se gausse de moi, dit-il.

Bien qu'il fût Gascon, Pibrac était toujours calme, et l'audace du commis ne l'irrita point.

— Comment te nommes-tu? demanda-t-il.

— Patureau, monseigneur.

— Tu es commis drapier?

— Oui, monseigneur.

— Combien gagnes-tu par jour?

— Une livre deux sous.

— Eh bien! drôle, je puis te faire pendre, et au lieu d'user de ce droit, je t'offre une pistole pour ta peine, et tu fais le dédaigneux?

Ces paroles du capitaine des gardes ne déconcertèrent point le commis drapier.

— Oh! je sais bien, monseigneur, dit-il, que vous pouvez me faire pendre.

— Et je le ferai, certes!

— Je m'y attends, mais...

— Mais? fit Pibrac.

— Lorsque j'aurai été pendu, vous n'en serez pas plus avancé.

— Tu crois?

— J'en suis sûr. Sans moi vous n'aurez jamais les papiers que vous cherchez.

— Bah! lorsque tu seras en présence d'une belle corde neuve et de la potence... tu changeras d'idée.

— Je ne crois pas...

— Plaît-il?

— J'ai voulu me rendre compte de la chose, ajouta Patureau avec calme, et je suis allé tout à l'heure me promener sur la place de Grève.

— En vérité!

— J'y ai vu un pendu. Ma foi! monseigneur, cela n'a rien d'effrayant. On dit même que c'est un genre de mort qui n'a rien de désagréable, la pendaison.

— Oh! oh! pensa Pibrac, voilà un drôle bien trempé.

Puis il dit tout haut :

— Et tu crois que sans toi je ne trouverai point les papiers.

— J'en suis certain.

— Même en bouleversant la maison de fond en comble?

— Il y a pour cela une raison bien simple, monseigneur.

— Laquelle?

— C'est que les papiers ne sont pas dans la maison.

— Et où sont-ils?

— C'est mon secret.

— Et tu veux vendre ce secret?

— Dame!

Pibrac comprit qu'il était à la discrétion de Patureau :

— Soit, dit-il : quel est ton prix?

— Je voudrais avoir cent pistoles.

Pibrac fit un pas en arrière.

— Tu as la berlue! dit-il.

— Pourquoi, monseigneur?

— Mais parce qu'un pauvre officier de fortune comme moi n'a jamais eu cent pistoles dans le creux de sa main.

— Oui, mais le roi les a.

— Eh bien! va les demander au roi.

— C'était ce que je comptais faire d'abord, monseigneur.

— Ah!

— Je me suis présenté au guichet du Louvre, et on n'a point voulu me laisser entrer.

— Eh bien! je te ferai entrer, moi.

— Et vous me conduirez chez le roi?

— Oui.

— Allons! dit Patureau.

La résolution du commis fit réfléchir de nouveau le capitaine des gardes.

— Sais-tu comment je me nomme? lui dit-il.

— Non, monseigneur.

— Je m'appelle Pibrac.

— Vous êtes le capitaine des gardes?

— Précisément. Et si je te donnais ma parole, en douterais-tu?

— Non, monseigneur.

— Eh bien! je t'engage ma foi de gentilhomme que tu auras tes cent pistoles.

— Quand?

— Demain matin avant midi. Mais il me faut les papiers ce soir.

Le commis eut confiance en la loyauté de Pibrac.

— Puisqu'il en est ainsi, monseigneur, dit-il, venez avec moi.

Et il l'emmena rue du Jour, lui racontant en route comment la servante de maître La Chesnaye, dame Gertrude, s'était débarrassée des deux Suisses et lui avait confié, à lui Patureau, ces papiers et ces parchemins dont le moindre, selon elle, était suffisant pour faire pendre le prétendu marchand drapier.

Le capitaine des gardes grimpa au dernier étage de la vieille maison et pénétra dans l'affreux réduit qui servait de logis à Patureau.

Celui-ci avança son unique escabeau, puis, après avoir battu le briquet et allumé une chandelle, il éventra sa paillasse et en retira la liasse de parchemins.

Sur un signe de Pibrac, il les plaça sur la table de bois blanc qui composait, avec l'escabeau, tout le mobilier, puis il poussa cette table devant le capitaine des gardes.

— Voyons un peu qu'est-ce que tout cela, murmura ce dernier.............................

....

De quelle importance étaient les papiers et les parchemins de maître La Chesnaye et que se passa-t-il entre M de Pibrac et le commis drapier Patureau?

Nous ne saurions le dire au juste. Tout ce que nous pouvons affirmer, c'est que le capitaine des gardes demeura beaucoup plus d'une heure enfermé avec Patureau, et que, en le quittant, il lui donna comme à compte sur les cent pistoles le contenu de sa bourse, qui était assez bien garnie.

En homme prudent, Pibrac avait glissé les parchemins sous son pourpoint qu'il avait ensuite reboutonné avec soin.

Après quoi il avait repris le chemin du Louvre, se disant qu'il n'était pas très-loin de minuit, et que c'était à minuit que Malican avait promis de parler.

Aussi, le capitaine franchit-il lentement la distance qui séparait la rue du Jour du Louvre, occupé qu'il était de monologuer de la sorte :

— Les papiers que j'ai sur moi sont de nature à envoyer monseigneur le duc de Guise, son frère Mayenne et son autre frère, le cardinal de Lorraine, laisser leur tête en place de Grève.

Malheureusement, pour obtenir ce résultat dont les conséquences ne pourraient être que très-favorables au royaume de France et à la monarchie, il faudrait un autre roi que celui que je sers...

Et Pibrac soupira.

— Car, reprit-il, supposons que j'aille trouver le roi et que je lui soumette les plans de cette petite conspiration qui peut envelopper la France entière!...

Le roi va jeter les hauts cris, jurer, tempêter, ordonner qu'on arrête les uns, qu'on pende les autres... Il fera grand bruit, se couchera après avoir formulé sa volonté, se réveillera malade et retrouvera à son chevet madame Catherine, l'amie des princes lorrains, qui lui prouvera clair comme le jour qu'il a fait un mauvais rêve et que la couspiration n'existe pas.

Ah ! si j'étais bien sûr que madame Catherine ne revînt jamais au Louvre et que le roi de Navarre lui eût trouvé un logis pour ses vieux jours !...

M. de Pibrac arriva au guichet du Louvre et fut fort étonné d'y voir, au clair de lune, un cavalier qui parlementait avec le Suisse de faction.

Ce cavalier était un moine, monté sur une mule, qui disait à la sentinelle :

— Il faut absolument que je parle au roi.

— Le roi est couché, et puis, mon père, ajoutait le soldat, on n'entre point au Louvre à pareille heure.

Ce fut comme le soldat prononçait ces mots que Pibrac arriva.

— Tenez, dit le Suisse, voilà le capitaine des gardes, adressez-vous à lui, mon père.

Le moine mit pied à terre et vint à la rencontre de Pibrac.

— Que désirez-vous, mon révérend ? lui demanda courtoisement le capitaine.

— Messire, répondit le moine, je désirerais voir le roi pour lui confier une aventure qui m'est advenue touchant madame la reine-mère.

Pibrac tressaillit.

— Pardon ! mon révérend, dit-il en entraînant le moine à l'écart, il est près de minuit, le roi est couché depuis longtemps et j'ai l'ordre formel de ne laisser pénétrer personne auprès de lui.

— Cependant...

— Mais comme je suis son capitaine des gardes, si vous avez un message de la reine-mère, vous pouvez me le confier.

— Hélas! monsieur, je ne l'ai plus ce message.

— Plaît-il?

— On me l'a volé.

Pibrac ouvrit de grands yeux.

— Messire, reprit le moine, j'appartiens à une communauté qui se trouve sur la route de Blois.

— Bon! dit le capitaine.

— Hier, dans la journée, un cavalier s'est présenté à notre couvent, et il nous a remis une lettre et une bourse.

La bourse était destinée à l'église de notre couvent; la lettre portait le sceau de la reine-mère; elle était adressée au roi Charles IX, et le cavalier nous a priés de la porter à sa destination.

— Comment était ce cavalier? demanda Pibrac.

— De taille moyenne, brun de visage, l'œil noir, l'accent méridional.

— Son âge?

— Il pouvait avoir vingt ans.

— Bon! pensa Pibrac, c'est un des Gascons de Noë.

— Le moine reprit :

— Le supérieur de notre couvent me fit barder ma mule et me remit cette lettre avec ordre de faire diligence et de m'en aller à Paris sans m'arrêter en route.

— Et vous partîtes sur-le-champ?

— Oui, messire.

— Eh bien! où est cette lettre?

— Je vous l'ai dit, on me l'a volée en route.

— Qui donc?

— J'ai fait la rencontre d'une troupe de cavaliers qui m'ont arrêté, renversé, garrotté et m'ont pris la lettre de la reine.

— Oh! oh!

— L'un d'eux m'a dit : « Nous nous chargerons de votre message. » Puis ils ont continué leur chemin.

— Vers Paris ?

— Oh! non, ils couraient vers Blois, au contraire, et ils semblaient poursuivre d'autres cavaliers.

Pibrac tressaillit de nouveau.

— Comment étaient-ils, ces cavaliers?

— L'un d'eux avait une balafre au front, messire.

— Et il était jeune ?

— Oui.

— Grand?

— De haute taille.

— C'est le duc de Guise, pensa Pibrac.

Puis il dit froidement au moine :

— Mon père, je vous engage à aller descendre en un couvent de votre ordre et à revenir me voir demain matin. Je vous conduirai au roi.

Le moine s'inclina.

— Ah! fit-il, j'oubliais de vous dire que j'étais retourné dans mon couvent après ma mésaventure ; mais le supérieur a voulu que je vinsse raconter cela au roi.

— Et il a eu raison, dit Pibrac. Bonsoir, mon père, à demain.

— Bonsoir, messire.

Le moine remonta sur sa mule et prit le chemin de la rive gauche de la Seine où il y avait plusieurs monastères.

Quant à M. de Pibrac, il demeura pensif un moment et finit par se dire :

— Je veux être pendu si je comprends maintenant quelque chose à tout cela !... Allons chez Malican !...

Minuit sonna à Saint-Germain-l'Auxerrois.

XI

Malican attendait Pibrac.

Le cabaretier avait éteint ses lumières et poussé sa porte.

Mais cette porte s'ouvrit aussitôt que le pas du capitaine des gardes retentit à l'extérieur.

Pibrac entra.

— Ah! fit Malican, maintenant nous pouvons causer.

— Il est minuit.

— Je le sais, je vous attendais...

Et Malican ferma sa porte aux verrous, ajoutant :

— Les paroles n'ont pas de couleur, et je crois qu'il sera prudent de ne point allumer de lampe.

— Soit ! répondit Pibrac.

Le capitaine des gardes et le cabaretier s'assirent l'un auprès de l'autre, ainsi que deux Béarnais qui ont sur l'égalité des idées bien arrêtées, et Pibrac dit :

— Je gage que j'ai deviné.

— C'est possible.

— On a enlevé la reine-mère.

— Précisément.

— Et c'est le roi de Navarre qui a fait le coup...?

— C'est, ma foi! vrai.

— Parbleu! dit Pibrac, c'est hardi, si le succès couronne l'œuvre.

Malican sourit dans l'ombre.

A cette heure, le danger d'être rejoint en route est passé.

— Tu crois?

— Ils ont une fière avance...

Mais Pibrac fronça le sourcil.

— Cependant, dit-il, le duc de Guise est à leur poursuite.

— Hein? s'écria Malican.

Et le cabaretier fit un soubresaut sur son siège.

— C'est comme je te le dis, ajouta Pibrac.

Puis il lui raconta ce qu'il venait d'apprendre du moine.

Mais Malican avait une foi aveugle dans le plan du Béarnais, qu'il connaissait à merveille.

— Oh! soyez tranquille, dit-il, les précautions ont été prises. Le convoi ne suivra pas les grandes routes.

Alors Malican raconta de point en point à Pibrac comment on s'y était pris, comment on avait prévenu les gentilshommes dévoués à la cause calviniste, et quel ingénieux moyen de changer de chevaux toutes les dix lieues on avait trouvé.

Mais le capitaine des gardes était l'homme prudent et défiant par excellence.

— J'admets tout cela, mon cher Malican, dit-il ; cependant...

— Eh bien ?

— Tu ne peux douter, non plus que moi, que le duc de Guise est sur leurs traces.

— C'est possible.

— Comment a-t-il su que l'enlèvement avait eu lieu ?

— Ah ! diable ! murmura Malican, c'est juste, cela.

— Donc, ce n'est plus qu'une question de vitesse entre ceux qui poursuivent et ceux qui sont poursuivis.

— Les Béarnais ont de l'avance.

— Dieu le veuille !

— Et une fois en Gascogne.

— Oh ! fit Pibrac, une fois hors du royaume de France, le duc ne nous chagrinera plus ; le tout est de passer la frontière.

— Ils la passeront, si ce n'est fait à cette heure.

— Combien sont-ils ?

— Quatre.

— C'est-à-dire le roi, Noë, Lahire et un autre Gascon nommé Hector.

— Justement.

— Eh bien ! à coup sûr, le duc de Guise est accompagné de ses quatre gentilshommes, au moins. S'il parvient à rejoindre le roi de Navarre, il y aura combat.

— Chut ! dit Malican.

— Qu'est-ce donc ? fit Pibrac surpris de cette interruption.

— Ecoutez !...

Et Malican alla entr'ouvrir sa porte.

— J'entends le galop d'un cheval, ajouta le cabaretier.

— Moi aussi.

Pibrac se glissa hors du cabaret pour écouter plus à son aise.

La lune avait disparu, la nuit était sombre.

— Oui ! oui ! répéta Malican inquiet, c'est le galop d'un cheval qui retentit sur la rive droite de la Seine et qui vient à nous.

En effet, le bruit devenu plus distinct se rapprochait.

— C'est singulier, murmura le capitaine des gardes qui, après avoir fait quelques pas en avant, revint vers la porte du cabaret, il n'y a qu'un cheval du pays de Tarbes qui galope ainsi.

— Ciel ! dit Malican, qu'est-il donc arrivé ?

M. de Pibrac rentra dans le cabaret, et conseilla à Malican d'en faire autant, ajoutant :

— Il faut tâcher de voir sans être vu.

Un cavalier qui galope dans cette direction ne peut aller qu'au Louvre.

— Peut-être... dit Malican.

Malican avait raison.

Ce n'était point au Louvre qu'allait le cavalier, car il arrêta court sa monture à la porte du cabaret.

Puis il cria en langue béarnaise :

— Ouvrez ! ouvrez !

— Tonnerre et sang ! murmura Malican abasourdi, c'est lui...

Et il se précipita au dehors :

— Est-ce toi, Malican? reprit le cavalier en sautant à terre.

— Oui, Sire.

— Ah! sauve-moi, en ce cas; nous sommes perdus!...

Et Henri de Navarre, car c'était bien lui, se précipita dans le cabaret; mais, en dépit des ténèbres, il distingua une forme humaine immobile au milieu de la salle.

— Il y a quelqu'un ici, exclama-t-il en faisant un pas en arrière et portant la main à son épée.

— C'est un ami, répondit une voix, tandis qu'une main prenait le bras du jeune prince pour le retenir.

— Pibrac! fit le roi.

— Oui, Sire.

— Vous avez... entendu?

— Je sais tout, et ce n'est pas moi qui trahirai mon souverain, répondit le capitaine des gardes avec l'accent de la loyauté.

Malican avait conduit le cheval à l'écurie.

— Ah! dit le roi de Navarre, qui se laissa tomber sur un banc épuisé de fatigue, vous savez tout, Pibrac?

— Oui, Sire.

— Eh bien! ce que vous ne savez pas, c'est que tout est perdu.

— Je m'en doute, en vous voyant revenir, Sire.

— Avons-nous été trahis? Est-il arrivé malheur à celui de nous qui nous précédait? C'est un mystère, mais nous n'avons pas trouvé de chevaux au-delà de Blois, et nous avons été rejoints par quinze hommes que commandait... Ah! ricana le roi de

Navarre en s'interrompant, vous ne devineriez jamais qui, mon cher Pibrac.

— Pardon, Sire, c'était le duc de Guise.

— Vous le saviez ?

— Depuis une heure.

— Eh bien ! ils nous ont rejoints, entourés ; nous nous sommes battus à outrance, mais il a fallu céder au nombre. Lahire et Noë sont prisonniers... moi, j'ai pu échapper suivi d'Hector, que j'ai laissé à deux lieues de Paris, car son cheval était tombé épuisé.

— Mais, Sire, dit Pibrac avec émotion; pourquoi n'avoir pas tenté de gagner la Gascogne ?

— Vous vouliez donc que j'abandonnasse mes amis ?

— Noë et Lahire...

— Certes ! ils sont aux mains du duc; le duc les livrera au roi Charles IX.

— C'est l'échafaud qui les attend ! dit Pibrac.

En ce moment Malican revint.

— Allume une lampe, dit le roi de Navarre, et sers-moi quelque nourriture, je suis exténué ; j'ai fait quarante lieues en dix heures.

Et tandis que Malican s'empressait d'obéir, le jeune prince ajouta :

— Oh ! j'ai de l'avance sur eux, cette fois, ils auront eu beau prendre la route de Paris, je les ai laissés bien en arrière. Quel cheval que celui d'Hector ?

Malican plaça devant le roi de Navarre un morceau de viande, du pain et un flacon de vieux vin.

Le roi se précipita sur ces aliments avec l'avidité d'une bête fauve longtemps privée de nourriture, et

Pibrac, respectant cet appétit dévorant, ne souffla mot pendant quelques instants. Cependant, lorsque Henri eut calmé sa faim et sa soif, le capitaine des gardes lui dit :

— Malican m'a dit, Sire, que vous étiez masqué.
— C'est vrai.
— Votre masque s'est-il détaché ?
— Jamais !
— La reine-mère a-t-elle entendu votre voix ?
— Non.
— Et... le duc !..
— Ni le duc, ni René.
— Ah ! ce maudit Florentin y était ?
— Pardieu ! oui.
— Ainsi vous avez pu vous ouvrir un passage et fuir sans que votre masque tombât, sans que votre voix vous trahît ? et rien ne prouve que le roi de Navarre était parmi ces hommes qui ont enlevé la reine-mère ?
— Rien.
— Eh bien ! Sire, il faut rentrer au Louvre.
— Quand ?
— A l'instant même, et vous aller coucher dans votre lit.
— Bon !
— Demain au jour vous irez voir le roi.
— Mais, dit le roi de Navarre, j'imagine qu'avant...

Pibrac eut un sourire énigmatique :

— Votre Majesté, dit-il, espère voir madame Marguerite ?
— Certes !
— Madame Marguerite n'est pas au Louvre.

— Le roi de Navarre tressaillit.

Pibrac ouvrit son pourpoint :

— Décidément, dit-il, j'ai bien fait, ce matin, de soustraire adroitement cette lettre.

Et il tendit au roi le message que madame Marguerite, avant de s'échapper du Louvre, avait laissé pour lui.

— Sire, ajouta-t-il, la reine-mère avait disparu, madame Marguerite aussi; j'ignorais ce qu'était devenue Votre Majesté, j'ai flairé un danger et j'ai décacheté cette lettre.

Le roi lut et passa la main sur son front :

— Mon Dieu ! dit-il, je l'aimais pourtant avec passion...

Mais Pibrac reprit :

— Ne songez point à votre amour en ce moment, Sire; songez à sauver vos amis et vous-même... et taisez la fuite de madame Marguerite...

— Eh bien?

— C'est votre salut.

— Comment cela?

— Je vous l'expliquerai. Maintenant, Sire, venez-

— Au Louvre ?

— Oui, au Louvre.

Henri qui était brisé de fatigue, se leva en chancelant et s'appuya sur le bras de Pibrac.

Celui-ci dit à Malican :

— Au point du jour, tu viendras me parler. J'aurai peut-être besoin de tes services.

— Oui, messire.

Le roi de Navare et Pibrac sortirent du cabaret et gagnèrent la poterne du Louvre.

Henri était si bien enveloppé dans son manteau que la sentinelle ne put voir son visage et s'effaça respectueusement devant le capitaine des gardes.

Ce dernier conduisit le roi de Navarre à son appartement, s'y enferma avec lui et lui dit :

— Votre Majesté doit avoir grand besoin de dormir.

— Je meurs de lassitude.

— Et cependant il faut qu'elle veille.

— Plaît-il ?

— Et qu'elle parcoure avec moi ces papiers, qui peuvent être de quelque importance à ses yeux.

En parlant ainsi, Pibrac étala sur une table les parchemins de maître La Chesnaye, ajoutant :

— En voilà pour cent pistoles ! mais il est vrai qu'on peut, avec leur aide, faire tomber la tête du duc de Guise.

XII

Les papiers à l'examen desquels Henri de Navarre et M. de Pibrac se livrèrent se composaient de documents multiples.

Quelques-uns étaient des lettres des princes lorrains à La Chesnaye, — lettres concernant la gestion des biens qu'ils possédaient en France, et notamment à Paris.

D'autres, d'une nature plus grave, se rapportaient à divers complots que la maison de Lorraine avait fomentés et qui n'avaient pu être menés à bonne fin.

Un dernier billet était écrit en chiffres.

— Oh! oh! dit Henri, celui-ci doit être plus sérieux que les autres. Savez-vous lire les chiffres, Pibrac?

— Non, Sire.

— Ni moi. Comment faire?

— La Chesnaye doit avoir la clef de cette écriture.

— Ah!

— Et quand je devrais me faire tourmenteur comme maître Caboche, il faudra bien...

Mais Henri arrêta Pibrac d'un geste:

— Un instant, dit-il.

Pibrac regarda le roi de Navarre, qui poursuivit:

— Qu'allons-nous faire de tout cela? évidemment, si on met ces papiers sous les yeux du roi Charles IX, il aura la preuve que les Guise ont toujours conspiré contre le royaume de France.

— Oui, mais après?

— Après, dit Henri, comme les Guise ne seront point à Paris, mais bien à Nancy, le roi se sera mis en colère pour rien et la reine-mère arrangera les choses.

— Vous avez raison, Sire.

— Donc, que faut-il faire?

— J'ai une idée.

— Voyons!

— Puisque le duc vous a rejoint et qu'il a pu s'emparer de la reine-mère, il est probable qu'il reviendra avec elle à Paris.

— C'est même chose certaine.

— Eh bien! pourquoi ne l'arrêterait-on pas à son arrivée?

— C'est hardi, Pibrac.

— Et, une fois arrêté, on mettrait ces papiers sous les yeux du roi.

— Mais où et comment l'arrêter?

— Dans la petite maison où il se cachait depuis quinze jours.

— Et vous connaissez cette maison?

— Je sais où elle est.

— C'est différent.

— Mais, reprit-il, ce qui m'intrigue, c'est ce manuscrit en chiffres.

— Il faut, en effet, répondit le capitaine des gardes, qu'il contienne des choses d'une haute importance. Et tenez, Sire, remarquez-vous que plusieurs mots sont tracés d'une main différente?

— Oui.

— Et avec une encre plus pâle?

— C'est vrai.

— Ce document est de deux écritures, l'une qui trahit la main d'un homme, l'autre une main de femme.

— En ce cas, c'est celle de la duchesse de Montpensier.

— Ensuite, poursuivit Pibrac, remarquez encore que cela est fraîchement écrit.

— En effet.

— Ce document n'a pas huit jours de date, selon moi. Je dois avouer à Votre Majesté que je donnerais gros pour avoir la clef de cette écriture.

— Et moi aussi, dit Henri.

— Eh bien! j'en reviens à mon idée : La Chesnaye parlera.

— Quand ?

— A l'instant, si vous le voulez.

— Il est donc ici ?

— Oui, Sire. Venez avec moi...

— Ah ! mon pauvre Pibrac, murmura Henri, que le diable emporte la politique ! J'ai si grande envie de dormir.

— Cependant, Sire...

— Soit, allons !

Et Henri reprit son épée et son manteau.

— La Chesnaye, continua Pibrac, est dans le *Prie-Dieu*.

— Depuis quand ?

— Depuis ce matin.

— Ce La Chesnaye est fidèle aux princes lorrains, m'a-t-on dit.

— Par malheur ! Mais il aura peur de la mort, sans doute.

Pibrac prit un flambeau sur la table, tandis que le roi de Navarre serrait précieusement dans un bahut tous les autres papiers, et glissait sous son pourpoint le parchemin couvert des mystérieux caractères.

Puis ils gagnèrent tous deux le corridor et le petit escalier, qu'ils descendirent sur la pointe du pied.

C'était toujours la même sentinelle qui veillait à la poterne ; et par un hasard assez étrange, cette sentinelle n'était autre que le Suisse gigantesque à qui, le matin précédent, Charles IX avait fait enfoncer la porte de madame Catherine d'un coup d'épaule vigoureux...

— Celui-là, dit le capitaine des gardes, est muet

comme la tombe quand on lui recommande le silence. Il croit toujours que les ordres qu'on lui donne lui sont transmis au nom du roi.

— Ah! dit Henri en souriant.

Et le jeune prince couvrit son visage d'un pan de son manteau.

Pibrac appela le Suisse.

— Ulrich, lui dit-il, tu vas fermer la poterne.

Le Suisse s'inclina.

— Si quelqu'un se présente au guichet, tu n'ouvriras pas.

— Oui, capitaine.

— Et si tu entends descendre par cet escalier, tu croiseras ta hallebarde.

— Oui, capitaine.

— Et tu ne laisseras passer personne.

— Pas même le roi?

— Imbécile! murmura le capitaine des gardes.

On se souvient que, le matin, M. de Pibrac avait mis dans sa poche les clefs de cet étroit et sombre cachot nommé le Prie-Dieu, après y avoir enfermé maître La Chesnaye.

Il prit donc ces clefs qu'il avait conservées sur lui et ouvrit la porte du cachot.

Puis il y pénétra le premier, disant :

— Pourvu que le pauvre diable ne soit pas mort de faim?

— Hein? dit Henri.

— Je me souviens à présent, répondit le capitaine des gardes, que j'ai oublié de lui envoyer la moindre nourriture.

Maître La Chesnaye était accroupi sur la paille qui lui servait de grabat.

Il ne dormait pas et roulait autour de lui des yeux égarés.

— Bonjour, La Chesnaye, lui dit Pibrac, qui referma la porte quand le roi de Navarre fut entré.

La Chesnaye le regarda, puis son œil s'éclaira :

— Est-ce que vous venez me rendre la liberté? demanda-t-il.

— Vous êtes naïf, maître.

— Cependant, je suis innocent...

Pibrac haussa les épaules.

— Allons, maître La Chesnaye, dit-il, laissez-moi donc vous donner un avis.

— Un avis?

— Oui.

Et Pibrac lui mit la main sur l'épaule, ajoutant :

— Tenez! Sa Majesté le roi de Navarre, que voici, pense exactement comme moi.

A ce nom, La Chesnaye tressaillit, regarda le personnage qui venait d'entrer avec Pibrac, le reconnut, et fit cette réflexion judicieuse :

— Puisque le roi de Navarre est au nombre de mes ennemis, je suis perdu deux fois plutôt qu'une.

Cependant il paya d'audace.

— Voyons, monsieur de Pibrac, dit-il, j'attends votre avis.

— C'est de jouer avec nous cartes sur table.

— Je ne demande pas mieux.

— Ah! ah!

— Mais vous voulez me faire avouer ce que je ne sais pas, reprit La Chesnaye.

— Allons donc !

— Je ne suis qu'un pauvre marchand drapier...

— Tarare !

— Et vous voulez, le roi de Navarre et vous, me transformer en un homme honoré de la confiance des princes de la maison de Lorraine.

— Ma foi ! mon cher, je ne le veux pas moi, c'est la vérité qui le veut.

— Quelle plaisanterie !

— Ecoutez, et vous verrez que je ne m'embarque jamais sans preuves dans l'affirmation d'un fait.

— Oh ! dit le drapier toujours impassible, si vous me prouvez celui-là, vous ferez un beau miracle.

— Soit.

— Et pour atteindre ce résultat...

— Mais taisez-vous donc, maître ! dit Pibrac avec hauteur, et écoutez-moi, je vous prie.

La Chesnaye baissa le front.

— Je suis retourné dans votre maison, ce soir, tandis que vous étiez ici.

La Chesnaye eut un mouvement d'inquiétude.

— Votre servante s'était échappée, mais j'ai trouvé votre commis.

— Eh bien ! répondit La Chesnaye redevenu impassible, il a dû vous dire que je ne m'étais jamais mêlé de politique.

— Au contraire...

Le prisonnier fit un léger soubresaut sur son grabat.

— Figurez-vous, continua Pibrac, qu'il nous a affirmé que vous étiez le mandataire du duc de Guise.

— C'est faux !

— Et que vous possédiez des lettres et des documents de nature à vous faire pendre, d'abord vous maître La Chesnaye...

— Oh ! par exemple !

— Et ensuite à faire tomber la tête du duc votre maître en place de Grève. Qu'en pensez-vous ?

— Je pense, répliqua La Chesnaye, que mon commis est un fou, un misérable.

— Vraiment ?

— Mais que, dans l'un ou l'autre cas, il a menti !...

M. de Pibrac se mit à rire.

— Il y a cependant dans votre maison, dit-il, un bahut de vieux noyer.

La Chesnaye tressaillit.

— Et ce bahut a un double fond.

La Chesnaye pâlit.

— Or ce double fond renfermait les papiers dont parlait votre commis, à telle enseigne que...

— En voilà un ! dit Henri, qui déboutonna son pourpoint.

Cette fois, La Chesnaye jeta un cri.

— Vous voyez bien, maître, lui dit Pibrac, que j'avais raison tout à l'heure de vous donner un bon avis.

La Chesnaye perdit un peu la tête.

— Mais que voulez-vous donc de moi ? s'écria-t-il avec anxiété.

— Ah ! je vais vous le dire. Mais, attendez un peu.

Et Pibrac reprit le flambeau qu'il avait posé par terre.

Le cachot de La Chesnaye avait douze pieds carrés.

Dans un coin, du côté opposé à celui qu'occupait le grabat, se trouvait une large dalle ronde qui formait une légère saillie sur le sol.

M. de Pibrac se dirigea vers cet endroit, se pencha sur la dalle, tira sa dague et l'enfonça dans une fente qui semblait être une cassure naturelle de la pierre, mais qui, en réalité, avait été pratiqué tout exprès.

La pointe de la dague rencontra sans doute quelque mystérieux ressort, car la dalle fit aussitôt la bascule et mit à découvert un trou noir, sur lequel se pencha le capitaine des gardes.

Une bouffée d'air humide et infect vint fouetter le visage de M. de Pibrac, tandis qu'un bruit sourd montait à son oreille.

— Tenez, monsieur La Chesnaye, dit-il, voilà l'oubliette dont je vous parlais ce matin.

La Chesnaye frissonna.

— Elle a cent pieds de profondeur, et la Seine y laisse filtrer un filet d'eau qui produit le bruit que vous entendez...

— C'est donc pour m'y précipiter que vous êtes venus ? demanda le faux drapier dont les dents claquaient.

— Peut-être...

Et Pibrac mit sous les yeux de La Chesnaye le parchemin apporté par le roi de Navarre.

— Regardez ! dit-il.

L'audace de La Chesnaye égalait son épouvante :

— Voilà des signes bizarres, dit-il.

— Peuh ! vous trouvez ?

— Et auxquels je ne comprends rien.

— Vraiment ?

— Ma foi, non !

— Ainsi vous ne pourriez point nous traduire ce que renferme ce parchemin, maître ?

— Non.

— Cependant il vous était adressé.

— C'est possible...

— Et vous n'avez pu le lire ?

La Chesnaye secoua la tête.

— Allons ! dit le capitaine des gardes, je vois qu'il faut employer les grands moyens.

— Ah ! ah ! ricana La Chesnaye.

Henri et Pibrac échangèrent un regard, puis ils prirent La Chesnaye à bras le corps.

La Chesnaye essaya de se débattre, mais ils le portèrent vers l'oubliette et le forcèrent à s'asseoir sur le bord, les pieds suspendus dans le vide.

— Mon cher monsieur La Chesnaye, dit alors Pibrac, vous avez cinq minutes pour vous décider.

— A quoi ? demanda le faux drapier, dont la nature énergique, sauvage et dévouée, avait repris le dessus, même en face de la mort.

— Il faut nous lire couramment ce parchemin.

— Je ne sais pas.

— Allons donc !

La Chesnaye se prit à ricaner :

— Ou plutôt, reprit-il, je ne veux pas !

— Alors, il faut mourir.

Et la voix de Pibrac était grave et solennelle.

— Vous êtes donc des assassins ! s'écria La Chesnaye.

— Nous voulons savoir ce que contient ce parchemin.

Le drapier se retourna l'écume à la bouche, l'œil sanglant, la lèvre grimaçante et railleuse :

— Tenez, dit-il, vous pouvez me tuer, mais comme vous ne saurez pas ce que ce parchemin contient, je mourrai avec une espérance certaine.

— Ah ! dit Pibrac.

— Celle d'être vengé !

— La Chesnaye prononça ces mots d'un ton sinistre qui fit tressaillir Henri de Navarre.

— Maître La Chesnaye, prenez garde ! dit Pibrac hors de lui, le temps s'écoule, il faut vivre ou mourir.

— Voilà ma réponse ! s'écria La Chesnaye dont l'œil brilla d'un sombre enthousiasme : *Vive le duc de Guise ! mort au roi de Navarre !*...

Et il s'élança de lui-même dans l'oubliette, où il disparut.

Henri et Pibrac jetèrent un cri et se regardèrent avec stupeur...

XIII

La Chesnaye n'avait point hésité entre la mort et son devoir. Son devoir lui ordonnait de garder fidèlement les secrets de son maître, et il avait fait son devoir.

Pibrac, en le plaçant sur le bord de l'oubliette, n'avait voulu que l'effrayer.

La Chesnaye, lui, avait pris la chose au sérieux,

et il s'était précipité dans l'abîme pour y engloutir à jamais le secret du duc de Guise.

Aussi le capitaine des gardes et le roi de Navarre se regardèrent-ils avec une sorte d'épouvante.

Il était donc bien terrible et bien menaçant, ce secret, que celui qui en était le détenteur ne reculait point devant le trépas !

Ils demeurèrent l'un et l'autre, le roi et le capitaine, face à face, l'œil atone, retenant leur haleine en prêtant l'oreille.

Mais l'oubliette était profonde et aucun bruit ne remonta de l'abîme.

— Voilà un serviteur, murmura enfin le roi de Navarre, comme le roi de France n'en a guère.

Pibrac s'inclina.

— Et maintenant, continua Henri, qu'allons-nous faire ?

— Je ne sais, Sire.

— Le roi Charles savait-il que La Chesnaye était ici ?

— Je l'y avais enfermé par son ordre.

— Diable !

— Et j'ignore, en vérité, comment je lui expliquerai cette disparition.

— Etes-vous sûr, fit Henri, du Suisse qui veille là-haut ?

— Comme de moi-même.

— Eh bien ! venez, alors.

Henri prit le flambeau, ajoutant :

— Vous allez lui recommander de ne dire à âme qui vive qu'il vous a vu cette nuit.

— Bon !

— Et que vous avez pénétré dans le Prie-Dieu.

M. de Pibrac rouvrit la porte du cachot et s'effaça.

Le roi de Navarre sortit le premier, se cachant de nouveau le visage avec son manteau.

Alors Pibrac referma la porte du cachot avec autant de précaution que si le prisonnier s'y fût encore trouvé, puis il alla droit au Suisse.

— Mon camarade, lui dit-il, sais-tu retenir ta langue?

— Elle n'a jamais laissé échapper un secret.

— C'est bien. Alors, retiens ce que je vais te dire.

— J'écoute, capitaine.

— Je me suis couché ce soir à dix heures.

— Plaît-il? fit le Suisse étonné.

— Et j'ai dormi jusqu'au jour.

— Mais...

— Ce qui veut dire que, la tête sur le billot, tu soutiendrais, au besoin, que tu n'as vu ni moi, ni ce cavalier qui m'accompagne.

— Oui, capitaine.

— Sur ton honneur?

— Sur l'honneur de la vieille Helvétie, ma patrie.

— C'est bien. Retourne à ton poste.

Et M. de Pibrac s'éloigna.

Henri avait déjà posé le pied sur la première marche du petit escalier tournant.

— Ah ça! maintenant, Pibrac mon ami, dit-il, penses-tu que nous puissions aller nous coucher?

— Certainement, Sire. Seulement... il serait bon de convenir de quelque chose entre nous.

— Voyons!

— Au point du jour, le roi m'enverra chercher.
— C'est probable...
— Que lui dirai-je?
— Qu'après avoir couru pendant vingt-quatre heures après madame Marguerite, qui m'avait appris sa fuite par le billet que tu m'as remis, je suis rentré au Louvre exténué de fatigue, mourant de faim, désespéré et me voulant passer mon épée au travers du corps.
— C'est parfait. Mais... les papiers?
— Chut! dit Henri.
— Votre Majeste ne s'en voudrait-elle pas servir?
— Au contraire. Mais, comme vous le disiez fort bien tout à l'heure, mon cher Pibrac, il faut, pour cela, tenir le duc de Guise.
— C'est juste.
— Et attendre, par conséquent.
— C'est égal, murmura Pibrac, j'aurais voulu savoir ce que peut contenir ce parchemin écrit en langue chiffrée.
— Et moi aussi, dit Henri.

Puis, sa nature insouciante et aventureuse reprenant le dessus :

— Bah! dit-il, nous trouverons quelqu'un peut-être qui en pourra venir à bout.

En parlant ainsi, le roi de Navarre était arrivé à la porte de son appartement.

— Bonsoir, Pibrac, dit-il, bonne nuit!...
— Bonne nuit, Sire.

Henri rentra chez lui, se déshabilla et se mit au lit en soupirant. Il était brisé de fatigue, et cependant il ne dormit pas, et lorsqu'il se trouva seul, il se prit à songer, non point à son hardi coup de main avorté, non point à la haine violente dont le poursuivrait désormais madame Catherine, non point même au danger de mort qu'allaient courir ses deux amis Noë et Lahire; mais il songea à Marguerite! à Marguerite, qu'il aimait d'un amour différent peut-être de celui qu'il avait pour Sarah l'argentière, mais qu'il aimait néanmoins ardemment...

Et la jeunesse reprit en lui le dessus; le prince, occupé des soucis de la politique, céda sa place à l'amoureux de vingt ans, et il cacha sa tête sous son oreiller, l'inondant de larmes brûlantes. . . . . . .

. . . .

M. de Pibrac, qui n'avait point chevauché deux jours et deux nuits et n'avait pas, par conséquent, les mêmes raisons pour avoir besoin de sommeil, passa la nuit, non dans son lit, mais à sa fenêtre qui donnait, on s'en souvient, sur la rivière.

Tous les méridionaux sont rêveurs, et les rêveurs aiment le silence de la nuit.

Donc, M. de Pibrac, accoudé à l'entablement de sa croisée, tête nue et penché en avant, se prit à respirer l'air frais de la nuit et s'abandonna à une profonde méditation.

Cette méditation fut laborieuse et longue, car les étoiles pâlirent au ciel, et les premiers rayons du jour glissant à l'horizon retrouvèrent le capitaine dans la même attitude.

— Allons! se dit-il alors en se secouant et étirant ses bras engourdis, notre ami Noë avait raison quand il conseillait au roi de Navarre de s'en retourner à Pau ou à Nérac. Que va-t-il se passer?

Je ne vois pas comment Noë et Lahire échapperont au billot, et je ne répondrais pas que madame Catherine ne prouvât au roi de France que le prince Henri de Navarre était parmi ses ravisseurs.

M. de Pibrac soupira profondément par deux fois ; puis un éclair passa dans ses yeux, et il termina ainsi son monologue :

— C'est égal, Pibrac mon ami, comme dit le roi, l'heure de la prudence est passée. Il ne faut pas oublier que tu es né le sujet du roi de Navarre et que tu dois risquer pour lui, si besoin est, le dernier lambeau de ta chair et la dernière goutte de ton sang !

Comme il prononçait ces mots à mi-voix, Pibrac entendit frapper à sa porte.

— Qui est là ? demanda-t-il.

— Moi ! répondit une voix jeune et fraîche que Pibrac reconnut.

Le capitaine des gardes alla ouvrir et le page entra.

— Que veux-tu mignon ?

— Le roi veut vous voir.

— Diable ! fit Pibrac, le roi s'éveille matin depuis quelque temps.

— Il n'a dormi de la nuit.

— Alors ! murmura Pibrac en riant, il paraît que maître Morphée, dieu du sommeil, se déplaît au Louvre.

Et il suivit le page Gauthier et s'en alla chez le roi.

En effet, le roi n'avait point dormi : on le voyait suffisamment à ses yeux battus et à son visage pâle.

Pibrac s'arrêta sur le seuil de la chambre royale et prit l'attitude respectueuse d'un soldat à qui son chef va donner un ordre important.

— Va-t'en, Gauthier, dit le roi.

Le page sortit.

— Venez, Pibrac, continua Charles IX, c'est à vous que j'en ai.

— Votre Majesté s'éveille de bonne heure, dit le capitaine des gardes.

— Hélas! je n'ai point dormi.

— En vérité!

— Et savez-vous pourquoi?

— Je l'ignore, Sire.

— Parce que, mon cher Pibrac, j'ai songé que peut-être, tandis que j'étais fort tranquillement au Louvre, madame Catherine, ma mère, était prisonnière du duc de Guise.

— Que Votre Majesté se rassure, répondit Pibrac en souriant.

— Ah! fit le roi, est-ce que vous avez des nouvelles de la reine-mère?

Pibrac répondit avec quelque embarras :

— Aucune nouvelle, Sire.

— Alors que voulez-vous dire?

— Les princes lorrains sont magnifiques, et si madame Catherine est leur prisonnière, ils la traiteront avec les égards qui lui sont dus.

— Dieu vous entende, Pibrac! dit le roi avec tristesse.

— Hum! pensa Pibrac, la mauvaise nuit qu'a passée le roi vient de servir la reine-mère dans ce faible esprit.

Et il dit tout haut :

— Evidemment on traite une reine de France, même quand elle est prisonnière, comme le doit être une personne de son rang.

— C'est vrai, mais...

— Et d'ailleurs, si comme nous l'avons supposé, ce sont les princes lorrains qui ont enlevé la reine-mère, Votre Majesté pourra facilement lui rendre sa liberté quand elle le voudra.

— Comment cela ?

— En leur cédant la forteresse de Dieulouard.

Le roi tressaillit.

— Sur ma foi ! dit-il, j'aimerais mieux abandonner Dieulouard que savoir ma mère prisonnière.

— O le versatile monarque ! pensa Pibrac.

Puis il reprit :

— J'ai une nouvelle à donner à Votre Majesté.

— Ah !

— Le roi de Navarre est retrouvé.

— Où donc était-il ?

— Il a couru après madame Marguerite, qui le fuyait.

— A-t-il pu la rejoindre ?

— Hélas ! non. Il a chevauché dans toutes les directions, et il est revenu hier soir au Louvre.

— Ah ! il est au Louvre ? fit le roi avec indifférence.

— Et il se désole de l'abandon de madame Marguerite.

— Peûh ! fit le roi du même ton.

Puis il changea brusquement de sujet de conversation et murmura.

— Savez-vous bien, Pibrac, que ce sera un déshonneur pour mon règne, quand l'histoire dira que Charles IX a laissé enlever sa mère au milieu de Paris, et qu'une poignée d'aventuriers?...

— Mais, Sire, Votre Majesté a un moyen fort simple de réparer ce déshonneur.

— Lequel?

— Déclarer la guerre aux princes lorrains.

— Oui, mais...

Et Charles IX soupira de nouveau.

— Le roi de France, s'il se mettait à la tête d'une armée entrerait dans Nancy avant deux mois.

— Vous croyez, Pibrac?

— Parbleu! Sire.

Le roi secoua la tête.

— Peut-être avez-vous raison, dit-il, mais j'ai eu cette nuit de sombres visions dont le souvenir m'empêchera de faire la guerre aux Lorrains.

— Et... ces visions?...

— J'ai vu la France huguenote, gouvernée par un roi huguenot, et je me suis éveillé en sursaut, et j'ai senti mes cheveux se hérisser. Il était alors dix neures du soir, et je n'ai pu me rendormir.

Et le roi soupira plus fort encore.

— Ah! Sire, dit Pibrac, voilà un singulier rêve, en effet.

— N'est-ce pas?

— Mais ce n'est qu'un rêve, après tout.

— Ah! les rêves sont parfois des avertissements du ciel.

— Bah! fit Pibrac.

— C'est ma conviction, répéta le roi.

— Soit ! mais quel rapport ce rêve-là peut-il avoir avec les princes lorrains ?

— Comment ! vous ne devinez pas ?

— Non, Sire.

— Mais, Pibrac mon ami, je n'ai plus d'autre allié qu'eux, en ce moment. Tout ce qui m'entoure est huguenot. Les Guise sont le dernier rempart de la religion.

— Vous croyez, Sire ?

— Et si j'attaque ce rempart.

Pibrac courba la tête.

— Au fait, dit-il, je n'entends rien aux choses de la politique, moi, et Votre Majesté m'excusera d'avoir supposé que la maison de Lorraine passait sa vie à conspirer contre le trône de France.

— Peuh ! dit le roi, c'est madame Catherine qui a prétendu cela.

— Allons ! se dit Pibrac, les Lorrains sont rétablis dans l'esprit du roi, et ce n'est point le moment de lui parler des papiers trouvés chez La Chesnaye.

— A propos, dit le roi, qu'avez-vous fait de ce bonhomme que vous avez arrêté hier matin, Pibrac ?

— La Chesnaye ?

— Oui.

— Je l'ai enfermé dans le *Prie-Dieu.*

— Et il y est encore ?

— J'attendais les ordres de Votre Majesté, Sire.

— Eh bien ! renvoyez-le.

— Où donc, Sire ?

— Chez lui.

M. de Pibrac fit un pas vers la porte.

Le roi le rappela :

— Envoyez-moi donc le roi de Navarre, lui dit-il.

Le capitaine des gardes sortit la tête basse, rongeant sa moustache et tourmentant la poignée de sa dague.

Il alla chez le roi de Navarre.

Henri avait fini par s'endormir, et son rêve était plein de Marguerite lorsque le capitaine des gardes l'éveilla en sursaut.

— Ah! Sire, lui dit Pibrac, Votre Majesté aurait réellement beaucoup mieux fait de gagner la Navarre.

— Pourquoi?

— Parce que le roi Charles IX a fait un mauvais rêve.

— Vraiment?

— Et la conclusion de ce rêve, c'est qu'il n'a pas de meilleurs amis, de plus fidèles sujets, d'alliés plus dévoués que les princes lorrains.

Henri fit un soubresaut sur son lit.

— D'ailleurs, ajouta Pibrac, le roi vous attend, et il vous expliquera lui-même combien il redoute les huguenots.

Henri s'habilla à la hâte et prit le chemin des appartements occupés par Charles IX.

Mais comme il arrivait dans l'antichambre royale, un autre personnage y entrait par une porte opposée.

C'était René le Florentin, couvert de poussière et de sang!

XIV

La vue de René le Florentin produisit sur le jeune prince une assez vive impression.

Cependant il sut se dominer assez pour n'en rien faire paraître; et il eut même la force d'âme nécessaire pour regarder curieusement le parfumeur et lui dire :

— Grand Dieu! cher monsieur René, comme vous voilà fait!

Et en parlant ainsi, il montrait les chausses poudreuses et le pourpoint maculé de sang du parfumeur.

Mais si la vue de René avait produit sur le roi de Navarre une impression inattendue, la vue de ce dernier en produisit une plus inattendue encore sur René.

René s'attendait à tout peut-être, excepté à rencontrer le roi de Navarre dans les antichambres de Charles IX.

Aussi balbutia-t-il quelque peu en le voyant.

— Comment! Sire, dit-il, vous êtes... ici?

— Où voulez-vous donc que je sois? répondit Henri avec flegme.

— Mais... je... ne... sais.

— Qu'avez-vous donc, monsieur René?

— Moi... Sire?

— Vous êtes crotté comme un chien barbet...

— C'est vrai! balbutia René.

— Et couvert de sang comme un boucher.

— Je me... suis... battu...

— Ah ! ah !

— Votre Majesté en douterait?...

— Ah ! dame ! répondit le roi de Navarre d'un ton railleur, comme vous avez l'habitude... de... Vous comprenez?

— Non, dit René.

— D'assassiner, dit le roi de Navarre avec calme, j'ai cru... que...

— Sire !

— Bah ! fâchez-vous... si vous avez un mauvais caractère... mais... je maintiens mon dire.

René prit avec ses dents le croc de sa moustache et le rongea avec fureur.

Le roi de Navarre reprit d'un ton railleur :

— Ainsi, vous vous êtes battu?

— Oui, Sire.

— Avec qui ?

— Avec un gentilhomme de la connaissance de Votre Majesté.

— Bah !

— C'est comme j'ai l'honneur de le dire.

— Son nom ?

— Le vicomte Amaury de Noë.

Le roi de Navarre fit un pas en arrière, et il joua si bien la surprise, que René s'y laissa prendre.

— Comment ! dit-il, Votre Majesté l'ignorait?

— Complétement.

— Cependant.

— Mon cher monsieur René, dit le roi de Navarre avec hauteur, je n'ai qu'un mot à vous dire, c'est que je ne me mêle plus des affaires amoureuses de mon ami Noë.

— Ah ! fit René.

— Il a aimé, séduit même, dit-on, votre fille Paola.

René fit la grimace :

— Oh ! dit-il, ce n'est point de cela qu'il s'agit, Sire.

— En vérité !

— Mais de choses plus... sérieuses.

— Hein ?

— Oui, répéta René, je me suis battu avec M. de Noë.

— Mais alors, s'écria Henri qui porta la main à son épée, vous l'avez tué !

Et, pour la seconde fois, il parut si bien étranger aux événements dont parlait René, que celui-ci sentit un doute complet pénétrer en son cœur.

— Vrai, sire, dit-il, je ne l'ai point tué ! c'est même lui qui m'a blessé.

— Ventre-saint-gris ! monsieur René, s'écria Henri, c'est bien heureux pour vous, ma foi ! car si vous aviez tué mon ami Noë, je vous eusse passé mon épée au travers du corps.

René fit la grimace ; mais il demeura planté au milieu de l'antichambre royale, regardant le roi de Navarre avec une sorte de stupeur et n'osant faire un pas.

Henri profita de cet étonnement et de cette hésitation pour entrer le premier chez le roi ; et la portière du *cabinet* retomba derrière lui avant que René eût songé à le suivre.

Charles IX, tandis que Pibrac était allé quérir le roi de Navarre, s'était levé et habillé.

— Ah! vous voilà? monsieur mon cousin, dit-il en voyant entrer Henri.

— Oui, Sire, et je me rends avec empressement aux ordres de Votre Majesté.

Henri s'était incliné avec grâce, bien que toute sa personne et la pâleur de son visage révélassent une tristesse profonde.

— Et d'où venez-vous donc, monsieur mon cousin? continua Charles IX.

— Ah! de bien loin, Sire.

— Vraiment?

— Et, continua Henri d'un ton piteux, je suis le plus malheureux des hommes, Sire.

— Comment cela, monsieur mon cousin?

— Par le seul fait d'avoir épousé madame Marguerite, la sœur de Votre Majesté, murmura Henri.

Un sourire méchant vint aux lèvres de Charles IX.

— Ah! dame! dit-il, monsieur mon cousin, si vous m'aviez consulté avant de vous embarquer dans cette affaire, peut-être vous eussé-je conseillé de réfléchir un peu plus.

Henri tressaillit.

— Margot est une femme capricieuse, continua le roi.

— Hélas! soupira Henri.

— Et on a même répandu sur notre cousin le duc de Guise...

Un flot de sang monta du cœur au visage du jeune prince, au nom de ce rival détesté; mais cette souffrance et cette jalousie passagères lui furent d'un grand secours aux yeux de Charles IX.

— Ah! Sire, murmura-t-il, si je tenais le duc de Guise à longueur d'épée, il faudrait bien que l'un de nous deux mordit la poussière.

— Vous avez donc à vous plaindre à nouveau du duc, monsieur mon cousin?

— Je ne sais... Sire...

— Alors pourquoi cette colère?

— Parce que madame Marguerite a disparu du Louvre.

— Je sais cela...

— Et que je soupçonne le duc de Guise de l'avoir enlevée!...

— Oh! oh! fit le roi qui ne s'attendait point à cette conclusion.

Puis, cette idée qu'émettait le roi de Navarre le frappant:

— Mais cela n'est pas possible, dit-il, monsieur mon cousin.

— Où Votre Majesté veut-elle que soit madame Marguerite?

— Je l'ignore, mais...

— Et moi, continua Henri à qui une idée subite passa par l'esprit, j'affirme à Votre Majesté que madame Marguerite est partie avec le duc de Guise, qui se cachait à Paris depuis plusieurs jours.

— En avez-vous la preuve, monsieur mon cousin?

— A peu près, Sire.

— Comment? à peu près?

Henri tira de sa poche la lettre si habilement escamotée la veille par Pibrac, et il la tendit au roi.

C'était cette lettre, dans laquelle madame Marguerite avertissait Henri de son départ du Louvre, sans lui dire où elle allait.

— Bon! dit Charles IX après l'avoir lue, eh bien! qu'est-ce que cela prouve?

— La fuite de madame Marguerite.

— Oui, mais cela ne dit point qu'elle soit partie avec le duc de Guise.

— C'est vrai, mais j'ai su que le duc et la reine de Navarre s'étaient revus, Sire.

— Ah! ah!

— Et j'ai couru hier toute la journée sur les traces de cinq cavaliers au milieu desquels chevauchait une femme.

— Oh! oh! fit le roi, qui tressaillit et songea à la reine-mère.

— Et sur quelle route, monsieur mon cousin?

— Sur la route de Nancy.

— Plaît-il?

— J'ai dit de Nancy, Sire.

— Et vous êtes sûr que ces cavaliers?...

— Ce ne pouvait être que le duc de Guise et ses gens.

— Bon! mais la femme?

— La femme était masquée, m'a-t-on dit, et je jurerais que c'était madame Marguerite.

— Vraiment? fit le roi.

— Malheureusement, poursuivit Henri, ils avaient douze heures d'avance sur moi; j'ai compris que je ne pourrais jamais les rejoindre avant qu'ils eussent atteint les frontières de Lorraine, et je suis revenu

12.

me jeter aux pieds de Votre Majesté et lui demander justice.

Le roi de Navarre avait su donner à sa voix un accent si convaincu, que Charles IX ne douta plus de sa sincérité.

Seulement il lui dit :

— Je crains, monsieur mon cousin, que vous ne vous soyez trouvé dans la position où je me suis vu la semaine dernière.

— Quelle était cette situation, Sire ?

— Figurez-vous que je chassais dans la forêt de Saint-Germain....

— Ah !

— On avait détourné un cerf dans la nuit, et j'avais fait attaquer la bête à dix heures du matin.

— Mais je ne vois pas, Sire...

— Attendez ! le cerf lancé, je mets mon cheval au galop. Les chiens chassaient chaudement. Cependant l'animal ne voulait point débucher.

Enfin, il gagna la plaine, et je vois... devinez quoi, monsieur mon cousin ?

— Je ne devine pas, Sire.

— Un méchant renard. Les chiens avaient trouvé un *change*, quitté le cerf et donné nez au renard.

— Mais, Sire, dit le roi de Navarre, en quoi l'histoire de Votre Majesté peut-elle ressembler à la mienne ?

— Attendez donc, mon cousin !

— J'écoute, Sire.

— Madame Marguerite a pris la fuite ?

— Oui.

— Vous avez couru après ?

— Naturellement.

— Et vous avez pensé que le duc de Guise l'enlevait?

— Dame!

— Eh bien! vous aviez raison à moitié.

— Comment cela?

— Le duc de Guise enlevait en effet une femme.

— Ah!... Votre Majesté en convient.

— Mais ce n'était pas ma sœur Margot, mon cousin.

— Et qui donc, Sire?

Charles IX soupira :

— C'était madame Catherine, la reine-mère, dit-il.

Henri ne sourcilla point.

— Ah! Sire, fit-il, voilà qui est étrange!

— N'est-ce pas?

— Et je ne comprends pas, en vérité, pourquoi Votre Majesté fait de semblables suppositions.

— Mais, s'écria Charles IX, ce ne sont pas des suppositions, c'est un fait exact.

— Cependant, Sire, je ne vois pas quelles raisons le duc de Guise peut avoir pour enlever la reine-mère.

Le roi se reprit à soupirer.

— Ah! qui le sait? fit-il.

— Hum! pensa Henri, le roi Charles IX est tout à fait dérouté. Mais René est là qui le va remettre dans le droit chemin.

Comme le roi de Navarre faisait cette réflexion, le page Gauthier souleva la portière du cabinet.

— Que veux-tu, mignon? demanda Charles IX.

— Sire, répondit le page, maître René le Florentin sollicite la faveur d'être admis auprès de Votre Majesté.

Le roi fit comme un soubresaut dans le grand fauteuil sculpté où il était assis.

Jamais, depuis ces derniers temps, le Florentin n'avait osé braver sa présence.

Lorsqu'il venait au Louvre, chez la reine-mère, René entrait par la poterne et cachait son visage dans un pan de son manteau.

Charles IX avait dit souvent à madame Catherine :

— Madame, recevez votre favori tant qu'il vous plaira, mais donnez-lui un bon conseil, celui de ne point se trouver sur ma route en quelque corridor du Louvre, car je lui planterais ma dague en plein corps.

René se l'était tenu pour dit; il avait toujours évité, avec le plus grand soin, de se montrer en plein jour, il avait constamment évité de paraître devant le roi, et voici que tout à coup il osait solliciter une audience !

— Oh ! s'écria Charles IX, c'est trop d'audace, en vérité !

— Sire, dit le page, maître René m'a dit qu'il était porteur d'un message de la reine-mère.

Le roi tressaillit.

— Ah ! c'est différent ! dit-il.

Cependant il hésitait encore à recevoir le Florentin, tant cet homme lui inspirait de dégoût, lorsque M. de Pibrac entra.

Le brave et rusé capitaine des gardes, en voyant René dans l'antichambre royale, avait compris que le roi de Navarre allait avoir besoin du secours de son esprit ingénieux et souple.

En sa qualité de capitaine des gardes, Pibrac avait ses entrées chez le roi à toute heure de jour et de nuit.

— Sire, dit-il, René le Florentin est là dans l'antichambre de Votre Majesté.

— Je le sais.

— Et il est sanglant comme un bourreau, ajouta Pibrac.

— Oh! oh! fit le roi.

Puis il dit à Gauthier :

— Fais entrer ce misérable!

Le page releva la portière et René entra, saluant jusqu'à terre.

Le roi tendit la main.

— Donne ce message, dit-il.

Mais René releva la tête et répondit avec calme :

— C'est un message verbal que j'apporte à Votre Majesté.

— Que dit-il? fit le roi.

René répéta :

— J'apporte à Votre Majesté un message verbal de madame Catherine.

— Verbal? pourquoi? exclama le roi; madame Catherine ne sait-elle donc plus écrire?

— Sa blessure est grave, répondit René, et elle lui a occasionné une fièvre ardente.

— Sa blessure! s'écria Charles IX. La reine-mère est blessée!...

— Elle a failli être assassinée par ses ravisseurs, Sire.

Le roi jeta un grand cri et se leva précipitamment.

XV

Le mot de *blessure* produisit sur le roi de Navarre et sur M. de Pibrac une impression presque aussi violente que sur le roi.

Hector de Galard, on s'en souvient, avait, au moment de voler au secours du Béarnais et d'abandonner avec lui le champ de bataille, passé son bras dans la litière et frappé la reine-mère avec son poignard.

Mais s'il avait cédé à cette fatale inspiration, il n'avait pas eu du moins le courage d'en avertir Henri, et il était revenu à Paris avec lui sans oser le lui avouer.

Charles IX demeura un moment debout, immobile, l'œil hagard, la bouche entr'ouverte.

Il regardait René et se demandait s'il n'était pas la proie d'un horrible cauchemar.

Mais René répéta lentement :

— J'avais l'honneur d'affirmer à Votre Majesté que la reine-mère avait failli être assassinée.

Charles IX se tourna alors vers le roi de Navarre et Pibrac :

— Mais cet homme est fou ! s'écria-t-il.

René hocha la tête et ajouta :

— Nous avons ramené madame Catherine dans la litière qui avait servi à l'enlever.

Le roi eut une nouvelle exclamation d'étonnement.

— Et dans laquelle, acheva le Florentin, un bras régicide a osé la frapper d'un coup de poignard.

— Oh ! mais tout cela est affreux ! s'écria le roi,

qui passa la main sur son front ; et vraiment je crois que je rêve.

— Votre Majesté est parfaitement éveillée !
— Mais parle donc ! dit le roi, parle donc alors !

Henri et Pibrac avaient pris une mine consternée et une attitude empreinte de stupeur.

René se redressa avec l'importance d'un homme devenu nécessaire.

— Sire, dit-il, la reine-mère a été enlevée avant-hier soir.

— Oh ! je sais par qui... fit le roi, et je brûlerai Nancy pour me venger !

René hocha la tête :

— Votre Majesté s'égare. Ce n'est point le duc de Guise qui a enlevé la reine-mère.

— Et qui donc, alors ?

— Quatre cavaliers masqués, dont deux sont tombés entre nos mains et celle des reîtres que j'ai requis de m'assister pour délivrer la reine.

— Et les deux autres sont morts, j'imagine ? dit Charles IX.

— Non, Sire, ils ont pu fuir.
— Mais... quels sont ces hommes ?
— Ils étaient masqués, Sire.
— Et ceux que tu as fait prisonniers ?
— Oh ! quant à ceux-là, Votre Majesté les verra !...
— Leurs noms ?
— L'un s'appelle Lahire...
— Ce nom m'est inconnu, dit le roi.
— L'autre se nomme Amaury de Noë.

A ce dernier nom, trois cris retentirent.

Le roi de Navarre et Pibrac s'écrièrent :

— C'est faux ! c'est impossible !

Et ils surent donner à leur voix un accent de vérité suprême.

Le roi Charles IX exclama en se retournant vers Henri :

— Mais c'est votre ami !

— Oui, Sire, dit le roi de Navarre, et cet homme doit mentir !...

Et Henri étendit un doigt menaçant vers René.

— Foi de Florentin ! pensa celui-ci, on jurerait que le roi de Navarre n'est pour rien dans tout cela et pourtant je donnerais ma tête à couper que c'était lui qui s'escrimait si vigoureusement avec le duc de Guise !...

Charles IX regarda tour à tour le Florentin, Henri et Pibrac.

On eût dit qu'il cherchait à démêler la vérité au milieu de toutes ces contradictions.

Mais le Florentin parlait, lui aussi avec un accent de conviction.

— Oui, Sire, répéta-t-il, parmi les ravisseurs de la reine-mère se trouvait l'ami du roi de Navarre, M. Amaury de Noë.

— Que répondrez-vous à cela, monsieur mon cousin ? s'écria tout à coup le roi, qui éclata comme un coup de tonnerre, recula d'un pas et menaça le roi de Navarre d'un regard.

Mais ce regard n'intimida point Henri ; il venait de puiser de la force d'âme et de l'audace dans cette pensée qu'il fallait sauver ses amis et que, pour cela, il avait besoin de se sauver lui-même :

— Sire, répondit-il, je supplie Votre Majesté de ne prêter qu'une attention médiocre aux paroles de cet homme.

— Mais... cependant...

— Et de ne condamner personne avant d'avoir vu la reine-mère.

Mais le roi était devenu fou de colère, et il frappa le parquet du pied.

— Ah! prenez garde, monsieur mon cousin! s'écria-t-il.

Henri conserva son attitude calme et tranquille.

— Car, poursuivit Charles IX, si vous et les vôtres avez osé verser le sang d'une reine de France... je vous enverrai porter votre tête en place de Grève!...

Le roi de Navarre ne sourcilla point.

— La douleur et la colère, dit-il, aveuglent Votre Majesté.

Ces mots touchèrent Charles IX.

— Cependant, dit-il, vous l'entendez!...

Et il désignait René.

— Mais Henri, toujours maître de lui, répondit :

— Votre Majesté oublie que je n'étais point avec mon ami Noë, et que je ne puis savoir ce qui s'est passé...

— Étrange! étrange! murmurait le Florentin. Je jurerais cependant que c'est lui qui...

— Et, continua Henri avec assurance, avant de croire aux paroles de cet homme, je voudrais voir la reine-mère et apprendre de sa bouche...

— Vous avez raison, dit brusquement Charles IX.

Puis il se tourna vers René :

— Où est la reine-mère ? dit-il.

— Sire, répondit le Florentin, Sa Majesté a supporté avec courage les premières heures du voyage; mais, aux portes même de Paris ses forces l'ont trahie.

— Mon Dieu !

— Et elle a été obligée de s'arrêter dans la forêt de Meudon.

Henri et Pibrac échangèrent un regard.

René continua :

— Nous l'avons déposée dans une petite maison située en un carrefour de la forêt.

— Et vous l'avez laissée seule?

— Oh! non, Sire, elle est gardée par les reîtres qui m'ont aidé à la délivrer.

René, on le voit, ne soufflait mot du duc de Guise et de ses gentilshommes.

Il poursuivit :

— La reine-mère supplie Votre Majesté de monter à cheval et de se rendre auprès d'elle!

— J'irai, de par le ciel! s'écria le roi; et cela, à l'instant même... — Puis il dit à Pibrac : — Mon cheval, mes gardes! Allez, Pibrac, je veux partir sur-le-champ.

Le capitaine des gardes jeta un nouveau coup d'œil énergique et suppliant à la fois au roi de Navarre.

Ce coup d'œil voulait dire :

— Demeurez calme! ne vous trahissez pas !...

Et Pibrac sortit.

Alors le roi dit à Henri :

— Monsieur mon cousin, vous allez m'accompagner à Meudon.

— Oui, Sire, dit Henri.

— Il faut que nous démêlions la vérité au milieu de ces ténèbres.

— C'est mon vœu le plus cher, je le jure à Votre Majesté.

— Et croyez bien, acheva le roi avec un accent terrible, que je serai sans pitié pour les coupables !

Henri s'inclina.

Alors Charles IX, qui était en pourpoint et en chausses du matin, frappa sur un timbre et appela le petit page Gauthier.

— Viens m'habiller ! lui dit-il.

Et, de la pièce où il était et qui, au Louvre, on s'en souvient, avait nom le Cabinet du roi, Charles IX passa dans sa chambre à coucher, laissant en tête à tête le roi de Navarre et René le Florentin.

Alors le parfumeur et le jeune prince se mesurèrent du regard. Henri était toujours calme, un sourire dédaigneux glissait même sur ses lèvres.

— Maître René, dit-il, avez-vous lu l'histoire romaine ?

— La question est singulière, Sire !

— N'importe ! répondez...

— Oui, Sire, j'ai lu l'histoire romaine.

— Ah ! très-bien.

— Et, ajouta René, deux fois plutôt qu'une.

— Alors, vous vous souvenez des pontifes qui, le peuple écoulé, le temple où l'on consultait les augures demeuré vide, ne pouvaient se regarder sans rire.

— Oui, Sire, mais...

— Attendez donc, maître René. Il m'est avis que nous ressemblons à ces pontifes, vous et moi...

— En quoi, Sire?

— Ecoutez-moi bien. Vous servez la reine-mère qui me hait, et vous me haïssez vous-même... convenez-en...

Le Florentin fit la grimace.

— Donc, avec la reine-mère, vous avez imaginé quelque abominable intrigue dans laquelle vous me voulez envelopper moi et mes amis.

— Mais, Sire, je vous jure...

— Voyons, fit Henri d'un ton bonhomme, le roi n'est pas là, nous sommes seuls...

— Eh bien?

— Ce que vous me direz, nul ne l'entendra, et vous pourrez au besoin le nier, maître René.

L'étonnement de René augmentait.

— Avouez-moi la vérité, et si vous avez bien manœuvré, poursuivit le roi, si vous avez ingénieusement combiné votre petite machination je serai le premier à vous en féliciter.

Mais le Florentin stupéfait répondit :

— Sire, il n'y a en tout cela d'autre machination que celle de vos amis...

— Vous dites?

— Qui ont enlevé la reine-mère...

— Oh! c'est impossible!

— C'est vrai, et il y a une heure, j'étais convaincu que Votre Majesté en faisait partie.

— Du complot?

— Non, des combattants.

— Maître René, vous vous entendez à composer les énigmes.

— Sire...

— Seriez-vous le sphinx de l'antiquité, maître René?

— Votre Majesté raille.

— Je vous préviens que je suis pour le moins aussi fort qu'Œdipe, et que je devinerai tôt ou tard...

Mais René ne se déconcerta point et reprit :

— Oui, Sire, vos amis ont enlevé la reine.

— Quels amis?

— Noé, Lahire et les autres...

— Noé est mon ami ; je ne connais pas Lahire dont vous voulez parler, et je serais curieux de savoir quels sont *les autres*.

— J'ai cru... j'aurais juré que Votre Majesté était l'un des deux.

— Merci ! fit le roi de Navarre.

— Dans tous les cas, continua le Florentin qui avait reconquis toute son audace, Votre Majesté n'a pu ignorer la chose...

— Bah !..

— Si même elle ne l'a ordonnée...

Henri porta la main à la garde de son épée.

— Maître René, dit-il d'un ton sec, vous oubliez le respect qu'on doit à un prince du sang.

— Sire...

— Un mot de plus, et je vous passe mon épée au travers du corps.

René vit luire dans les yeux d'Henri un regard terrible. Instinctivement il fit un pas en arrière et baissa la tête.

— Sachez, maître, dit Henri de Navarre avec dignité, que lorsque j'expose mes amis à des dangers, je partage ces dangers avec eux.

13.

Si René perdait facilement son assurance, il la retrouvait plus facilement encore.

— C'est pour cela, dit-il, que j'aurais juré que Votre Majesté était l'un des deux cavaliers qui sont parvenus à s'échapper.

Cette fois, Henri se mit à rire.

— Si cela était, dit-il, il est probable que je ne serais point revenu à Paris, mais que j'aurais, au contraire, galopé nuit et jour sur la route du Béarn.

Cette réponse frappa René.

Le Florentin avait l'âme trop vile pour soupçonner qu'on pût jouer sa tête à la seule fin de sauver celle de ses amis, et, pour la troisième fois, il se dit :

— Est-ce que, par hasard, le roi de Navarre aurait tout ignoré ?

Mais il n'eut pas le temps de répondre, car Charles IX reparut.

Le roi de France avait endossé un autre vêtement, chaussé ses bottes et ses éperons et il avait une cravache à la main.

— En route ! monsieur mon cousin, dit-il au roi de Navarre.

— Je suis aux ordres de Votre Majesté, répondit Henri.

— Partons !

Le roi sortit le premier, Henri et René le suivirent.

M. de Pibrac était déjà à cheval dans la cour du Louvre, à la tête de douze gardes qu'il avait fait sauter en selle aussitôt. Cependant, le rusé Gascon avait eu le temps de sortir du palais en toute hâte, de courir chez Malican, et de conférer avec lui l'espace de quelques minutes.

Un de ses regards l'apprit à Henri.

Ensuite, comme le roi mettait le pied à l'étrier, tandis que le page lui tenait son cheval, un superbe genet d'Espagne, noir comme la nuit, avec une étoile au front, Pibrac s'approcha du prince et lui dit rapidement :

— J'ai sur moi la lettre que le duc d'Alençon écrivait à la reine-mère et que vous avez trouvée sur le cadavre du page mort.

Vous l'aviez confiée à Malican, et Malican me l'a remise.

Henri fit un imperceptible mouvement de satisfaction et se mit en selle à son tour.

— En route ! messieurs, répéta le roi.

Et il sortit le premier de la cour du Louvre.

Puis il fit un signe à René, qui vint ranger son cheval auprès du sien.

— Voilà qui tombe à merveille ! murmura Pibrac.

Et le capitaine des gardes se mit à chevaucher de compagnie avec le roi de Navarre.

Charles IX n'avait pas eu le temps, dans son cabinet, d'interroger le Florentin.

Il voulait connaître l'aventure dans tous ses détails, et c'était pour cela qu'il lui avait ordonné de se placer à sa gauche.

Mais si la conversation de René avec Charles IX pouvait être pernicieuse au roi de Navarre, du moins celui-ci avait ainsi la liberté de causer avec le capitaine des gardes.

Ce dernier, qui connaissait à merveille tous les gentilshommes de sa compagnie, s'était bien gardé de choisir un seul méridional parmi ceux qui devaient escorter le roi avec lui. Il avait pris trois Bretons, quatre Picards, deux Orléanais, un Poitevin et un Tourangeau, bien sûr qu'il était qu'aucun d'eux ne comprendrait les idiomes qui se parlent aux pieds des Pyrénées.

Le roi Charles IX ni René n'entendaient davantage les langues méridionales.

Cependant, par excès de précaution, ce ne fut point en béarnais que le capitaine des gardes adressa la parole au roi de Navarre.

René était Italien, et il pouvait saisir au passage quelque consonnance qui lui donnerait à réfléchir.

Ce fut en langue basque, que Pibrac s'adressa à Henri.

La langue basque, on le sait, sera toujours un tissu d'énigmes pour quiconque, dans son enfance, n'aura point vu se dresser à l'horizon les cimes neigeuses des Pyrénées.

Henri parlait le basque aussi couramment que le béarnais.

Cependant le prudent capitaine des gardes parlait tout bas :

— Vous savez où nous allons? dit-il.

— Parbleu !

— A Meudon, chez la duchessse de Montpensier.

— Et le roi y trouvera le duc?

— Naturellement.

— Eh bien, que pensez-vous de cela, Pibrac mon ami ?

— Rien de bon, Sire.

— Pourvu que je sauve mes amis! murmura le roi de Navarre.

— Ah! dame! Sire, pourvu que vous vous sauviez vous-même.

— Bah! Noë et Lahire mourraient dans les tortures plutôt que de me trahir.

— Je n'en ai jamais douté.

— Alors...

— Alors, Sire, dit brusquement Pibrac, je crains les accès de colère du roi.

— Le roi ne me condamnera point sans preuves... et je défie...

— Qui sait? fit Pibrac.

Mais Henri eut un fier sourire et rejeta sa belle tête en arrière.

— Regardez-moi donc, ami Pibrac, dit-il : croyez-vous qu'un homme comme moi puisse mourir de la main du bourreau? dites, le croyez-vous?

— Vous avez raison, Sire, et comme vous, je crois à l'étoile de Votre Majesté.

— Eh bien! poursuivit Henri, marchons donc alors, et ne craignons rien !...

Et comme Pibrac, tout pensif, se penchait sur sa selle :

— Vous m'avez compris, poursuivit le jeune prince, en demandant à Malican la lettre dont je vous ai parlé. Cette lettre sera la rançon de Noë.

— Peut-être... murmura Pibrac.

— L'essentiel, ajouta le prince, est que je puisse demeurer seul un moment avec la reine-mère...

Tandis que le roi de Navarre et M. de Pibrac échangeaient ces quelques mots, Charles IX disait à René.

— En quel lieu as-tu rejoint la reine-mère?

— Entre Blois et Angers.

— Et quels étaient les hommes qui te suivaient ?

— Une quinzaine de reîtres et leur capitaine, que j'ai requis au nom du roi.

René, on le voit, se gardait bien, suivant, sans doute, les instructions qu'il avait reçues, de parler du duc de Guise et de ses gentilshommes. Il évita même de parler du roi de Navarre.

Charles IX chevauchait, sombre et pensif, se retournant parfois et jetant sur le roi de Navarre un fauve regard.

Ils gagnèrent ainsi le village de Vaugirard, puis celui de Meudon, et s'enfoncèrent dans la forêt.

Bientôt le roi vit poindre à travers les arbres la maisonnette qui servait de retraite mystérieuse à la duchesse de Montpensier.

Autour de la maison plusieurs chevaux broutaient l'herbe du bois, et quelques hommes d'armes, la visière baissée, se trouvaient sur le seuil et se levèrent pour recevoir le roi de France et sa suite.

René sauta le premier à terre et entra dans la maison pour conduire le roi.

Charles IX regarda les hommes d'armes et les prit pour les reîtres dont avait parlé René.

Il se tourna vers le roi de Navarre, qui avait mis pied à terre et le suivait :

— Venez, monsieur mon cousin, dit-il, venez !

La voix de Charles IX était menaçante et couvait des tempêtes.

Pibrac se pencha vers le jeune prince:

— Courage ! dit-il, et soyez calme !

Le roi suivit René.

Celui-ci longea le corridor et poussa une porte devant lui.

Alors Charles IX se trouva sur le seuil de cette chambre où quelques jours auparavant Lahire avait passé la nuit et il aperçut la reine-mère pâle, l'œil brillant de fièvre, couchée sur un lit dont les draps éblouissants de blancheur étaient çà et là jaspés de taches de sang!...

XVI

Que s'était-il passé au milieu de cette forêt, où le duc de Guise et ceux qui l'accompagnaient avaient rejoint et attaqué Henri et ses compagnons, après que le jeune prince et Hector obéissant à une inspiration soudaine, eurent pris la fuite?

Noé et Lahire, tombés au pouvoir de l'ennemi, avaient été garrottés.

Noé criait cependant à René le Florentin :

— Mais tue-moi! tue-moi, misérable!

— Non pas! répondit René, c'est l'office du bourreau ; et d'ici à ce que vous alliez en sa compagnie à la place de Grève, je veillerai à ce qu'il ne tombe pas un cheveu de votre tête.

Lahire avait été atteint en divers endroits, mais aucune de ses blessures n'était grave. Noë lui-même, quoique couvert de sang, aurait pu se battre longtemps encore, s'il n'avait été renversé.

Et puis, tous deux, en voyant le roi de Navarre et leur ami Hector prendre la fuite, ils se sentirent sur-le-champ soulagés d'un grand poids et acceptèrent leur sort avec une résignation joyeuse.

— Il est sauvé! murmura Noë en langue basque. La forêt est touffue, on ne les rejoindra pas.

Cependant le duc de Guise s'était relevé furieux, et, s'élançant sur un autre cheval, il avait crié :

— Sus! sus aux fugitifs!...

Et il avait poussé son cheval et était parti ventre à terre, suivi de Leo et de Gaston de Lux.

Mais déjà le roi de Navarre et Hector avaient pris de l'avance, et l'on entendait dans l'éloignement le galop de leurs chevaux. Le duc et ses compagnons coururent une heure à travers les méandres de la forêt, traversant les broussailles, sautant les fossés ; puis il vint un moment où le taillis devint si épais qu'ils se trouvèrent environnés de ténèbres, et, n'entendant plus aucun bruit, ils se virent dans la nécessité de revenir sur leurs pas.

Cette poursuite infructueuse avait duré une heure.

Pendant cette heure, voici ce qui s'était passé au carrefour du bois, où le combat avait eu lieu.

Le sol était jonché de morts et de blessés. Lahire et Noë garrottés, le Florentin regarda autour de lui et ne vit plus que quatre hommes debout. Mais c'en était assez pour garder les prisonniers.

Alors il courut à la litière, dont les conducteurs avaient pris la fuite, et il en écarta vivement les rideaux.

Mais soudain il recula saisi d'épouvante.

Un rayon de lune venait de lui montrer au fond de la litière la reine-mère inanimée et sanglante.

René jeta un cri terrible.

— A moi ! à moi ! dit-il.

Et il ouvrit la portière, prit la reine-mère à bras-le-corps, et, la soulevant, il la porta sur l'herbe.

Le sang coulait avec abondance d'une blessure que la reine avait au côté droit.

Un moment René crut que madame Catherine était morte.

Mais quand il eut ouvert ses vêtements et dégrafé son corsage, elle fit un mouvement et poussa un soupir.

Etait-ce affection ou égoïsme ? Cet homme, qui n'avait jamais aimé personne, avait-il fini par aimer sa bienfaitrice ou bien s'était-il contenté de calculer tout ce qu'il allait perdre le jour où elle aurait cessé de vivre ?

Toujours est-il que le Florentin, pris d'une douleur immense, se mit à sangloter comme un enfant, tandis qu'il donnait les premiers soins à madame Catherine. Mais la douleur ne l'empêcha pas d'agir avec la netteté et la lucidité de l'homme qui a longtemps étudié la chirurgie.

René sonda la blessure et reconnut aussitôt qu'elle n'était point mortelle. Le poignard d'Hector avait glissé au lieu de pénétrer profondément.

Le Florentin déchira ce mouchoir de la reine qu'il avait trouvé dans la rue des Prêtres, et qui avait été le premier indice de l'évènement, puis il banda la blessure et arrêta l'hémorrhagie.

Après quoi il se mit en devoir de faire respirer à Catherine un flacon de sels qu'il portait toujours sur lui, suspendu à son cou par une chaîne d'argent.

Presque aussitôt la reine ouvrit les yeux et promena autour d'elle son regard qui, d'abord égaré, s'arrêta bientôt clair et intelligent sur René.

— Ah! dit-elle d'une voix encore faible, c'est toi, René?

— Oui, madame.

— Mais où sommes-nous donc? que s'est-il passé? ai-je fait un rêve affreux, ou bien tout cela est-il vrai?

— C'est vrai, madame.

— Ainsi on m'a enlevée?

— Oui.

— Ah! fit soudain Catherine, qui porta la main à sa blessure, ils m'ont frappée.

— Oui, madame. Ils ont voulu assassiner Votre Majesté.

— Les misérables!

— Heureusement, reprit René, Dieu n'a point permis que leur forfait s'accomplît. Le poignard de l'assassin a dévié et la blessure de Votre Majesté est légère.

La reine écoutait René et semblait ne pas comprendre encore tout le péril qu'elle avait couru.

— Mais comment es-tu là? dit-elle enfin.

— J'ai couru après vos ravisseurs, et nous avons pu vous délivrer. Deux de ces misérables sont en notre pouvoir.

La reine s'était soulevée et elle examinait curieusement le champ de bataille et les deux prisonniers couchés côte à côte sur la terre.

— Mais quels sont ces hommes? demanda-t-elle enfin.

— L'un deux se nomme Noë.

La reine étouffa un cri.

— Et il se pourrait bien, acheva René, qu'un de ceux qui viennent de prendre la fuite fut le roi de Navarre.

— Ah! murmura la reine, dont l'œil lança des éclairs, s'il en est ainsi, il me faut tout son sang.

Ce fut en ce moment que le duc de Guise revint.

Tandis que la reine-mère remerciait ses libérateurs, Noë et Lahire, toujours couchés sur l'herbe, causaient à voix basse dans l'idiôme de leur pays, bien sûrs qu'on ne pourrait les comprendre.

— Mon pauvre Noë, disait Lahire, nous sommes perdus.

— Oui, mais le roi est sauvé !

— C'est vrai. Vive le roi !

— A moins, dit tristement Noë, que son caractère chevaleresque ne le perde.

— Comment cela?

— Ecoute; au lieu de galoper nuit et jour vers la Navarre, il est homme à reprendre la route de Paris.

— Pourquoi?

Noë soupira.

— Pour essayer de nous sauver, dit-il.

— Ah! dit Lahire, tu as raison. Mais penses-tu donc que s'il a pu fuir et échapper à ceux qui le poursuivaient, on parvienne à prouver qu'il était avec nous?

— Je le nierai pour mon compte, au milieu des tortures.

— Et moi aussi, dit Lahire.

— Mais il l'avouera le premier peut-être, ajouta Noë.

Les deux captifs se regardèrent avec stupeur, puis Noë ajouta :

— On nous interrogera, tu me laisseras parler.

— Que diras-tu ?

— J'inventerai une fable.

— Soit ! répondit Lahire.

Bientôt les deux prisonniers furent chargés, chacun en travers d'un cheval, devant un des reîtres qui avait survécu à ce combat acharné.

Puis le cortége se remit en marche et reprit la route de Paris.

Le duc de Guise et René chevauchaient aux portières de la litière au fond de laquelle la reine était couchée. Vingt-quatre heures après, comme la nuit tombait, la reine-mère et son escorte entraient dans le bois de Meudon, et faisaient halte à la petite maison de la duchesse de Montpensier.

Quand ils arrivèrent, madame de Montpensier était absente.

La jeune princesse, inquiète de n'avoir aucune nouvelle de son frère depuis environ trois jours, avait couru à Paris, ne laissant à Meudon qu'un page.

Ce page était ce même Amaury que Nancy avait si cruellement mystifié.

Cependant, malgré l'absence de la duchesse, le duc de Guise et René demeurèrent d'accord qu'il fallait passer la nuit à Meudon.

Dailleurs, il était vraisemblable que madame de Montpensier reviendrait dans la soirée.

— Qu'allons-nous faire de nos prisonniers ? demanda alors René.

— Il y a ici un petit caveau qui peut servir de prison, répondit le duc.

— A la condition qu'on placera des sentinelles à la porte.

— Soit ! dit le duc.

Tandis que madame Catherine, guidée par le prince lorrain, prenait possession de la maison et s'installait dans la chambre à coucher de la duchesse où René pansait sa blessure, Leo d'Arnembourg et Gaston de Lux s'occupaient des prisonniers.

Leo avait une revanche à prendre avec Lahire et il y mettait un véritable acharnement.

— Ah! cher monsieur, disait-il, convenez, en vérité, que le ciel me devait bien le bonheur de vous servir de geôlier.

— Monsieur, répondit Noë, il est peu probable que nous ayons jamais l'occasion de nous rencontrer en plein air, mais croyez que si pareille chose arrivait jamais, nous calmerions un peu vos fanfaronnades.

— Tais-toi donc, Noë ! fit Lahire en haussant les épaules : monsieur est jaloux.

Lahire savait la portée de ce mot; et, en effet, il pénétra dans le cœur de l'amoureux de la duchesse comme la lame aiguë d'un poignard. Les deux jeunes gens furent conduits dans le caveau dont avait parlé le duc de Guise.

C'était un réduit étroit qui servait de cave, dont la voûte était solide, la porte massive, et où toute tentative d'évasion était inutile.

— Messieurs, ricana Leo, cela ne vaut pas, peut-être, une chambre au Louvre, mais nous n'avons pas d'autre logis à vous offrir.

Lahire et Noë avaient été séparés durant la route, et ils ne se retrouvèrent que dans le caveau.

Leo d'Arnembourg, après avoir refermé la porte, avait placé deux reîtres en sentinelle dans le souterrain qui conduisait au caveau.

— Maintenant, dit alors Lahire, nous pouvons causer.

— Et ce n'est point trop tôt, répondit Noë en s'allongeant sur un peu de paille, autant que les cordes qui lui liaient les pieds et les mains purent le lui permettre. Mais d'abord où sommes-nous ?

— Tu ne l'as donc pas deviné ?

— Non.

— Eh ! ventre-de-biche ! nous sommes chez madame la duchesse de Montpensier.

— A Meudon ?

— A Meudon.

— Mais, dit Noë, n'est-ce point ici qu'elle a daigné ?...

— Me donner asile avant que j'eusse vu son visage.

— Qui sait ? elle fera peut-être quelque chose pour toi.

— Je le crois, dit ironiquement Lahire. Elle aura peut-être la bonté de nous envoyer des aliments empoisonnés.

— Pourquoi ?

— Afin que je ne puisse pas la reconnaître le jour où le parlement assemblé nous jugera comme coupables de haute trahison.

— Bah! fit Noë, la duchesse ne hait sérieusement que le roi de Navarre.

Et il se retourna sur la paille du caveau en murmurant :

— Tout cela est fort bien, et je consens à mourir, mais non de faim. Or, il y a longtemps que nous n'avons mangé, ami Lahire.

— D'accord.... J'ai une faim de loup.

Lahire se traîna vers la porte, et comme il ne pouvait faire usage ni de ses mains ni de ses pieds, il se prit à cogner avec sa tête.

Au bruit, un des reîtres accourut :

— Que *fulez-vous?* dit-il.

— A boire et à manger, répondit le Gascon.

Le reître parut tenir conciliabule avec son camarade, puis on l'entendit s'éloigner, tandis que l'autre continuait à se promener de long en large.

Quelques minutes s'écoulèrent, puis de nouveaux pas se firent entendre et enfin la porte du caveau s'ouvrit.

Lahire et Noë, qui se trouvaient plongés dans l'obscurité la plus complète, furent tout à coup éblouis par une vive clarté.

Le reître venait d'ouvrir la porte, puis il s'était effacé pour livrer passage à un jeune homme qui tenait un flambeau d'une main et de l'autre une corbeille qu'il posa à terre.

C'était le page Amaury qui apportait à souper aux deux prisonniers.

Lorsque la reine-mère et son escorte étaient arrivés à la maisonnette de la duchesse, il était nuit, et

Amaury n'avait prêté nulle attention aux prisonnniers, si bien qu'il n'avait point reconnu Lahire.

Mais celui-ci s'écria en le voyant :

— Eh! bonjour, monsieur Amaury.

L'enfant jeta un cri à son tour :

— Quoi! dit-il, c'est vous, monsieur Lahire?

— Moi-même, mon jeune ami, et, vous le voyez, dans une situation qui n'a rien de très-agréable.

— Mais quel crime avez-vous donc commis, monsieur Lahire?

— Je me suis mêlé de politique.

— Ah! diable! murmura le petit page, c'est grave, cela.

— Vous croyez?

— Plus que d'avoir volé et assassiné.

— Vous m'effrayez, monsieur Amaury, murmura Lahire en souriant.

Puis, comme le page regardait curieusement Noë :

— Monsieur est mon ami, dit Lahire.

— Ah!

— Mon meilleur ami...

— Et il s'est mêlé pareillement de politique?

— Hélas! oui.

— Mais, reprit le page, je vous ai apporté des provisions; le duc, qui soupe en compagnie de René le Florentin, vous envoie des vivres de sa table.

— Le duc est bien bon, vraiment!

— Et moi, dit le page, qui me sentais entraîné vers vous par une mystérieuse sympathie, bien que je fusse loin de supposer que c'était vous, monsieur

Lahire, je vous ai cherché deux flacons du meilleur vin.

— Mon cher monsieur Amaury, répondit Lahire, vous êtes mille fois trop aimable. Mais comment voulez-vous que nous mangions et buvions, ainsi garrottés?

— Attendez, dit le page.

Il prit son poignard et coupa les liens qui retenaient captives les mains de Lahire; puis il en fit autant à Noë.

— Vous êtes une vraie Providence, lui dit Lahire.

— Je rends le bien pour le mal, répliqua malicieusement le page.

— Hein?

— Hé! mais, fit Amaury, il me semble que vous m'avez pleinement mystifié un soir, ici..

— Bah! répondit Lahire, n'ayez pas de rancune, monsieur Amaury.

— Aussi n'en ai-je pas.

— Et soupez avec nous...

— Volontiers.

Le page sortit tour à tour de la corbeille un morceau de venaison et un pâté, ainsi que deux bouteilles poudreuses.

— Ma foi! murmura Noë tout réconforté par cette vue, j'ai bonne envie de boire à la santé du duc.

— Vous pourriez aussi boire à celle de la maîtresse du logis, observa le page.

Lahire tressaillit.

— Madame est absente, ajouta le jouvenceau; mais quand elle reviendra je ne manquerai pas de lui donner de vos nouvelles, monsieur Lahire.

— Vous êtes un aimable garçon, à votre santé! monsieur Amaury.

— A la vôtre! monsieur Lahire.

Les deux prisonniers et le page soupèrent cordialement.

Puis ce dernier s'en alla, emportant la corbeille et les bouteilles vides.

Le vin que les deux prisonniers avaient bu était généreux et portait un peu à la tête.

Ce semblant d'ivresse réuni à la fatigue qu'ils éprouvaient leur permit de s'endormir profondément, en dépit de leurs graves préoccupations et de la perspective d'une mort à peu près inévitable.

Une partie de la nuit s'était déjà écoulée; Noë et Lahire ronflaient côte à côte lorsqu'ils furent éveillés en sursaut par le bruit de la porte qui s'ouvrait de nouveau et un rayon de lumière qui vint tomber sur leur visage.

XVII

Il est temps de revenir à ceux de nos personnages que nous avons laissés aux portes d'Angers.

Nous voulons parler de madame Marguerite, de Nancy, de Raoul et de ce malheureux Hogier de Lévis dont le fatal amour avait grandement compromis l'honneur.

Sur les instances de Raoul, l'officier qui commandait la porte orientale d'Angers avait fini par se décider à quitter son poste et à venir reconnaître lui-même quel était le personnage important que renfermait la litière et qui voulait pénétrer dans la ville, en dépit des édits de S. A. R. le prince gouverneur.

C'est alors qu'il avait reconnu la prétendue dame de Château-Landon pour ce qu'elle était réellement, et que Hogier de Lévis avait jeté un cri d'étonnement et presque d'épouvante, en apprenant que la femme qu'il aimait et pour laquelle il allait mourir était l'épouse de son roi.

Marguerite de Valois, on s'en souvient encore, lui avait pris le bras, et, le serrant fortement, elle lui avait dit :

— Oui, je suis la reine de Navarre et je ne veux pas que vous mouriez !

L'officier avait fait ouvrir les portes à deux battants, et la litière de la reine avait pénétré dans Angers.

— Au château ! avait dit alors madame Marguerite.

Durant le trajet de la porte de la ville au château, Hogier de Levis roula sur sa selle comme un homme ivre. Il ne savait au juste s'il vivait ou s'il était dans la tombe, s'il était réellement éveillé ou s'il faisait un rêve étrange.

Ce ne fut qu'à la porte du château qu'il eut réellement conscience de son existence, lorsque madame Marguerite, passant la tête à la portière, lui dit :

— Monsieur Hogier, mettez pied à terre et me venez donner la main.

Cette voix rappela le malheureux jeune homme au sentiment de la réalité.

Raoul faisait grand tapage à la porte du château.

Les deux reîtres qui s'y trouvaient en sentinelle n'étaient guère plus accommodants que l'officier de la porte.

Les reîtres ne voulaient pas ouvrir sans un ordre de leur chef.

Le chef, éveillé par le bruit, prétendit qu'on n'ouvrait qu'à ceux qui avaient le mot d'ordre.

Raoul n'avait pas le mot d'ordre ; mais il nomma la reine de Navarre, et alors la porte s'ouvrit.

Seulement Marguerite dit à l'officier, quand elle fut entrée sous la voûte, armée d'une herse et précédée par un pont-levis :

— Monsieur, je viens à Angers pour voir mon frère le duc d'Alençon; je voyage sans suite, c'est-à-dire incognito, et je vous serai fort reconnaissante de ne point ébruiter ma venue.

A quoi l'officier répondit :

— Le secret de Votre Majesté sera gardé ; seulement Votre Majesté a fait un voyage inutile.

— La raison? demanda la reine de Navarre.

— C'est que S. A. R. n'est pas à Angers.

— Vraiment? fit Marguerite.

L'officier répéta :

— Son Altesse le duc d'Alençon a quitté Angers ce matin.

— Ah! dit Marguerite, plus charmée que contrariée de cette circonstance ; et où est allé le duc?

— Je l'ignore, madame.

— Mais enfin, dit la reine, il y a quelqu'un au château pour me recevoir.

— L'intendant de S. A., le vieux Bertrand Marat;

seulement il faudra l'éveiller, et ce n'est pas chose facile.

Tandis que l'officier s'exprimait ainsi, la litière était arrivée à l'extrémité de la première voûte et pénétrait dans la cour d'honneur.

A l'exception de quelques sentinelles éparpillées au bas des escaliers, dans les corridors et en haut des tours, les hôtes du château étaient plongés dans le plus profond sommeil.

Cependant, à une des croisées ogivales du premier étage, les regards de Marguerite aperçurent une lumière discrète.

— Qu'est-ce que cela? dit-elle.

— C'est la chambre d'un gentilhomme arrivé du Louvre hier soir.

Marguerite tressaillit.

— Son nom? dit-elle.

— Gaston de Nancey.

— Oh! oh! pensa Marguerite, c'est le plus dévoué des gentilshommes de madame Catherine, et pour qu'elle s'en soit ainsi séparée, il faut qu'elle lui ait confié quelque importante mission.

Et la reine descendit de litière en faisant cette autre réflexion :

— Il serait assez curieux que la politique, que je croyais avoir laissée au Louvre, me poursuivît jusqu'ici.

La reine de Navarre s'était appuyée sur le bras d'Hogier, lequel avait mis pied à terre et confié son cheval à un des soldats du corps de garde de la porte.

L'officier avec qui on venait de parlementer s'était

empressé de courir éveiller l'intendant et de mettre sur pied deux ou trois valets.

Pendant ce temps, précédée d'un valet qui portait une torche, Marguerite gravissait le grand escalier du château, appuyée sur le bras d'Hogier.

Hogier se sentait mourir de joie, de douleur et de honte en même temps ; de joie parce qu'il voyait bien que Marguerite l'aimait; de douleur parce qu'il songeait à son roi, de honte parce qu'il sentait bien que cet amour venait de le déshonorer, en le forçant à manquer à son devoir.

Mais Marguerite s'appuyait avec tant de grâce et de nonchalance sur son bras, elle le regardait avec un œil si doux ! elle avait une voix enchanteresse et fascinatrice, et Hogier oubliait sa douleur et sa honte pour s'abandonner tout entier à l'enivrement d'être aimé.

Nancy et Raoul avaient suivi l'officier de la porte et n'avaient pas peu contribué à stimuler le vieil intendant Bertrand Maret, éveillé au milieu de son premier sommeil.

Celui-ci, s'étant levé à la hâte, se précipita à la rencontre de la jeune reine.

Madame Marguerite, lorsqu'elle n'était que fille de France, était venue plus d'une fois à Angers, et elle connaissait parfaitement le vieil intendant.

— Mon bon Maret, lui dit-elle, il est inutile que tu éveilles personne autre que les valets nécessaires pour me préparer un appartement.

Et comme le vieillard se confondait en salutations, elle ajouta :

— Mais où donc est ton maître ?

— Son Altesse est partie ce matin.
— Pour quel pays?
— Pour Paris, j'imagine.
— Oh ! c'est impossible, dit Marguerite, je l'aurais rencontré.

Le vieil intendant conduisit la jeune reine aux appartements d'honneur du château, lesquels étaient situés au premier étage, dans l'aile gauche.

Ces appartements, réservés de tout temps pour les hôtes de distinction, n'avaient point été habités depuis longtemps.

— Votre Majesté, dit Bertrand Maret fera bien d'occuper la petite salle qui donne au midi. Elle y sera mieux.

Ceci dit, l'intendant prit congé de la reine, et conduisit à son tour Hogier de Lévis à la chambre qu'il lui destinait. C'était une pièce située à l'extrémité d'un corridor, lequel communiquait par une porte dérobée avec l'appartement de Marguerite. Le brave homme d'intendant, considérant Hogier comme appartenant à la maison de la princesse, le logeait naturellement à portée des ordres de sa souveraine.

L'intendant lui avait dit, en ouvrant la porte de la chambre située à l'extrémité du corridor :

— Voici votre logis, messire.
— Ah ! fit Hogier avec distraction.
— Ce corridor que nous venons de suivre aboutit à l'appartement de la reine.

Hogier tressaillit.

— Sur ce, mon gentilhomme, acheva l'intendant, j'ai bien l'honneur de vous souhaiter une bonne nuit.

Et il se retira.

Alors Hogier se trouva seul en présence de son amour, avec le souvenir de son déshonneur; car il était déshonoré, puisqu'il avait désobéi aux ordres de son roi ; car il n'oserait pas reparaître devant ses amis dont il avait trahi la cause.

Un moment, dominé par la honte et le remords, il essaya de chasser loin de lui la séduisante image de Marguerite, et, en proie à un accès de désespoir, il se jeta pour la seconde fois sur son épée décidé à se la passer au travers du corps.

C'en était fait de Hogier de Lévis, si la porte de sa chambre, qu'il n'avait point fermée à clef, ne se fût ouverte en ce moment et n'eût livré passage à Nancy.

Nancy ne jeta pas un cri comme on aurait pu le croire, mais elle s'élança d'un bond de chèvre effarouchée sur Hogier et lui arracha son épée.

— Eh bien ! dit-elle, souriante à travers son émotion, j'arrive à point nommé, convenez-en, monsieur.

— Laissez-moi mourir, répéta le jeune homme, dont le désespoir était au comble.

— Non pas, dit Nancy, je viens au contraire vous chercher.

— Me chercher.

— Oui, maintenant que l'intendant s'est retiré et que le premier étage du château nous appartient tout entier.

— Mais où voulez-vous me conduire?

— Chez madame Marguerite.

Hogier sentit tout son sang affluer à son cœur.

— Ah! murmura-t-il, je m'étais pourtant juré de ne plus la revoir...

Et il suivit Nancy.

Nancy le conduisit à l'extrémité du corridor et le fit de nouveau pénétrer chez madame Marguerite qui suivant le conseil de l'intendant, avait pris possession de la petite salle qui donnait au midi.

— Eh bien! dit Nancy, Votre Majesté a eu une bien belle inspiration.

— Que veux-tu dire? fit Marguerite qui leva ses grands yeux bleus sur le visage pâle et contracté d'Hogier.

— Il allait se tuer quand je suis entrée, répondit Nancy.

Marguerite regarda Hogier avec une tristesse sévère :

— Je vous avais cependant ordonné de vivre ! lui dit-elle.

— Vivre sans honneur n'est pas vivre, murmura-t-il en baissant la tête ; n'ai-je point trahi le roi mon maître?

— Eh bien! dit-elle, la reine vous pardonne...

Mais il demeurait le front courbé et comme un criminel.

Alors Marguerite lui prit la main et dit :

— Il faut pourtant que vous me fassiez un serment?

Nancy, tandis que la reine parlait, avait à petits pas gagné le seuil de la porte sur lequel se trouvait Raoul.

— Allons, lui souffla-t-elle à l'oreille, laissons madame Marguerite raisonner sur la vanité des choses humaines et prouver à Hogier que son honneur est sauf.

— Hum! dit Raoul, nous lui avons fait jouer un singulier rôle, en fin de compte.

— C'est vrai, mais...

Un sourire énigmatique glissa sur les lèvres de la railleuse camérière.

— Ah! mon Dieu! dit-elle, je crois décidént que le souvenir du sire de Coarasse est bien et dûment expulsé de l'esprit et du cœur de madame Marguerite.

Nancy poussa un petit soupir, puis elle dit à Raoul :

— Si tu allais te coucher, mon mignon?

— C'est ce que je vais faire, et vous?

— Moi, j'ai vu quelque chose qui m'intrigue, je flaire un mystère que je veux éclaircir dit-elle, attends moi ici...

Et elle s'esquiva avant que Raoul, stupéfait, eût songé à lui en demander davantage.

. . . .

Où donc allait Nancy?

Nancy était toujours la petite fille dont l'esprit en éveil ne se reposait jamais et qui recherchait la cause de toute chose. Elle avait entendu prononcer le nom de M. de Nancey, le gentilhomme favori de la reine-mère, et elle en avait conclu qu'il ne se trouvait pas à Angers dans le but unique d'y respirer l'air de l'ouest.

Or, au Louvre, peut-être à cause de la presque similitude de leurs noms, la camérière Nancy et le jeune gentilhomme M. de Nancey échangeaient mille politesses.

Quand la reine de Navarre envoyait la camérière chez la reine-mère, la camérière rencontrait ordinairement dans l'antichambre M. de Nancey, qui venait à elle et rougissait même un peu en la regardant.

Nancy était jolie à croquer, et M. de Nancey n'avait guère que vingt ans.

Lorsque, au contraire, c'était M. de Nancey qui s'aventurait vers les appartements de la reine de Navarre, Nancy lui faisait le plus aimable accueil.

Peut-être M. de Nancey aimait-il Nancy.

Quant à Nancy elle n'aimait pas M. de Nancey, puisqu'elle aimait Raoul; mais elle pensait qu'il est toujours bon de ménager un joli garçon, surtout lorsqu'il est en faveur auprès d'une reine.

Or donc, en apprenant que M. de Nancey était à Angers et, malgré l'heure avancée de la nuit, en voyant de la lumière à sa fenêtre, la fine camérière se prit à flairer de la politique.

Puis, sans faire part ni de ses réflexions ni de son projet à la reine de Navarre, non plus qu'à Raoul, Nancy s'était esquivée sur la pointe du pied et avait gagné le grand escalier de pierre à balustre de fer doré qui tournoyait au milieu du château. Nancy avait bien aperçu de la cour la fenêtre qu'on lui avait dit être celle de M. de Nancey, elle savait que cette fenêtre était au second étage.

Mais lorsqu'elle eut atteint le palier de ce second étage, elle se trouva à l'entrée de deux immenses corridors, l'un à droite, l'autre à gauche, tous deux plongés dans les ténèbres.

Lequel des deux conduisait à l'appartement de M. de Nancey?

La camérière hésita un moment; puis il lui sembla voir dans l'éloignement, à l'extrémité du corridor de gauche, un filet de lumière qui passait sous une porte.

— Ce doit être là, se dit-elle.

Et elle se dirigea sur le point lumineux.

Nancy marchait sur la pointe du pied.

C'était une habitude qu'elle avait contractée au Louvre.

Quand elle fut arrivée sans bruit à la porte, elle essaya de voir au travers.

Mais la porte n'avait d'autre trou que celui de la serrure, et la clef s'y trouvait.

— Ma foi, tant pis! murmura Nancy.

Et elle frappa. Mais nul ne répondit.

Nancy frappa de nouveau. Le même silence continua de régner.

Nancy était une femme de résolution. Elle mit la main sur la clef, tourna la clef dans la serrure, ouvrit la porte qu'elle poussa devant elle, et soudain elle s'arrêta tout interdite sur le seuil.

XVIII

Pourquoi Nancy s'arrêtait-elle étonnée? c'est que la chambre sur le seuil de laquelle elle venait de mettre le pied était vide.

Cependant un flambeau brûlait sur une table, et tout dans la pièce révélait la présence récente d'un habitant.

Nancy hésita un moment sur le seuil ; mais une circonstance fortuite la décida à entrer.

Elle avait aperçu un papier et un livre sur la table auprès du flambeau. Elle entra donc et repoussa la porte derrière ; puis, aussi effrontée qu'un page, elle s'assit devant la table et prit successivement le livre et le papier.

Le papier était une lettre ouverte qui portait cette suscription :

A Monseigneur le duc d'Alençon.

Nancy tressaillit.

— Comment ! se dit-elle, serais-je donc chez Son Altesse le duc ?

Elle jeta un regard défiant autour d'elle et s'assura qu'elle était bien seule.

— Voyons ! pensa-t-elle, si cette lettre est là, c'est que le prince y était tout à l'heure. Et cependant on nous a dit qu'il était absent. Comment expliquer cela ?

Nancy pensa que le meilleur moyen d'approfondir ce mystère était de lire la lettre qu'elle avait sous les yeux.

Aussi la déplia-t-elle sans façon, et l'approchant du flambeau, elle lut :

« Mon bien-aimé et cher fils,

« M. de Nancey vous portera de vive voix les dé-
« tails qu'on ne saurait confier au parchemin. Qu'il

« vous suffise de savoir que tout est prêt pour le
« vingt-quatre du présent mois.

« Votre mère,

« CATHERINE. »

— De quoi s'agit-il ? qu'est-ce que tout cela ? et que signifie cette date du *vingt-quatre !* se demanda Nancy toute rêveuse.

Elle prit le livre, espérant y trouver une indication quelconque.

Mais le livre était un volume de l'abbé de Brantôme, la V*ie des grands capitaines.* Nancy le feuilleta, le secoua, le retourna en tout sens.

Aucun papier ne s'en échappa.

— Puisqu'il en est ainsi, se dit la camérière, je n'ai plus rien à faire ici. Allons-nous-en !

Elle se leva du fauteuil où elle s'était assise et fit un pas vers la porte.

Mais, en ce moment, elle entendit du bruit à l'extrémité du corridor.

C'était un bruit de voix et de pas qui semblait se rapprocher.

Nancy s'arrêta toute tremblante et chercha du regard une issue autre que celle par où elle était entrée.

La chambre était petite et n'avait qu'une seule porte.

Les pas se rapprochaient toujours.

Nancy n'hésita plus ; elle s'élança vers la fenêtre et se cacha derrière les rideaux.

Presque aussitôt après, la porte s'ouvrit et deux hommes entrèrent.

L'un était M. de Nancey.

L'autre était S. A. monseigneur le duc d'Alençon.

Nancy, immobile, retenant son haleine, ne pût cependant se défendre d'un mouvement de stupeur à la vue du prince.

Pourquoi donc l'intendant avait-il dit à madame Marguerite que Son Altesse était absente du château?

— Autre mystère ! pensa la camérière.

Et, bien qu'elle fût un peu troublée de la situation singulière que sa curiosité venait de lui faire, elle n'en demeura pas moins à son poste, l'œil et l'oreille au guet.

— Pourvu, se dit-elle, qu'ils ne songent pas l'un ou l'autre à ouvrir la croisée?

Mais ni le prince ni M. de Nancey ne s'approchèrent de la fenêtre.

Le premier s'assit dans le fauteuil tout à l'heure occupé par Nancy, le second demeura respectueusement debout et la tête nue.

Alors Nancy remarqua que le prince avait de grosses bottes toutes poudreuses, ce qui était un indice qu'il venait de faire une longue route.

— Ouf ! dit-il, je suis rudement fatigué, monsieur de Nancey. J'ai fait mes treize lieues, et, ma foi ! c'est une jolie course d'une seule haleine.

— Six lieues et demie pour s'en aller voir une femme aimée, murmura Nancey, c'est beau, monseigneur !.,.

— D'autant plus beau que la femme aimée n'a point bougé d'ici.

Nancy ouvrit ses oreilles toutes grandes, puis elle murmura :

— Je ne comprends pas !...

— En effet, monseigneur, dit M. de Nancey, qui semblait aller au-devant de la curiosité et de l'étonnement de la camérière, voici une chose qu'on ne s'expliquerait pas très-facilement au Louvre.

— Bah !

— Dame ! avoir ce qu'on aime sous son toit, et commencer par s'éloigner de six ou sept lieues pour revenir en pleine nuit.

Le prince se mit à rire :

— Mon cher Nancey, dit-il, ceci est difficile à comprendre, comme vous le dites, mais non impossible.

— Il me semble pourtant...

— Et je vais vous faire ma confidence tout entière.

M. de Nancey regarda le prince.

— Car, acheva celui-ci, il faudra bien que vous expliquiez à madame Catherine, mon honorée et bien-aimée mère, pourquoi vous m'avez rencontré ce soir à sept lieues d'Angers.

M. de Nancey s'inclina.

Le prince eut un sourire mystérieux.

Le duc d'Alençon poursuivit en ces termes, parlant à M. de Nancey.

— Figurez-vous, dit-il, que je me suis follement épris de la nièce de mon vieux capitaine des gardes.

— Vraiment !

— Une fort belle Allemande dont il est à la fois l'oncle et le tuteur, et qu'il prétend appeler à l'honneur de sa couche. En attendant, le vieux tigre est jaloux comme si elle était déjà sa femme.

— Vraiment !

— Je crois qu'il me tuerait moi-même, tout prince que je suis, s'il venait à savoir que la belle ne me regarde pas d'un œil défavorable.

— Fort bien, mais je ne vois pas où Votre Altesse veut en venir.

— J'y arrive.

— La nièce est coquette et ne refuse pas de se laisser conter fleurette. Elle m'a donné rendez-vous cette nuit dans le parc du château ; mais elle a une peur terrible de son oncle, et c'est pour dépister les soupçons de cet ombrageux barbon que ce soir, après mon dîner, je suis monté à cheval et j'ai dit à mon capitaine des gardes : « Vous allez m'accompagner jusqu'au bourg de Saint-Antonin, lequel est à six lieues d'Angers. »

— Bon ! fit Nancey.

— Le capitaine obéit avec la docilité brute d'un reître qu'il est. Il a donc enfourché sa monture. Nous sommes partis tous les deux, suivis de mon écuyer. Quand nous avons été hors de la ville, je lui ai dit :

« — Capitaine Hermann, êtes-vous homme à exécuter fidèlement et rigoureusement une consigne ?

« — Je me ferai tuer, monseigneur, plutôt que d'y manquer.

« — Alors écoutez bien ce que je vais vous dire ; » et j'ai ajouté :

« Je quitte Angers pour trois jours au moins, si ce n'est davantage. Qui sait ? peut-être irai-je jusqu'à Paris; cela dépendra de ce que je trouverai à Blois. »

Le capitaine Hermann s'est imaginé qu'il était question de politique, et il m'a demandé s'il devait m'accompagner.

« — Non pas, ai-je répondu. Mais je veux vous confier le château d'Angers.

« — Votre Altesse peut voyager tranquille, il sera bien gardé.

« — Je le sais... Mais je tiens à ce que vous ne quittiez pas d'une minute, soit le poste de l'officier de la porte, soit la salle d'armes du château, jusqu'à mon retour.

« — Il suffit, monseigneur... »

— Le bonhomme de reître, acheva le prince, me fit son serment sur le Christ et les douze apôtres, et je le laissai au village de Saint-Antonin. Un peu plus loin, mon cher monsieur de Nancey, je vous rencontrai, pris connaissance du message que vous m'apportiez... Tiens! s'interrompit le prince en jetant les yeux sur la table, le voilà, ce message!

— Oui, monseigneur.

— Pourquoi se trouve-t-il là?

— Parce que Votre Altesse me l'a confié, après en avoir pris connaissance, dans la crainte de l'égarrer en galopant à travers champs.

— C'est juste, monsieur de Nancey. Donc après avoir quitté mon capitaine des gardes et vous avoir rencontré, j'ai fait un crochet et je suis revenu à Angers par un chemin de traverse.

— Et Votre Altesse arrive?

— A l'instant.

— Mais comment est-elle entrée ?

Le prince se prit à sourire :

— Il y a au château un souterrain qui passe sous la tour du sud et va communiquer avec les caves d'une maison isolée au milieu d'un grand jardin.

— Ah! et c'est par là...

— Cette maison a été achetée par mon intendant Berttrand Maret. Je suis entré dans la ville avec le mot d'ordre que j'avais donné ce matin.

— Et Votre Altesse s'en est allée à la maison isolée ?

— Justement, et j'y ai trouvé maître Bertrand qui m'a annoncé l'arrivée de ma sœur Margot. Que diable vient-elle faire ici ?

— Je l'ignore, monseigneur.

Durant toute cette conversation, Nancy avait conservé une immobilité complète, mais elle commençait à trouver l'entretien un peu long.

Mais Nancy était curieuse, et elle continua à ne point bouger.

— Ainsi, monseigneur, dit M. de Nancey, vous êtes rentré au château par la cave ou le souterrain ?

— Oui.

— Nul ne vous a vu ?

— Excepté Bertrand.

— Bon! et la nièce du capitaine ?

— Elle m'attend... et je suis bien sûr que son jaloux ne viendra point troubler ce premier rendez-vous. Seulement je vais la faire attendre quelques minutes encore.

— Ah !

— J'ai besoin de causer avec vous mon cher monsieur de Nancey.

— A vos ordres, monseigneur.

— Car, acheva le prince, je suis impatient de savoir comment on a tout préparé à Paris pour le grand jour.

— Je vais le narrer à Votre Altesse.

— Oh! oh! se dit Nancy, voici la lumière qui va se faire. Ecoutons...

Le duc d'Alençon s'était renversé à demi dans le fauteuil qu'il occupait et il avait croisé ses jambes.

M. de Nancey continuait à se tenir respectueusement debout devant lui.

— Asseyez-vous donc, monsieur de Nancey, fit le prince, asseyez-vous!

Le jeune homme hésitait encore, mais le geste du prince était impératif et il équivalait à un ordre.

M. de Nancey s'assit.

— Voyons, j'écoute, dit le prince.

— Eh bien! monseigneur, reprit Nancey, Votre Altesse sait déjà que la reine-mère et le duc de Guise sont au mieux.

— Oui, certes!

— Le duc n'aime pas le roi de France.

— Plaît-il? fit le prince.

— Quand ce roi se nomme Charles IX, ajouta Nancey en souriant.

— Ah! dit le duc d'Alençon.

— Le duc de Guise, poursuivit M. de Nancey, n'aime pas le roi Charles IX, mais il s'entendrait fort bien avec le roi François III.

Un nuage passa sur le front du jeune prince.

— Taisez-vous, Nancey, dit-il, vous me donneriez le vertige.

— Au contraire, monseigneur, il faut que vous m'écoutiez !

— Soit, parlez !

Nancey poursuivit :

— Le roi Charles IX est malade, le duc d'Anjou est devenu roi de Pologne.

— Après ? fit le prince.

— René le Florentin, qui est un médecin habile, prétend que le roi Charles IX n'a pas un an à vivre...

— Taisez-vous, Nancey, taisez-vous !...

— Et si le roi mourait...

— Oh !

— Ce ne serait point le roi de Pologne qu'on irait chercher pour lui succéder.

— Et qui donc ?

— Vous, monseigneur.

— Nancey, Nancey, murmura le duc d'Alençon, vous êtes donc envoyé par l'enfer ?... Vous me tentez !...

— Ecoutez encore, monseigneur! et supposons que le roi Charles IX soit mort. Eh bien, qui donc s'opposera à votre avénement au trône ?

— Mais le roi de Pologne.

— Non, monseigneur, le roi de Pologne sera trop loin.

— Et qui donc ?

— Les huguenots, dont les deux chefs, le roi de Navarre et le prince de Condé, sont nés sur les marches du trône.

— Oui, je comprends bien, murmura le prince ; mais quel intérêt le duc de Guise a-t-il à me servir ?

— Le duc n'aime pas le roi Charles IX.

— Bon : vous me l'avez dit.

— Mais il espère pouvoir s'entendre avec Votre Altesse, si jamais Votre Altesse monte sur le trône.

— C'est-à-dire que la maison de Lorraine me damandera des concessions de territoires que le roi Charles IX lui a refusées.

— Peut-être...

— Et me dictera des conditions qu'elle n'a pu dicter à mon frères Charles IX ?

— Dame ! monseigneur, fit naïvement Nancey, il ne faut pas regarder de trop près à la bride d'un cheval donné.

— Soit ! dit brusquement le prince. Mais enfin, comment a-t-on organisé le massacre ?

A ce mot, Nancy, qui retenait son haleine derrière le rideau, Nancy, redoubla d'attention.

M. de Nancey répondit :

— Ce sera pour la nuit du vingt-quatre. Si le roi, comme on l'espère, consent à tout, on le laissera à Paris ; sinon, la reine-mère a trouvé le moyen de l'éloigner et de l'envoyer courre un cerf à Saint-Germain, tandis qu'en exterminera les huguenots.

— Mais enfin, osera-t-on toucher au roi de Navarre ?

— Comme au prince de Condé. Les Guise s'en sont chargés.

— Et s'ils sont au Louvre ?...

— Eh bien ! on les tuera dans le Louvre.

Le cœur de Nancy battait à rompre sa poitrine.

— Ma foi ! dit le prince, tout cela est fort bien, mais il faudra voir la chose à l'œuvre. Demain vous me donnerez de plus amples détails. N'oubliez pas que je suis attendu. Bonsoir, monsieur de Nancey.

— Bonsoir, monseigneur.

Le prince se leva. Nancy commença à respirer.

Puis M. de Nancey prit le flambeau qui se trouvait sur la table et ouvrit lui-même la porte au prince.

Nancy se disait :

— Il va accompagner Son Altesse et je vais pouvoir m'esquiver.

Nancy se trompait.

— Restez, mon cher Nancey, dit le prince, restez, et bonsoir.

Et il tira la porte après lui, laissant M. de Nancey dans sa chambre.

— Ma foi ! dit celui-ci à mi-voix et se parlant à lui-même, il est tard, je suis las et je n'ai rien de mieux à faire que de me coucher.

— Bon ! pensa Nancy, quand il dormira, je m'en irai.

Et malgré l'émotion violente qu'elle ressentait après tout ce qu'elle venait d'apprendre, la jeune fille continua à demeurer immobile et elle attendit avec patience.

M. de Nancey se coucha, puis il souffla son flambeau.

Mais il se tourna et retourna assez longtemps sur son lit, parlant à mi-voix, soupirant de temps à autre et abusant sans le savoir de la patience de la camérière, qui murmura :

— Mais quand donc s'endormira-t-il ?

Elle avait remarqué, avant que M. de Nancey se mit au lit, qu'il avait oublié de retirer la clef qui se trouvait sur la porte extérieurement, si bien qu'on pouvait entrer comme elle était entrée elle-même.

— Voilà un gentilhomme qui va dormir, c'est le cas ou jamais de le dire, pensa-t-elle, sur la foi des traités, et sans songer à moi !

Enfin M. de Nancey s'endormit.

Nancy entendit un ronflement sonore et régulier qui lui apprit le départ de l'écuyer de la reine-mère pour le pays des songes.

Alors elle quitta sa cachette et se dirigea à pas de loup vers la porte, qu'elle ouvrit d'une main discrète.

Et elle s'esquiva.

Le château était plongé dans le silence et l'obscurité.

Nancy, heureuse de ne point avoir été vue par l'écuyer de la reine-mère, Nancy, disons-nous, redescendit avec la légèreté et la rapidité d'un sylphe au premier étage et atteignit, en deux bonds, les antichambres de madame Marguerite.

Raoul était assis sur un escabeau, l'œil tourné vers la porte par où Nancy avait disparu.

Depuis plus d'une heure le page était anxieux et plein d'impatience.

— Ah ! enfin ! dit-il en voyant reparaître la camérière. Enfin, vous voilà !

— Nancy mit un doigt sur ses lèvres :

— Chut ! dit-elle.

— Mais d'où venez-vous ?

— Cela ne te regarde pas.
— Cependant...
— Cependant, il faut éveiller madame Marguerite, si elle dort.

Nancy était agitée et pâle.

— Mon Dieu ! fit Raoul, qu'avez-vous ?
— J'ai... dit Nancy toute tremblante, j'ai besoin de voir la reine sur-le-champ.

Raoul lui prit la main et attacha sur elle son plus tendre regard.

— Voyons ! ma mie, dit-il, je ne suis donc plus votre Raoul et n'avez-vous pas confiance en moi ?
— Si, dit-elle en prenant la tête brune du page dans ses mains et lui mettant un baiser au front ; si, tu es mon bien-aimé, et tu m'aideras à le sauver.
— Qui ?
— Le roi de Navarre.

Raoul étouffa un cri.

Mais Nancy lui dit rapidement :

— Il faut retourner à Paris... il faut que la reine sache tout... on veut massacrer les huguenots...

Elle fit un pas vers la porte de la chambre de madame Marguerite.

Et elle frappa.

XIX

Revenons à Paris ou plutôt à la maisonnette du bois de Meudon, où nous avons laissé la reine-mère blessée, en compagnie de son cher René et du duc de Guise, et Noë et Lahire prisonniers et enfermés dans le caveau, sous la garde de deux reîtres et la surveillance haineuse du chevalier Leo d'Arnembourg.

On se souvient que la duchesse de Montpensier était absente de sa mystérieuse retraite, lorsque son frère et la reine-mère y étaient arrivés.

La fière et intrigante princesse qui avait fait le serment de placer la couronne de France sur la tête de son frère, attendait ce dernier la veille au soir.

Le duc la devait venir visiter durant la nuit, après l'entrevue qu'il comptait avoir avec la reine-mère.

Mais la soirée, puis la nuit tout entière s'étaient écoulées, et le duc n'était point venu.

La duchesse avait attendu toute la journée du lendemain, et le duc n'avait point paru; il n'avait pas même envoyé un de ses messagers ordinaires.

Alors madame de Montpensier, alarmée, avait demandé sa litière, et escortée d'un écuyer et de ses pages, elle s'était rendue à Paris.

Elle était arrivée à la porte de la ville comme la nuit tombait.

Puis, au lieu de s'en aller tout droit à cette petite rue des Remparts où se cachait le duc, elle était entrée dans l'église Saint-Eustache, comme une femme aussi noble que dévotieuse et qui va faire ses prières en grande pompe.

Seulement, le page Séraphin qui l'accompagnait, après être entré avec elle dans l'église par la grande porte, en était ressorti sur-le-champ par la petite, puis il avait couru à la rue des Remparts.

Maître Pandrille était sur le seuil, l'œil tourné vers l'angle de la rue.

— Où est-*il* ? demanda le page.

— Parti, répondit laconiquement le colosse.

— Hein ?

— Parti avec les cavaliers.

— Mais quand ?... mais où est-il allé ? exclama le page stupéfait.

— Je ne sais pas, dit Pandrille, qui, en effet, n'avait absolument rien compris au départ précipité du duc, de ses gentilshommes et du parfumeur de la reine, maître René le Florentin.

Le page courut à Saint-Eustache, rapporta fidèlement à madame de Montpensier ce que Pandrille venait de lui dire.

Alors la duchesse, inquiète!, s'enveloppa dans sa mante, cacha soigneusement son visage, sortit pareillement par la petite porte de l'église, et, prenant le bras du page, elle courut avec lui à la petite rue des Remparts.

Là Pandrille lui répéta ce qu'il avait dit à Séraphin; et certes, la duchesse n'en aurait pas appris davantage si, en ce moment, une vieille femme qui était demeurée silencieuse au fond de la maison ne s'était vivement approchée en reconnaissant la voix de madame de Montpensier.

Cette vieille femme n'était autre que dame Gertrude, la servante du malheureux La Chesnaye.

— Ah! madame... madame, dit-elle en se jetant aux genoux de la duchesse et lui baisant les mains avec transport, si vous saviez ce qui est arrivé !...

— Qu'est-il donc arrivé ? demanda la duchesse dont l'anxiété allait croissant.

— On a arrêté La Chesnaye.

La duchesse recula d'un pas.

— Au nom du roi, ajouta Gertrude.

Madame de Montpensier se prit à frissonner.

— On l'a arrêté et conduit au Louvre, poursuivit Gertrude. Moi, on m'a garrottée et confiée à la garde de deux soldats, et si je n'avais pu parvenir à m'en débarrasser...

— Mais alors, interrompit la duchesse, si on a arrêté La Chesnaye par ordre du roi, on a fouillé sa maison et saisi ses papiers ?

— Oh ! non, dit la vieille en souriant.

Madame de Montpensier respira.

— Les papiers sont en sûreté, dit la servante : c'est Patureau qui les a pris.

La duchesse attendit plusieurs heures, cachée dans la petite maison ; mais nul ne parut.

Alors, comme la nuit s'avançait, elle prit le parti de retourner à Meudon.

Lorsqu'elle fut près de son habitation, les lumières qui brillaient à travers des arbres, à toutes les croisées, lui inspirèrent une nouvelle inquiétude.

Un moment, elle crut que les gens du roi étaient installés chez elle.

Mais son angoisse fut de courte durée, car au bruit des grelots de sa litière un cavalier vint à sa rencontre.

C'était Gaston de Lux.

— Où est le duc, s'écria-t-elle.

— Ici, madame.

La duchesse s'élança vers la maison où elle resta tout affolée, et deux secondes après elle tombait dans les bras du duc.

Mais après la première étreinte et ce moment d'effusion passée, madame de Montpensier s'aperçut que le duc n'était pas senl. Elle regarda autour d'elle et vit d'abord René, puis une femme couchée, et elle étouffa un cri en reconnaissant la reine-mère.

Alors on lui apprit tout.

La duchesse écouta avec un étonnement profond le récit de l'enlèvement de madame Catherine et la façon presque miraculeuse dont elle avait échappé à ses ravisseurs.

Mais, tout à coup, elle tressaillit et pâlit lorsque, ayant demandé quels étaient les deux gentilshommes qu'on avait faits prisonniers sur le champ de bataille, le duc lui eut répondu :

— L'un est un ami bien connu du roi de Navarre, on le nomme Noë, l'autre s'appelle Lahire.

A ce nom, la duchesse éprouva une commotion terrible ; elle sentit ses cheveux se hérisser, surtout lorsque la reine-mère eut ajouté :

— Oh! ils mourront dans les tortures s'ils n'avouent que le roi de Navarre était avec eux.

Madame de Montpensier était fort troublée, et cependant ni le duc, ni la reine-mère, ni même René, l'homme à l'œil de lynx, ne remarquèrent ce trouble.

— Eh bien ! moi, je le sauverai ! pensa-t-elle.

Puis elle causa une heure encore.

Il fut arrêté entre ces quatre personnages que René partirait pour Paris au point du jour et ramènerait le roi ; que ce dernier viendrait à Meudon, sans soupçonner qu'il venait chez la duchesse, et que ce ne serait qu'autant que son indignation contre les huguenots viendrait à éclater et qu'il manifesterait le désir de se rapprocher de ses cousins de Lorraine, que le duc et madame de Montpensier oseraient se montrer.

Quand tout cela eut été convenu, madame de Montpensier prétexta le besoin de repos que devait avoir la reine, et se retira dans son appartement où elle s'enferma. Mais la duchesse ne se mit point au lit. Elle s'assit devant une table, appuya sa tête dans ses mains et se prit à rêver.

— Oh! l'étrange chose! murmura-t-elle. Il y a eu, il y a de par le monde quatre hommes jeunes, braves, nobles et beaux, quatre hommes qui m'aiment avec folie, avec délire, qui donneraient la dernière goutte de leur sang, qui se feraient hacher et subiraient les plus épouvantables tortures pour l'amour de moi; et cependant aucun de ces hommes n'a pu toucher mon cœur. En revanche, un aventurier, un gentillâtre gascon est entré ici, un soir, avec un grand œil noir, sa mine effrontée, sa lèvre moqueuse, sa démarche hautaine et conquérante... et cet homme a été plus fort, lui tout seul, que ces quatre jeunes gens réunis, — et sa voix a trouvé le chemin de mon âme... Et cet homme... mon Dieu! mon Dieu!... mais je croyais l'avoir oublié hier encore, et voici qu'on me dit qu'il est prisonnier, que l'échafaud l'attend!... Ah! je ne l'ai point oublié... je l'aime...

Une larme avait jailli des yeux d'un bleu sombre de la fière duchesse; son cœur avait battu à outrance. Elle aimait!

Longtemps après s'être écriée : — Je le sauverai ! elle rêva à l'exécution de ce projet.

Et, certes, ce n'était point chose facile!... Comment sauver Lahire?

Il fallait le faire évader ou demander sa grâce.

Demander sa grâce, à qui? au roi, à la reine-mère, au duc?

Mais n'était-ce point avouer son amour, elle, la fille des princes lorrains, la cousine des rois de France, pour un petit gentilhomme du pays gascon?

C'était inadmissible.

Restait l'évasion. Madame de Montpensier se prit à songer.

Elle se leva, ouvrit une porte et appela :

— Amaury !

Le page accourut et salua la duchesse.

— Mon mignon, lui dit madame de Montpensier, raconte-moi donc ce qui s'est passé ici en mon absence.

— Ah! madame, répondit le page avec la respectueuse familiarité d'un enfant gâté, il est arrivé d'étranges choses.

— Vraiment ?

— Ce pauvre M. Lahire... vous savez ?... qui nous a si bien joués l'autre jour et qui est parti en me volant mon cheval...

— Eh bien ? fit madame de Montpensier, qui affecta un grand calme.

— Il est ici.

— Après?

— Prisonnier dans le caveau avec son ami M. de Noë, un autre de ces quatre démons qui voulaient faire rouer le parfumeur.

— Je sais tout cela, mon mignon, dit la duclesssse ; maintenant, écoute-moi bien.

— J'écoute ?

— Vois-tu un moyen de faire évader Lahire?

— Du caveau où il est ?

— Oui.

Amaury secoua la tête.

— C'est impossible, dit-il.

— Pourquoi.

— Parce que le caveau n'a d'autre ouverture qu'u'un jour de quatre pouces carrés percé dans la voûtûte, qui a six pieds d'épaisseur, et une porte de chêrêne massif bien ferrée...

— C'est vrai.

— Et garnie de deux verrous et d'une serrure! !

— On brisera la serrure et on tirera les verrouus.

— Oui, mais M. Leo d'Arnembourg a placé deteux reîtres derrière la porte.

— On corrompra les reîtres avec de l'or.

Amaury secoua la tête.

— Impossible! dit-il.

— Pourquoi ?

— Parce que toutes les cinq minutes M. d'Anerembourg descend jusqu'à la porte du caveau.

La duchesse tressaillit.

— Et, continua Amaury, il a fait un vœu, M. d'A'Arnembourg.

— Lequel ?

— De ne se désarmer que lorsque le bourreau auura tranché la tête de M. Lahire.

— Ah ! fit la duchesse.

— Jusque-là, acheva Amaury, M. Leo d'Anerembourg ne retirera, pour dormir, ni ses brassards ni sa cuirasse.

— Eh bien! murmura madame de Montpensier dont l'œil eut un fauve éclair, il dormira ainsi vêtu pendant sa vie entière, car je sauverai Lahire.

Elle se leva et se promena un moment à grands pas dans la chambre, en proie à une sorte d'exaltation fiévreuse. Puis, tout à coup, elle dit à Amaury :

— Va me quérir M. d'Arnembourg.

Le page sortit en hochant la tête.

— Ce n'est certes pas Leo, pensa-t-il, qui se prêtera à délivrer M. Lahire.

Cependant il s'acquitta de sa mission et trouva le sire d'Arnembourg armé de toutes pièces, l'épée sur son genou et assis sur la première marche de l'escalier qui conduisait au caveau transformé en prison.

Depuis la façon barbare dont les amoureux de la duchesse l'avaient traité, Amaury avait conçu pour eux tous en général, et surtout pour Leo, une haine violente, qu'il dissimulait de son mieux, en attendant qu'il pût l'assouvir.

Aussi fut-il enchanté de jeter, par avance, un peu de colère et d'amertume dans le cœur de Leo.

— Hé! messire? dit-il, vous avez l'air bien rêveur, cette nuit?

Leo leva la tête.

— Que veux-tu, page de malheur? lui dit-il.

— Vous êtes peu poli pour ceux qui vous apportent un message.

Leo se dressa surpris.

— Un message! De qui?

— De madame de Montpensier, dit-il en souriant sous cape.

Ces derniers mots bouleversèrent le sire d'Arnembourg.

— Madame la duchesse vous attend, messire, acheva Amaury. Venez...

Leo suivit le page en chancelant, et il s'arêta sur le seuil de la chambre où l'attendait la duchesse, comme si ses jambes eussent refusé de le porter.

La duchesse était assise dans un grand auteuil, le visage tourné vers la porte; elle était calme et souriante maintenant, et avait su imprimer à tout son visage un cachet de sérénité parfaite.

— Bonsoir, Leo, dit-elle. Approchez, ami j'ai besoin de vous.

Leo fit un pas, chancelant toujours, puis il s'enhardit en voyant le sourire de la duchesse, vint prendre la main qu'elle lui tendait et la porta respectueusement à ses lèvres.

Amaury était demeuré sur le seuil.

— Oui, répéta madame de Montpensier, j'ai besoin de vous, mon cher Leo.

— Je suis aux ordres de Votre Altesse.

— Et Leo jeta à Amaury un regard défiant, qu'il reporta ensuite sur la duchesse et qui voulait dire :

— Est-ce que ce page de malheur va assister à notre entretien ?

Mais la duchesse répondit :

— Amaury n'est point de trop entre nous au contraire...

Leo fronça le sourcil.

— Mon cher Leo, dit la duchesse, je gage que vouas devinez pourquoi je vous ai mandé ?

— Mais... je ne... crois pas... balbutia le sire d'Arnembourg.

— N'êtes-vous pas devenu le geôlier en chef de mess prisons ? car, dit-elle en souriant, ma petite maison est désormais un château fort...

— Provisoirement, du moins, fit Leo.

— Et il paraît, ajouta la duchesse, que vous vous acquittez de votre rôle en conscience, ami Leo.

— Je fais mon devoir, madame.

— Ainsi, m'a dit Amaury, vous avez mis deux reîtres à la porte du cachot.

— Oui, madame.

— Et vous comptez passer la nuit dans l'escalier du ccaveau ?

Leo s'inclina.

— Enfin, paraît-il, vous avez fait un vœu.

Leo tressaillit.

— Vous vous êtes juré de ne vous désarmer qu'apress l'exécution de l'un des prisonniers confiés à vos garddes.

— C'est vrai ! dit froidement le jeune homme.

Laa duchesse laissa bruire entre ses lèvres un petit rire moqueur :

— O jeunesse imprudente ! fit-elle.

A ces mots, Leo la regarda avec une sorte de stupeurr.

— Et voilà, continua-t-elle, comment on fait de sermments qu'on ne pourra tenir.

Leo devint livide.

— Oh ! dit-il, que Votre Altesse se rassure.

— Comment cela ?

— Je tiendrai mon serment.

— Bah !

— Je le jure à Votre Altesse.

Le rire railleur de la duchesse se fit entendre de nouveau.

— Voyez ! dit-elle, et moi qui suis prête à vous jurer le contraire.

Leo recula d'un pas.

— L'un des prisonniers ne sera point exécuté, dit la duchesse.

— Oh ! dit Leo dont la voix devint rauque et dont l'œil eut un éclair de haine, la reine-mère ne pardonne pas, madame.

— Je le sais.

— Et pour que cet homme pût échapper au sort qui l'attend...

— Eh bien ?

— Il faudrait qu'il s'évadât.

— Qui sait ? il s'évadera peut-être...

Un cruel sourire vint aux lèvres de Leo :

— Oh ! non, dit-il, je suis là.

— Eh bien ! fit la duchesse avec un superbe sang-froid, moi qui avais compté sur vous...

— Sur moi !

— Pour m'aider à sauver ce malheureux, acheva froidement madame de Montpensier.

Leo d'Arnembourg jeta un cri et sentit ses cheveux se hérisser, tandis que ses tempes se mouillaient d'une sueur glacée.

La duchesse de Montpensier n'avait rien perdu de

son flegme apparent et le sourire n'avait pas fui ses lèvres.

Quant au sire d'Arnembourg, il était pétrifié.

Un silence de quelques secondes régna entre lui et la duchesse.

Puis celle-ci reprit :

— Oui, mon cher Leo, je me suis mis deux choses en tête : la première, de sauver ce jeune homme de l'échafaud, et la seconde de me faire aider par vous.

Un ricanement féroce déchira la gorge de Leo d'Arnembourg.

— Ah! dit-il, Votre Altesse sait railler quand la fantaisie lui en vient.

— Je ne raille pas.

— Oh! c'est impossible!...

— Mais non, mon cher Leo, c'est très-possible, au contraire.

— Ah! madame.

— Très-possible, puisque... je le veux!

La duchesse prononça ces derniers mots froidement.

— Mais enfin, madame, dit Leo, cet homme est coupable...

— Soit!

— Il a commis un crime de lèse-majesté...

— D'accord.

— Et ni le roi, ni la reine-mère, ni le duc votre frère, ne consentiront jamais à le laisser s'échapper.

— Je le sais.

— Alors Votre Altesse voit bien que c'est folie...

— Pardon! mon ami. Ce serait folie de s'adresser au roi, à la reine-mère ou au duc...

— Vous voyez bien...

— Mais puisque j'ai compté sur vous.

— Sur moi! sur moi!... répéta Leo qui frémiss de vertige.

— Oui, dit la jeune femme, car... vous ai-mez!...

Leo jeta un cri et tomba à genoux.

— Vous voyez bien, dit la duchesse triomphante, que j'avais raison.

Et elle enveloppa le jeune homme de son sourire le plus fascinateur.

— Mon Dieu! mon Dieu! murmura le sire Arnembourg.

Mais Anne de Lorraine, duchesse de Montpensier, répéta :

— Je le veux!

Leo cacha sa tête dans ses mains.

— Mais, madame, dit-il, je vais trahir mon devoir!

— De quel devoir parlez-vous, Leo?

— Ne suis-je point au duc?

— Ah! pardon! vous manquez de mémoire.

— Que dites-vous?

Et il regarda la duchesse avec une avidité pleine de stupeur.

— Comment êtes-vous entré au service du duc mon frère, Leo? Est-ce pour l'amour de lui ou pour l'amour de moi?

Leo baissa les yeux.

— Votre Altesse a raison, balbutia-t-il.

— Donc, si vous êtes au duc, c'est que je l'ai voulu.

— C'est vrai, madame.

— Et maintenant il ne me plaît plus que vous soyez au duc.

— Madame!...

— Je veux que vous soyez à moi, à moi seule!

— Je suis prêt à mourir pour Votre Altesse, madame.

— Mourir? c'est inutile. Il suffit que vous m'obéissiez.

De nouveau, Leo d'Arnembourg courba le front.

— Mais enfin, madame, dit-il, Votre Altesse s'intéresse donc bien à l'un de ces deux hommes?

— Oui.

— Et... lequel est-ce?

— Celui qui a motivé votre vœu, messire d'Arnembourg.

Leo fit un nouveau mouvement de surprise dont la duchesse ne tint aucun compte

— Pourquoi vous intéresser à lui, madame?

— Pourquoi le haïr? répondit-elle.

Ces derniers mots exaspérèrent Leo.

— Eh bien! s'écria-t-il, savez-vous pourquoi je le hais?

— Parlez.

— Pourquoi je suis avide de voir jaillir son sang, pourquoi je donnerais ma propre vie pour voir briser la sienne?

— Je vous le demande.

Et la duchesse se reprit à sourire avec cette enivrante méchanceté qui la caractérisait.

— Eh bien! je le hais... parce que...

Leo hésita encore.

— Voyons? parlerez-vous?... fit la duchesse.

— Je le hais parce qu'il vous aime, acheva Leo.

Le jeune homme était livide de rage, il roulait des yeux sanglants et tout son corps était parcouru de frissons fébriles.

Mais son exaltation, sa colère et sa haine vinrent se briser contre le calme et le sang-froid de madame de Montpensier.

— Voyons! mon ami, dit-elle, pourquoi ne point me faire un aveu sur-le-champ?

— Un aveu!

— Oui, vous êtes jaloux...

Le mot tomba sur la tête du sire d'Arnembourg comme un coup de foudre.

— Oui, répéta la duchesse, vous êtes jaloux, parce que vous et vos amis vous croyez que j'aime Lahire.

— Oh! nous en avons douté un moment, madame, fit-il avec amertume.

— Et... maintenant?

Il grimaça un affreux sourire.

— A présent, dit-il, je ne doute plus. Vous l'aimez!

La duchesse haussa les épaules.

— Vous ne comprenez rien à la politique, dit-elle.

Puis comme il hésitait encore :

— Eh bien! soit! dit-elle, c'est parce que je l'aime que je veux le sauver!...

Leo porta, avec un geste de fureur, la main à la garde de son épée.

— Ah! c'en est trop, dit-il, je le tuerai de ma main.

Mais la duchesse attacha sur lui un regard dominateur, sous la flamme duquel il se sentit vaincu :

— Vous m'obéirez! dit-elle.

Et alors elle se leva et se tournant vers le page :

— Amaury, tu vas seller ton cheval.

Le page s'inclina.

— Vous, dit la duchesse à Leo, vous allez prendre ce flambeau.

Leo obéit.

— Bien! ouvrez cette porte et éclairez-moi.

XVII

Leo, tout chancelant, mais dominé, vaincu par la volonté de fer de cette créature délicate et blonde qu'on nommait la duchesse de Montpensier, Leo, disons-nous, se mit à précéder la duchesse jusqu'à l'entrée de cet escalier souterrain qui conduisait au caveau où Lahire et Noë étaient enfermés.

Là, il s'arrêta et regarda la duchesse d'un œil interrogateur.

Madame de Montpensier s'effaça dans l'ombre et dit :

— Allez relever de leur faction les deux reîtres, renvoyez-les et mettez-vous à leur place.

Et comme il hésitait encore :

— Mais allez donc! dit-elle, ou je croirai que vous ne m'aimez pas!

Ces mots fouettèrent le sang du sire d'Arnembourg.

Il s'élança dans l'escalier, et la duchesse, qui était demeurée dans le corridor supérieur, l'entendit congédier ses deux reîtres.

Ceux-ci remontèrent, passèrent près de la duchesse sans la voir et gagnèrent l'écurie, où ils allèrent se coucher sur des bottes de fourrage.

Alors madame de Montpensier descendit et trouva Leo morne et la sueur au front, se promenant, un mousquet sur l'épaule, dans le corridor souterrain.

Elle lui sourit de cet enivrant sourire qui tournait toutes les têtes.

— Allons! dit-elle, vous êtes raisonnable, je m'en souviendrai.

Le cœur de Leo battait à outrance.

Qu'allait-elle donc lui ordonner encore?

La duchesse reprit le flambeau.

— Maintenant, dit-elle, ouvrez-moi la porte du cachot.

Leo prit en soupirant la clef du caveau à sa ceinture.

La duchesse poursuivit :

— Je vais entrer seule dans le cachot.

— Ah!

Et toutes les fureurs de la jalousie étreignirent le cœur de Leo.

— Vous refermerez la porte sur moi...

Leo s'inclina, muet de rage.

— Et vous vous éloignerez de quelques pas, car il est inutile que vous entendiez un mot de ma conversation avec les prisonniers.

— J'obéirai, murmura Léo.

— Quand je frapperai, vous me rouvrirez, ajouta la duchesse.

— Oui, madame.

— Et alors...

A son tour elle hésita et leva sur le sire d'Arnembourg un regard rempli de défiance.

Mais Leo avait l'attitude humble de l'homme vaincu.

— Alors ? interrogea-t-il.

— Jurez-moi que vous ferez ce que je vous demanderai.

Il cacha une fois encore sa tête dans ses mains, et une lutte violente se passa en lui.

— Jurez! répéta-t-elle avec une énergie sauvage.

— Je le jure! dit-il.

— C'est bien. Ouvrez.

Leo ouvrit la porte du cachot, et la duchesse, s'arrêtant un moment sur le seuil, vit Lahire et Noë qui dormaient côte à côte, aussi paisiblement que s'ils eussent été couchés dans leur lit.

. . . .

Lahire venait d'être brusquement éveillé par le bruit de la porte qui s'ouvrait et la vive clarté d'un flambeau tombant d'aplomb sur son visage.

Lahire reconnut la duchesse et étouffa un cri.

Mais déjà la porte s'était refermée et madame de Montpensier se trouvait dans le cachot.

La duchesse appuya un moment son oreille contre cette porte pour écouter.

Elle entendit les pas de Leo qui, fidèle à son serment, s'éloignait.

Alors elle plaça un doigt sur ses lèvres, et regardant Lahire qui, après avoir un moment ouvert les yeux, les avait refermés, se croyant sans doute le jouet d'un rêve :

— Je viens vous sauver, lui dit-elle.

Lahire se dressa tout d'une pièce; il lui prit la main qu'il baisa avec transport :

— Ah! madame, murmura-t-il, vous êtes un ange.

— Chut!

— Vous craignez donc qu'on ne nous entende?

Elle montra Noë d'un geste.

— Oh! lui dit Lahire, il sera bientôt prêt à partir. Mais avant de l'éveiller, laissez-moi vous dire, madame, combien...

Elle l'interrompit d'un geste hautain...

— Ah! pardon, lui dit-elle, je ne viens pas précisément ici pour vous voir de nouveau à mes genoux.

Lahire se souvint de sa bizarre conduite et se mordit les lèvres.

— Je viens vous rendre la liberté.

— Madame...

— Mais je ne puis sauver votre ami.

— Ah!

Et Lahire regarda la duchesse avec un œil étrange.

— Car, poursuivit-elle, pour que vous puissiez sortir d'ici, il faut que je mette un homme à votre place.

Lahire garda le silence.

— Et je n'ai qu'un homme à ma disposition. Donc suivez-moi... et pas de bruit.

Mais Lahire se laissa retomber de toute sa hauteur sur le sol du caveau.

— Madame, dit-il, ce ne peut-être que pour m'éprouver que Votre Altesse est venue me faire une semblable proposition.

— Que voulez-vous dire? fit-elle étonnée.

— L'homme qui dort là, à côté de moi, poursuivit Lahire, est mon ami.

— Soit!

— Et vous pensez, madame, que j'aurais la lâcheté de l'abandonner?

— Mais, malheureux, fit la duchesse, avez-vous songé au sort qui vous attend?

— Oui, madame.

— C'est la mort.

— Je le sais.

— Et pensez-vous que votre ami, s'il s'éveillait, accepterait un semblable sacrifice?

— Non, madame, dit une voix.

C'était Noë qui venait de se lever et saluait la duchesse.

Noë avait tout entendu.

Il posa sa main sur l'épaule de Lahire qui s'était redressé pareillement, et il lui dit :

— Fuis donc, ami, puisque madame peut te sauver.

— Moi fuir! dit Lahire.

— Penses-tu donc que tu m'arracheras à la mort en restant ici.

— Non, mais je mourrai avec toi.

La duchesse, pâle et frémissante, assistait à cette lutte de générosité, et se demandait si ce n'était pas en vain qu'elle avait torturé le cœur du sire d'Arnembourg.

— Mais pars donc, ami! répéta Noë, pars! je t'en supplie.

— Je reste, répondit Lahire, du moment où madame ne peut nous sauver tous deux.

— Hélas ! non, dit-elle.

Tout à coup Lahire se frappa le front :

— Tiens ! dit-il, une idée.

— Voyons !

Lahire regarda la duchesse et lui dit :

— Voulez-vous me permettre, madame, de dire deux mots à mon ami ?

— Faites, répondit madame de Montpensier d'un signe de tête.

Lahire regarda Noë.

— Tout le monde sait, lui dit-il en langue béarnaise, que tu es l'ami de notre roi.

— Parbleu ! dit Noë.

— Il a fui, et nous nierons qu'il fût parmi nous ; mais ta présence l'accusera malgré tout !

Suppose que la duchesse te sauve à ma place.

Noë tressaillit.

— Qui donc, toi disparu, pourra affirmer au roi de France que le meilleur ami du roi de Navarre était au nombre des ravisseurs de la reine-mère ? personne.

— Tu perds la tête, ami.

— Comment cela ?

— La reine-mère, René, le duc, la duchesse, ne seront-ils pas là pour jurer que le prisonnier qui s'est évadé se nommait bien Amaury de Noë.

— Oui, mais moi, je nierai ; je traiterai tous ces gens-là de calomniateurs, et je prouverai qu'ils ont formé le complot de perdre le roi de Navarre.

Madame de Montpensier, toujours anxieuse, assistait à cette conversation pleine de mystère pour elle, et qu'en vain elle cherchait à comprendre.

Lahire reprit :

— Donc, puisque madame de Montpensier peut sauver l'un de nous, il vaut mieux que ce soit toi.

— Ami, répondit Noë, tu as le langage doré, la parole persuasive et, certes, tout autre peut-être s'y laisserait prendre, mais moi...

— Eh bien ! tirons au sort !

Noë le regarda.

— La Providence décidera, acheva Lahire, si je dois fuir ou si tu dois prendre ma place.

— Soit ! dit Noë.

Alors Lahire dit à la duchesse :

— Madame, êtes-vous toujours décidée à me sauver?

Elle lui jeta un regard plein d'amour et de reproche :

— Ingrat ! dit-elle.

— Et si je vous suppliais de sauver mon ami ?

— Vous savez que cela ne se peut...

— Mais... de... le... sauver... à ma place !

La duchesse étouffa un cri.

— Car, dit Lahire, comme je ne voulais pas fuir sans lui, nous venons de trancher la difficulté.

— Que voulez-vous dire ?

— Le sort décidera entre nous.

Madame de Montpensier recula d'un pas et regarda Lahire d'un air effaré. Mais celui-ci répéta froidement :

— Oui, madame, c'est au destin que nous nous en remettons.

Il fouilla dans sa poche et en retira une pistole.

— Madame, dit-il, je vous jure que si le sort me favorise, je fuirai ; mais vous allez me jurer aussi que s'il désigne mon ami, vous le sauverez comme vous m'eussiez sauvé moi-même.

La duchesse hésitait.

— Alors, dit froidement Lahire, n'en parlons plus, madame, il n'y a rien de fait.

Et il remit tranquillement la pistole dans sa poche, ajoutant :

— Après tout, j'aime autant cela.

Mais alors, se cramponnant à l'espoir que le hasard serait pour Lahire, et comprenant bien que l'entêté Gascon, si elle refusait de souscrire à l'engagement qu'il lui proposait, ne voudrait pas abandonner son ami, la duchesse de Montpensier lui dit :

— Eh bien ! soit, monsieur ; je sauverai celui que le sort aura désigné.

— A la bonne heure ! fit Lahire.

Et il reprit la pistole et dit à Noé :

— Croix ou face. Si tu devines, tu partiras. Le jures-tu ?

— Oui, répondit Noé.

Noé et la duchesse avaient chacun le secret espoir que Lahire serait l'élu du hasard.

Lahire jeta la pistole en l'air.

— Face ! dit Noé.

La duchesse, qui tenait toujours son flambeau à la main, se pencha frémissante vers le sol sur lequel brillait la pistole.

Et soudain elle jeta un cri terrible et s'affaissa comme si elle eût été frappée de la foudre.

C'était Noé qui avait gagné, — Noé qui devait fuir...

Lahire s'élança vers madame de Montpensier, la prit dans ses bras :

— Madame, murmura-t-il, du courage !...

Madame de Montpensier venait de trahir tout son amour.

— Allons ! pensa Noë dont la consternation fit place alors à un secret espoir, elle l'aime trop pour ne point le sauver sur les marches mêmes de l'échafaud.

XVIII

Que se passa-t-il dans le caveau entre madame de Montpensier défaillante, Noë et Lahire ?

La duchesse se redressa au contact des bras du jeune homme comme si ces bras l'eussent électrisée.

Puis elle le regarda, effarée, terrible :

— Oh ! non, non, dit-elle, non ! c'est impossible !...

— Madame, vous avez fait un serment, dit Lahire.

— C'est vrai, mais je vous sauverai malgré vous !

— Oh ! dit le Gascon en souriant, pourvu que vous sauviez d'abord mon ami, c'est tout ce que je vous demande.

Noë, immobile et silencieux, regardait tour à tour Lahire et madame de Montpensier.

Cette dernière, l'œil morne, les bras pendants, semblait être frappée de prostration.

Madame, répéta Lahire, vous m'avez juré.

Elle se redressa hautaine, calme, un dédaigneux sourire aux lèvres :

— Eh bien ! dit-elle, je tiendrai parole.

Puis elle retourna vers la porte du caveau et frappa.

Leo vint ouvrir.

Le jeune homme était pâle et triste, et son regard se croisa avec celui de Lahire comme une lame d'épée avec une autre.

Mais déjà la duchesse avait repris sur lui son ascendant fascinateur.

— Mon cher Leo, lui dit-elle, vous avez le casque en tête, la cuirasse au dos et les genouillières d'acier.

— C'est vrai, madame.

— Vous êtes prêt à monter à cheval, par conséquent.

— Votre Altesse peut ordonner... je suis prêt.

Leo parlait d'une voix sourde et pour ainsi dire caverneuse, tant la haine et la jalousie l'étouffaient.

— Attendez, fit la duchesse, et écoutez-moi.

Leo regarda madame de Montpensier d'un œil interrogateur.

— Vous êtes un homme de précaution, Leo, mon ami, poursuivit la jeune femme, et vous aviez si grand'peur que vos prisonniers ne pussent échapper que vous avez multiplié les sentinelles.

— Madame...

— Voyons, comptons-les.

— Mais... je ne sais pourquoi...

— Deux reîtres dans le couloir, vous en haut de l'escalier, Gaston de Lux à la porte de la maison, l'officier de reîtres et le comte dans le jardin. N'est-ce point cela?

— En effet, madame.

— Si bien, reprit la duchesse, que tout ce que j'ai fait pour délivrer l'un de vos prisonniers est inutile.

— Cependant...

— Car vous, Leo, vous allez le laisser passer; mais après?

Leo baissait la tête.

— Gaston est à la porte, le comte et l'officier des reîtres sont dans le jardin. Comment le prisonnier sortira-t-il?

— Mais, madame...

— A première vue, poursuivit la duchesse, la chose est impossible, n'est-ce pas?

— J'avoue...

— Eh bien! j'ai trouvé un moyen, moi!...

— Ah!

Et Leo attacha un œil égaré sur madame de Montpensier.

— Un moyen à peu près certain d'éviter le péril.

— J'écoute, madame.

— Ce n'est pas cela, mon cher Leo. Otez votre casque.

— Mais...

La duchesse eut un geste d'impatience.

— Souvenez-vous, lui dit-elle, que vous m'avez fait, tout à l'heure, le serment de m'obéir.

Leo étouffa un soupir et ôta son casque.

— Bien! dit la duchesse, passons à la cuirasse, puis aux genouillères.

Leo se dépouilla tour à tour de ses cuissards et de sa cuirasse.

— Maintenant, continua la duchesse en se tournant vers Noë, veuillez, monsieur, endosser la cuirasse et coiffer le casque de sire d'Arnembourg.

— Comment! fit Leo stupéfait, c'est monsieur?...

Et il regardait tour à tour Noë et Lahire.

— Oui, c'est monsieur, dit la duchesse tristement.

— C'est monsieur que Votre Altesse veut sauver ?

— Oui.

Le visage crispé de Leo d'Arnembourg se dérida.

— Mais pourtant, dit-il, ce n'est pas lui... qui...

La duchesse le foudroya d'un regard.

— Et qui donc vous a permis, dit-elle, de pénétrer mes volontés et d'en chercher le secret ?

Mais Leo était devenu subitement ivre de joie.

— Ainsi, dit-il, c'est M. de Noë qui va fuir ?...

— C'est lui.

— Et M. Lahire restera ?

— Oui. Et, acheva la duchesse, vous lui tiendrez compagnie jusqu'à demain au matin...

Le cœur de Leo d'Arnembourg se prit à battre avec violence.

— Oh ! très-volontiers, dit-il.

Cependant Noë avait revêtu la cuirasse et les genouillières de Leo.

Ensuite, il avait mis son casque, et, sur l'ordre de la duchesse, il en baissa la visière.

— On jurerait, dit alors madame de Montpensier, que vous êtes le sire d'Arnembourg en personne.

Puis elle dit encore à Leo :

— Maintenant, mon cher Leo, remettez votre épée à monsieur.

— Oh ! de grand cœur !

Et Leo, qui n'avait aucune raison de haïr Noë, lui tendit son épée avec une grâce parfaite.

— Vous allez, acheva la duchesse, tenir compagnie à M. Lahire jusqu'à demain matin. C'est un charmant compagnon, M. Lahire.

— Je connais monsieur, fit Leo avec dédain.

— Ce qui n'est pas pour vous un mince honneur, ajouta Lahire, dont le naturel gascon reprit le dessus.

La duchesse se pencha alors à l'oreille de Leo :

— Souvenez-vous, dit-elle, que vous avez juré de m'obéir.

— J'obéirai, madame.

— Demain on viendra ici et on sera fort étonné de vous trouver prisonnier.

— Eh bien ?

— Vous répondrez qu'étant entré dans le caveau pour savoir si vos captifs n'avaient besoin de rien, ils se sont précipités sur vous, vous ont désarmé, bâillonné et réduit à l'impuissance; qu'alors, ils ont tiré au sort pour savoir lequel des deux prendrait votre place, et que M. de Noë a été le gagnant.

— Soit ! fit Leo avec indifférence.

Et il s'assit tranquillement sur la paille du caveau, tout en murmurant à part lui :

— Voilà, ma parole d'honneur, qui devient tout à fait incompréhensible. J'aurais mis ma tête sur le billot qu'à sauver l'un des deux, la duchesse aurait sauvé Lahire.

Quand la métamorphose de Noë fut opérée, la duchesse jeta un tendre et mélancolique regard sur Lahire.

Puis elle dit à Noë :

— Venez, monsieur.

Et ils sortirent tous deux, emportant le flambeau

et laissant Lahire et Leo plongés dans l'obscurité.

La duchesse avait elle-même refermé la porte du caveau; elle avait laissé la clef dans la serrure.

Elle éteignit son flambeau avant d'atteindre le haut de l'escalier, puis elle dit à Noë :

— Attendez là un moment.

Elle remonta seule le corridor sur la pointe du pied, arriva jusqu'à la porte derrière laquelle veillait Gaston de Lux, et comme cette porte était entrebâillée, elle regarda au travers.

Il faisait clair de lune, et à la lueur de l'astre nocturne, la duchesse vit le page Amaury qui tenait en main le cheval de Leo.

— Que fais-tu donc drôle! lui avait dit Gaston de Lux en le voyant sortir des écuries le cheval en main.

— On m'a ordonné de seller le cheval du sire d'Arnembourg; je l'ai sellé, dit le page.

— Et où diable va-t-il ?

— Qui, le cheval?

— Le cheval et le cavalier, parbleu !

— Je ne sais, répondit naïvement le page. A Paris peut-être...

— Ah! fit Gaston de Lux, qui continua à se promener de long en large devant la porte.

La duchesse avait vu le cheval et entendu quelques mots échangés entre Amaury et Gaston de Lux.

Elle s'en retourna jusqu'à l'escalier et appela à mi-voix :

— Monsieur de Noë ?

Noë monta. Alors la duchesse le prit par la main, le conduisit vers la porte et lui dit :

— Sortez hardiment, et montez à cheval ! Adieu...

— Madame, murmura Noë qui porta la main de la duchesse à ses lèvres, je n'accepte ma liberté que parce que j'ai foi en vous... et que j'ai la conviction que vous le sauverez, *lui !*

— Comptez sur moi, dit-elle. Adieu...

Elle se dégagea et s'éloigna légère comme une ombre.

Quant à Noë, suivant le conseil de la duchesse, il ouvrit brusquement la porte et sortit, la visière baissée, le poing sur la hanche.

— Voici messire d'Arnembourg, dit le page, qui peut-être avait deviné la vérité.

— Où vas-tu donc ? lui cria Gaston.

Mais Noë, qui se souciait peu d'être reconnu à la voix, fit un geste qui signifiait :

— C'est un secret !

Puis il sauta en selle et enfonça l'éperon aux flancs de son cheval qui partit au grand galop.

— Bon ! pensa le page, voilà M. Lahire sauvé !...

. . . .

Noë galopa sans s'arrêter jusqu'aux portes de Paris.

Mais là, il jugea prudent de tenir conseil avec lui-même et se dit :

— Voyons ! où irai-je ?

Cette question, si simple en apparence, était fort difficile à résoudre, par le motif que le Louvre lui était fermé désormais.

Aller au Louvre, non-seulement c'était se jeter dans la gueule du loup, mais c'était compromettre sans ressources le roi de Navarre, à supposer que ce dernier eût le temps d'y rentrer.

— Décidément, se dit Noë, ce que j'ai de mieux à faire est de suivre les remparts et de rentrer dans Paris par la porte Saint-Jacques.

Notre héros avait trop vécu à la campagne, et surtout dans le Midi, pour ne point déchiffrer l'heure exacte aux étoiles. La lune venait d'ailleurs de disparaître.

Noë calcula qu'il pouvait être un peu plus de deux heures du matin et que le jour ne tarderait pas à venir.

En effet, comme, après un assez long détour, il atteignait la porte Saint-Jacques, un rayon blanchâtre teignit l'horizon et les étoiles commencèrent à pâlir.

Cette clarté était trop incertaine cependant pour permettre à Noë de distinguer les traits et la tournure d'un homme à pied qui, après avoir soulevé le heurtoir de la porte Saint-Jacques, parlementait avec la sentinelle à travers le guichet.

Noë, en homme prudent, se tint à distance, mais il écouta.

La sentinelle disait :

— On ne laisse point pénétrer la nuit dans Paris les manants, les bourgeois et autres gens de peu de qualité.

— Par la mordieu! maraud! répondit le piéton avec hauteur, est-ce parce que je suis à pied que tu te refuses à me reconnaître pour un gentilhomme?

Noë reconnut cette voix et accourut :

— Hector, dit-il.

Hector se retourna et regarda cet homme dont la visière était baissée : — Vous me connaissez ? dit-il.

Mais Noë, sans lui répondre, frappa sur la porte au pommeau de son épée.

— Ouvrez donc ! dit-il. Ouvrez ! je suis gentilhomme.

Noë était à cheval et il avait l'épée au poing.

C'en était assez pour décider la sentinelle à ouvrir.

— Et, ajouta Noë, laissez passer ce gentilhomme qui est mon ami.

Hector avait reconnu Noë à la voix, et lorsqu'ils eurent fait trente pas dans la rue Saint-Jacques, ils se tendirent spontanément la main.

— Où est-*il ?* demanda Noë.

— Il est sauvé, répondit Hector. Il a dû entrer dans Paris voici deux heures au moins. Mon cheval s'est abattu sous moi, j'ai continué mon chemin à pied ; mais, toi, tu as donc pu leur échapper ?

— Oui, mais chut ! je te conterai tout cela quand nous serons en lieu sûr et bien clos.

— Et Lahire ? demanda Hector.

— Il est prisonnier, mais on le sauvera.

— Qui ?

Noë se pencha sur la selle et murmura un nom à l'oreille d'Hector.

— Ah ! je comprends, fit le jeune homme. L'amour d'une femme comme celle-là renverse les murs de prison les plus épais.

Les deux jeunes gens descendirent la rue Saint-Jacques et s'arrêtèrent un moment à la porte du cabaretier Lestacade qui, on s'en souvient, avait pour enseigne : *Au Cheval rouan*.

19.

L'intention première de Noë avait été de descendre en cette hôtellerie.

Mais Hector, après avoir examiné les fenêtres et constaté qu'aucune lumière ne brillait à l'intérieur, fit cette réflexion judicieuse :

— Demain on te cherchera dans tout Paris, et le premier logis où viendront frapper les gens du roi sera celui-ci.

— C'est juste, dit Noë.

— Or, poursuivit Hector, je serais bien plutôt d'avis d'aller à l'hôtellerie de la *Cloche fêlée* ..

— Qu'est-ce que cela ?

— Une auberge qui se trouve rue Saint-Sauveur.

— En face le logis de La Chesnaye, l'homme du duc de Guise.

— Justement.

— Voilà une singulière idée ! murmura Noë surpris.

— C'est possible, mais elle est bonne.

- Pourquoi ?

— Je te l'expliquerai en route. Mais d'abord, prends-moi en croupe, car je suis harassé de fatigue.

Et Hector sauta sur le coussinet de la selle et s'y établit.

Noë et Hector traversèrent la Seine au pont Saint-Michel, longèrent la rue de la Barillerie et gagnèrent la place du Châtelet par le Pont-au-Change.

— Veux-tu savoir pourquoi je préfère loger à la *Cloche fêlée* plutôt qu'ailleurs ? dit Hector.

— Oui, voyons ?

— C'est une hôtellerie où ne gîtent que des gentilshommes lorrains.

— Tu crois?

— Et si demain les archers du roi sont à nos trousses, ce n'est pas là qu'ils nous chercheront.

— Tu as raison, dit Noë. Allons!

Comme ils arrivaient à l'entrée de la rue Saint-Sauveur, ils virent un homme à pied qui paraissait marcher avec peine.

Mais ils ne s'en inquiétèrent point et passèrent près de lui sans lui accorder la moindre attention.

Tandis que Hector, qui avait sauté lestement à terre, heurtait à la porte de l'hôtellerie qui portait pour enseigne : *A la Cloche fêlée*, Noë leva les yeux sur la maison située vis-à-vis et qui était celle de maître la Chesnaye.

— Oh! oh! dit-il, elle est bien silencieuse, ce me semble. Ce n'est certes pas cette nuit qu'on y conspire contre le roi de France et les huguenots.

Hector avait frappé fort, mais on tardait à ouvrir.

Enfin, un valet d'écurie entrebâilla une fenêtre au premier étage et demanda :

— Qui êtes-vous et que voulez-vous?

— Des gentilshommes lorrains, répondit Noë, qui accompagna cette phrase d'un juron allemand.

— Attendez, je vais vous ouvrir, cria le valet qui referma la croisée.

Ce temps écoulé avait permis à l'homme qui marchait avec peine de rejoindre Noë et Hector.

Noë, on le sait, était revêtu de l'armure de Leo d'Arnembourg, de plus il était monté sur le cheval gris de fer de ce gentilhomme.

Le piéton qui, sans doute, connaissait Leo, aborda donc Noë et lui dit :

— Ah! monsieur d'Arnembourg, je crois bien que je reviens de l'autre monde.

Noë, étonné, se retourna, et, comme le jour était venu, il reconnut dans cet homme qui marchait si péniblement un personnage dont la vue eût plongé dans la stupéfaction M. de Pibrac et le roi de Navarre.

Ce personnage n'était autre que maître La Chesnaye, en chair et en os, maître La Chesnaye qui s'était précipité volontairement au fond de l'oubliette qui avait son orifice dans le cachot du Prie-Dieu.

XIX

Maître La Chesnaye n'était donc pas mort.

Noë et Hector, qui ne savaient absolument rien de ce qui s'était passé au Louvre, ne pouvaient, en bonne conscience, s'étonner de le trouver debout.

Noë, qui avait vu le bonhomme une fois ou deux à peine, avait cependant gardé fidèle mémoire de sa physionomie, et en le trouvant au petit jour meurtri, contusionné, les mains ensanglantées et les vêtements en désordre à la porte de son propre logis, il flaira quelque mystérieuse et nouvelle aventure.

La Chesnaye le prenait pour Leo d'Arnembourg ; c'était le cas ou jamais de profiter de la méprise.

Noë, lorsqu'il était en Navarre, s'était souvent amusé à imiter la voix de telle ou telle personne, notamment celle d'un certain conseiller au parlement de Pau, lequel, en dépit de ses fonctions, était d'origine allemande et avait conservé l'accent des bords du Rhin.

Or, cette facilité qu'avait Noë d'imiter l'accent allemand le servit merveilleusement en cette circonstance :

— Comment! cher monsieur La Chesnaye, dit-il, vous ne savez pas si vous êtes mort ou vivant?

— Non, monsieur Leo.

— Comment cela?

Noë avait remarqué, durant le trajet qu'il avait fait comme prisonnier, en compagnie du sire d'Arnembourg, une certaine façon qu'avait celui-ci de se tourner à demi sur sa selle, et il l'imita si bien que La Chesnaye ne douta pas un seul moment qu'il n'eût affaire à Leo.

— Hélas! dit-il, j'ai vu le fond de l'enfer, messire.

Noë le regarda au travers de sa visière :

— En vérité! dit il ; êtes-vous bien dans votre bon sens, monsieur La Chesnaye?

— Voyez mes habits déchirés et mes mains en sang!...

— Mais, en effet; auriez-vous fait une chute?

Comme Noë parlait ainsi, la porte de l'hôtellerie s'ouvrit.

Hector entra le premier, tandis que Noë disait à La Chesnaye :

— Mais contez-moi donc cela, maître.

La Chesnaye jeta sur Hector un regard défiant.

— N'ayez crainte, dit Noë, c'est un homme dont je réponds.

La Chesnaye regarda sa maison dont toutes les croisées étaient closes :

— Si nous entrions chez moi, dit-il, je pourrais vous confier de terribles choses, messire d'Arnembourg.

— Eh bien ! entrons.

Noë appela Hector, et mettant pied à terre, il lui confia son cheval en disant :

— Je vais avec maître La Chesnaye. Je te rejoindrai bientôt.

Le nom de La Chesnaye avait suffi pour rendre Hector muet.

Il craignait de trahir, en parlant, son origine méridionale.

Noë était peut-être un peu moins grand que le sire d'Arnembourg ; mais l'état d'agitation dans lequel se trouvait maître La Chesnaye l'empêcha de s'en apercevoir.

Celui-ci s'était mis à heurter à sa porte et à faire grand tapage. Mais nul ne bougeait dans la maison.

— Holà, Gertrude ! holà, Patureau ! criait le faux drapier.

Gertrude et Patureau ne répondaient pas...

Gertrude s'était cachée dans la petite maison de la rue des Remparts.

Quant à Patureau, il avait fui après sa trahison.

— Juste ciel ! murmura La Chesnaye, vous verrez qu'ils auront pareillement arrêté mon commis et ma servante.

— Qui donc cela, monsieur La Chesnaye ?

— Hé ! les gens du roi.

— Ah ! les gens du roi sont venus chez vous ?

— Ils m'ont arrêté hier matin.

— En vérité !

— Oui, messire.
— Et où vous ont-ils conduit!
— Au Louvre.
— Vous avez vu le roi?
— Comme je vous vois.
— Oh! oh! pensa Noë, jouons serré, nous allons savoir bien des choses.

Mais La Chesnaye posa un doigt sur ses lèvres :
— Chut! dit-il, parlons bas...

Et comme il renonçait à se faire ouvrir, il s'assit dans l'embrasure de sa porte et Noë s'assit auprès de lui.

— Oui, reprit La Chesnaye, ils m'ont arrêté hier matin. C'est le capitaine des gardes, un Gascon.
— M. de Pibrac?
— Précisément.
— Et il vous a conduit au Louvre devant le roi?
— Comme j'ai eu l'honneur de vous le dire.
— Mais que voulait le roi?
— Mes papiers.

Et La Chesnaye cligna de l'œil.
— Vous comprenez? fit-il.
— Parfaitement.
— Moi, j'ai nié posséder aucun papier, avoir aucun rapport avec le duc de Guise, et j'ai levé les mains au ciel, attestant que j'étais un honnête drapier.

— C'est fort bien, monsieur La Chesnaye. Vous êtes un homme d'esprit.

— Alors, poursuivit La Chesnaye, ils m'ont enfermé dans un cachot du Louvre qu'on appelle la Prie-Dieu.

— J'en ai ouï parler.

— Et j'y suis demeuré tout le jour et une partie de la nuit sans qu'on songeât à m'y apporter à manger.

— Mais c'est une barbarie!

— Oh! attendez... vous allez voir.

— J'écoute.

— Vers une heure du matin, on a rouvert la porte de mon cachot.

— Ah!

— Et deux hommes sont entrés.

— M. de Pibrac, sans doute, et le roi avec lui?...

— Oh! non, pas le roi de France.

Noë tressaillit.

— Qui donc, alors?

— Le roi de Navarre

— Le roi de Navarre.

— Lui-même, messire d'Arnembourg.

— Mais que pouvait-il vous vouloir, le roi de Navarre?

— Le Gascon et lui ont trouvé mes papiers.

— Oh! oh!

— Et parmi eux une pièce écrite en chiffres dont ils auraient bien voulu connaître la teneur.

— Et c'est pour ça qu'ils vous sont venus trouver?

— Oui, messire, continua La Chesnaye; figurez-vous que le roi de Navarre et Pibrac voulaient savoir le contenu du parchemin couvert de chiffres.

— Bah! dit le faux sire d'Arnembourg.

— Ce parchemin n'était autre que la liste des gens sur lesquels on pourra compter pour le grand jour. Vous savez bien?

Et La Chesnaye cligna de l'œil.

— Oui, oui, je sais, dit le prudent Noë, qui ne comprenait pas du tout.

Mais Noë espérait que La Chesnaye compléterait sa pensée.

Il n'en fut rien. La Chesnaye poursuivit :

— Ils sont donc entrés dans mon cachot; le capitaine des gardes a fermé la porte, puis il a découvert l'oubliette, car il y a un oubliette dans le *Prie-Dieu*. Et alors ils m'ont placé tous les deux le parchemin sous les yeux :

« — Mon cher monsieur, m'a dit le capitaine des gardes, il faut choisir, lire ou aller pourrir dans cette oubliette. »

Je les ai regardés tous deux et j'ai compris qu'ils parlaient sérieusement.

Qu'eussiez-vous fait à ma place, messire d'Arnembourg ?

— Dame ! murmura Noë, le cas était embarassant.

— Lire, c'était trahir le duc notre maître.

— Vous avez préféré mourir ?

— Oui.

— Comment donc n'êtes-vous pas mort ?

— Ah ! voilà... je n'ai pas attendu qu'ils me poussassent dans l'oubliette, je m'y suis précipité moi-même.

A travers sa visière, Noë eut un regard d'admiration pour ce bourgeois qui avait l'âme d'un gentilhomme.

La Chesnaye continua simplement :

— L'oubliette du *Prie-Dieu*, messire, est la plus

profonde du Louvre, elle est creusée en contre-bas du lit de la Seine, à trente ou quarante pieds au-dessous de son niveau ; mais il arrive, à la suite des pluies d'orage, que le fleuve grossit, dépasse sa hauteur ordinaire, et arrive jusques à une petite excavation qui communique avec l'oubliette, si bien que souvent l'oubliette s'emplit d'eau.

Au lieu de tomber sur les fourches de fer qu'on place au fond de pareils endroits, je suis tombé dans une nappe d'eau assez profonde pour me soutenir.

— Tiens ! c'est heureux, cela.

— Je sais nager, monsieur d'Arnembourg, et je me suis débattu comme un diable au milieu de l'obscurité et dans cette eau fétide ; un rayon lumineux est venu frapper mon visage, et j'ai aperçu devant moi une fente qui laissait passer un rayon de clarté : c'était la gueule de cette excavation dont je vous parlais et qui se trouvait à fleur d'eau.

Elle était étroite comme un terrier de renard, mais j'y ai pris pied, m'y suis glissé à plat ventre, meurtrissant mes épaules, ensanglantant mes mains, déchirant mes vêtements, et après deux heures d'efforts désespérés, je me suis trouvé sur la berge de la Seine.

Le fleuve s'était retiré, la berge était à sec.

— En vérité ! monsieur, dit Noë, votre aventure est miraculeuse.

— C'est-à-dire, murmura La Chesnaye, que je crois rêver.

Noë regardait l'homme des Guises tout en l'écoutant, et il se disait :

— Voilà un homme qui ne craint pas la mort et

qui est plus dangereux pour nous que tous les gentilhommes du duc réunis.

— Et maintenant, messire d'Arnembourg, dit La Chesnaye, que pensez-vous que je doive faire?

— Mais, mon cher monsieur, dit Leo, il faut fuir et aller trouver le duc sans retard.

— Mais le roi de Navarre, le roi de France et le capitaine des gardes doivent me croire mort.

— C'est juste. Seulement avant ce soir, tout le monde vous aura vu dans le quartier, et demain on saura au Louvre...

La Chesnaye s'était levé et jetait à sa maison un regard mélancolique. Tout à coup il laissa échapper une exclamation de joie :

— Voyez! dit-il.

Et il montrait une des fenêtres du premier étage dont le volet était légèrement entrebâillé.

— Ah! fit-il, si je pouvais atteindre jusque-là

— Pourquoi faire ?

— Mais pour rentrer dans ma maison, messire.

— Vous y tenez donc?

La Chesnaye cligna de l'œil une fois encore en regardant Noë.

— J'ai de l'or chez moi, beaucoup d'or. J'en avais, du moins... et les gens du roi ne me l'ont pas pris... Vous comprenez bien que je ne veux pas le leur laisser pour leur prochaine visite.

— Je comprends, dit Noë.

Puis il mesura du regard la hauteur de la croisée.

— Mais, dit-il, en montant sur mes épaules, vous pourrez atteindre l'embrasure.

— Vous croyez?

— Essayez...

Et Noë s'appuya et s'arc-bouta contre le mur en faisant le gros dos. La Chesnaye, bien qu'il eût dépassé la cinquantaine, était agile et vigoureux.

Il grimpa sur les épaules du faux sire d'Arnembourg et, se dressant de toute sa hauteur, il atteignit le volet qu'il acheva d'ouvrir, puis l'entablement de la croisée, et s'y cramponna.

Alors, à la force du poignet, comme un bateleur de la foire Saint-Gervais, il se souleva jusqu'à ce qu'il y pût placer le genou.

— J'y suis! cria-t-il.

Noè, qui ne le supportait plus sur ses épaules, leva la tête et le vit assis sur le rebord de la fenêtre.

— Très-bien, dit-il, mais vous devez avoir une corde à me jeter.

— Vous voulez monter?

— Parbleu! n'allez-vous pas me laisser dans la rue?

— Attendez, je vais passer par l'escalier et je vous ouvrirai la porte. Au dedans, il n'y a qu'un verrou à pousser.

Cinq minutes après, en effet, Noë, qui s'était appuyé à la porte, entendit grincer le verrou.

La porte s'ouvrit et Noë entra.

La Chesnaye referma la porte et regarda le faux sire d'Arnembourg.

— Je n'ai remarqué aucun désordre ni dans la chambre par où je suis entré, ni dans l'escalier. Cependant, il faut être prudent. Qui sait? il y a peut-être ici des gens du roi.

— C'est possible, dit Noë.

Puis il prit brusquement le bras du prétendu drapier :

— Recommenceriez-vous le salut de l'oubliette? lui demanda-t-il.

— Ma foi! non, répondit naïvement La Chesnaye. J'en ai le frisson quand j'y songe.

— Ah! ah!

— Je n'avais pas peur de la mort il y a quelques heures, mais... à présent.... j'avoue qu'il fait bon vivre...

— Vraiment?

— Et je crois que si le duc avait besoin du sacrifice de ma vie aujourd'hui, je pourrais bien hésiter...

— Bon! fit Noë, qui reprit tout à coup son accent gascon, ce qui fit faire un pas en arrière à La Chesnaye, voilà une parole qui me plaît, maître, et je vois que nous pourrons nous entendre.

Et Noë leva sa visière, et La Chesnaye terrifié reconnut qu'il s'était trompé et n'avait point affaire au sire d'Arnembourg.

— Je suis un homme perdu! murmura-t-il.

La Chesnaye était sans armes, et Noë avait tiré son épée du fourreau.

XIX

Maître La Chesnaye, tout en s'occupant beaucoup des affaires du duc de Guise et se trouvant, par suite, mêlé à toutes les intrigues que la maison de Lorraine ourdissait constamment tant contre les huguenots que contre le roi de France lui-même, maître La Chesnaye, disons-nous, avait cependant mis les pieds au Louvre fort rarement, et il était loin d'en connaître tous les hôtes.

Si Noë le connaissait de vue parce que, un soir, M. de Pibrac le lui avait montré en lui disant : « Voilà un drapier plus remuant et plus à craindre qu'un grand seigneur, » en revanche La Chesnaye ne connaissait Noë que de nom et pas autrement.

Un fait seul demeurait constant pour le malheureux drapier, c'est qu'il avait livré une partie de ses secrets à un inconnu.

Quel était-il ?

Le sourire de cet homme, lorsqu'il releva sa visière, son accent railleur, son regard ardent et la promptitude avec laquelle il tira son épée, disaient éloquemment à La Chesnaye qu'il se trouvait en présence d'un ennemi.

— Maître La Chesnaye, dit Noë, nous avons à causer ensemble.

— Qui donc êtes-vous ? fit le drapier tout ému.

— Peut-être un ennemi, peut-être un ami, cela dépendra. Mais, avant de causer, nous ferions bien, je crois, de nous assurer si nous sommes seuls, ou bien si votre servante s'y trouve. Nous allons visiter votre maison.

Et comme il y avait de l'hésitation dans l'attitude du drapier, Noë ajouta :

— Je dois vous prévenir que j'ai la pointe de mon épée à la hauteur de vos reins et que j'allongerai le bras si vous vous faites prier, ou si la fantaisie d'appeler à votre aide venait à vous prendre.

Cette menace donna des jambes à La Chesnaye, qui se dirigea vers l'escalier.

— Commençons par le haut, dit Noë, absolument comme des chasseurs de fouines.

La Chesnaye avait, du reste, quelque intérêt personnel à visiter sa maison.

Il savait qu'on avait trouvé ses papiers, mais il espérait que son or aurait échappé aux perquisitions des gens du roi.

Il monta donc jusqu'aux combles.

Noë silencieux le suivait.

Ils visitèrent une à une chaque pièce. Le plus grand ordre y régnait.

— Convenez, dit Noë, que les gens du roi sont bien appris : ils n'ont rien gaspillé chez vous.

La Chesnaye avait peu à peu reconquis quelque sang-froid.

— Ah ! vous trouvez ? dit-il.

— Voyez, tout est en place.

Et en effet le meuble à double fond, qui renfermait naguère les papiers et les parchemins, avait été refermé avec le plus grand soin.

Mais lorsqu'on fut arrivé au rez-de-chaussée, Noë changea d'opinion.

La Chesnaye ayant ouvert la porte de la cuisine, s'arrêta stupéfait sur le seuil.

Les Suisses étaient toujours couchés sous la table, ronflant à l'envi et achevant de cuver leur vin.

Les bouteilles vides, les assiettes encore pleines, la table dressée, disaient l'orgie qu'ils avaient faite en l'absence du maître.

— Tiens, pensa Noë, le roi de France et M. de

Pibrac ont des soldats d'une sobriété parfaite. C'est vraiment un plaisir que de se fier à eux.

— Mais où donc est Gertrude? murmura La Chesnaye.

— Je vous le dirai, moi, répondit Noë qui, du reste, n'en savait absolument rien, mais qui voulait achever d'en imposer à La Chesnaye.

La Chesnaye le regarda de nouveau.

— Et qui donc êtes-vous? fit-il avec un redoublement d'effroi.

— Vous allez le savoir.

Noë s'approcha des deux Suisses et les poussa l'un après l'autre du bout du pied. Ils ne bougèrent point.

— Voilà des gens qui ont pris un narcotique, pensa-t-il. Je puis m'entendre avec La Chesnaye, ils ne s'éveilleront pas pour venir me déranger.

Alors Noë ferma la porte de la cuisine, après avoir poussé La Chesnaye devant lui :

— Maintenant, fit-il, je vais vous dire qui je suis..

— Ah! fit le drapier qui l'enveloppa d'un regard avide.

Noë se mit à califourchon sur un escabeau et plaça son épée nue en travers devant lui.

— Cher monsieur La Chesnaye, dit-il, je vous ai prévenu que nous avions à causer un peu longuement.

— Oui, balbutia le drapier, que le calme railleur de Noë remplissait d'angoisses.

— Par conséquent je vous engage à vous asseoir. Tenez, là, sur cet escabeau, en face de moi, et à la longueur de mon épée.

Cette invitation ressemblait trop bien à un ordre pour que La Chesnaye hésitât à s'y soumettre. L'épée nue l'éblouissait.

— Très-bien. A présent je suis à vous, dit Noë lorsque le drapier fut assis. Je suis Gascon, vous le voyez à mon accent, et un peu gentilhomme d'aventures, vous devez le comprendre à la façon dont j'ai fait connaissance avec vous.

— C'est-à-dire, fit La Chesnaye, que vous êtes au roi de Navarre.

Noë se prit à rire.

— Pas plus qu'au roi de France ! dit-il.

La Chesnaye éprouva un léger soulagement et l'épée nue lui parut moins fulgurante.

— Je ne suis ni aux uns ni aux autres, poursuivit Noë, je suis à moi...

— Ah !

— Et je songe à mes propres affaires.

— En ce cas, fit le drapier, vous trouverez bon que je respire.

— Pourquoi donc ?

— Mais parce que, ma foi ! je vous ai confié tout à l'heure de gros secrets.

— Bah ! vous croyez ?

— Dame !

— Et moi qui n'ai absolument rien compris ni à vos histoires avec le duc, ni à l'importance de ces parchemins qu'on vous a volés, ni à tout ce que vous demandaient le roi de Navarre et M. de Pibrac !

Noë avait su imprimer à sa voix un accent de vérité et à sa physionomie un air ingénu.

— Vrai? fit La Chesnaye.

— Mon Dieu! oui.

— Alors vous ne vous mêlez point de politique

— Dieu m'en garde !

— Et être au roi, au Béarnais ou au duc, vous serait indifférent?

— Absolument.

La Chesnaye, après avoir eu grand'peur, se rassurait petit à petit.

— Mais alors, dit-il, obéissant encore cependant à un sentiment de défiance, alors pourquoi m'avez-vous trompé ?

— Je ne vous ai pas trompé.

— Pardon! vous vous êtes donné sous votre visière pour le sire d'Arnembourg.

— C'est-à-dire que c'est vous qui m'avez pris pour lui.

— Soit! mais quel intérêt aviez-vous à me le laisser croire?

Noë eut un fin sourire :

— Un intérêt qui n'a point été déçu.

— Ah ! lequel?

— Ne m'avez-vous pas fait des confidences?

La Chesnaye tressaillit.

— Des confidences que le roi paierait fort cher.

Et le sourire de Noë devint plus significatif.

— C'est-à-dire que maintenant, vous me voulez vendre votre silence ?

— Justement.

— Eh bien ! fixez votre prix.

— Maître, dit Noë, qui, du sourire, passa à l'éclat de rire, vous avez vu la mort de si près cette nuit, que vous en avez perdu l'esprit.

La Chesnaye regarda Noë avec inquiétude.

— Comment! Vous me prenez pour un misérable aventurier qui mendie une centaine de pistoles?

— Quelle somme exigez-vous donc?

— Tout, dit Noë.

— Plaît-il? fit La Chesnaye qui crut avoir mal entendu.

Mais Noë se leva et posa un doigt sur ses lèvres :

— Chut! dit-il, écoutez-moi bien et ne perdons pas un temps inutile.

La Chesnaye était bouche béante et regardait de nouveau l'épée avec terreur.

— Maître, reprit Noë, suivez bien mon raisonnement. Nous sommes seuls ici, car ces deux brutes avinées ne comptent pas : donc nous sommes seuls, vous sans armes, moi ce joli outil dans la main.

Et Noë décrivit un arc de cercle avec son épée.

— Par conséquent, poursuivit-il, votre vie est entre mes mains, et je vous aurais perforé la gorge avant que vous eussiez le temps de pousser un cri.

La Chesnay frissonna.

— Vous me le disiez tout à l'heure, cher monsieur La Chesnaye, on ne joue pas sa vie deux fois de suite. Vous vous étiez bravement dévoué à mourir, il y a quelques heures, et voici que tantôt vous m'avez confié que vous n'auriez pas le courage de recommencer.

— Oh! fit La Chesnaye qui essaya de payer d'audace.

— Or, donc, continua Noë, si vous hésitiez à donner votre vie pour le duc, vous n'hésiteriez certainement pas, pour conserver cette même vie, à me donner cet or que vous tenez en réserve.

— Mais vous voulez donc me dépouiller? exclama La Chesnaye.

— Le mot est dur, mais il est juste.

— Hé! que voulez-vous donc que je dise au duc quand il me redemandera son or? supplia le drapier.

— Vous lui narrerez votre belle conduite de l'oubliette.

Une idée ou plutôt un souvenir traversa le cerveau de maître La Chesnaye.

Il songea qu'il avait deux cachettes dans les caves de sa maison, l'une qui lui était particulière et dans laquelle il serrait ses propres deniers, l'autre qui était réservée à l'argent du duc.

La Chesnaye était un serviteur dévoué et il fit cette réflexion :

— J'ai quarante mille pistoles au duc, et cet argent est nécessaire pour le grand jour, le jour, solennel où il ne restera plus un seul huguenot dans Paris. Mes économies à moi s'élèvent au quart de cette somme, il vaut mieux sacrifier le quart que de perdre tout.

Et, après avoir soupiré de nouveau et pris des airs lamentables, La Chesnaye parut faire un grand effort et dit à Noë :

— Venez avec moi, l'or est en bas.

Noë vit le bonhomme allumer une lanterne et soulever une trappe de la cave dans laquelle on descendait par une échelle de meunier.

— Passez devant, maître, dit-il à La Chesnaye, et

n'oubliez pas que j'ai toujours ma rapière au poignet.

La Chesnaye descendit et Noë le suivit.

Le drapier fit traverser au prétendu aventurier deux petits caveaux, puis un grand qui était encombré de futailles, les unes vides, les autres pleines. Il posa sa lampe à terre, poussa un tonneau vide et montra une pierre blanche.

— C'est là, dit-il.

Puis il prit cette pierre qui paraissait enfoncée dans le sol, la poussa de droite à gauche et la fit tourner sur une rainure invisible, si bien qu'elle se leva comme le couvercle d'une boîte, laissant à découvert une petite cavité pleine d'or.

Noë s'approcha et piqua son épée dans le trou, remuant les pistoles et les comptant, pour ainsi dire, à vue de nez.

— Quoi! dit-il, c'est cela?
— Oui, fit La Chesnaye.
— C'est l'argent du duc?
— Dame!...
— Et voilà tout?
— Mais c'est un joli denier, ce me semble.
— Peuh! fit Noë.

La Chesnaye sentit une sueur froide inonder son cuir chevelu.

— Cependant, dit-il, je sais plus d'un gentilhomme qui n'en a jamais possédé autant.
— C'est possible.
— On achèterait un fier domaine avec cet or, murmura La Chesnaye.
— D'accord.

— Et s'il était à moi...

— Bah! fit Noë, on achèterait deux ou trois clochers, peut-être même une baronnie, je ne dis pas, mais...

Et Noë transperça le drapier d'un regard :

— Mais, dit-il, quand on s'appelle le duc de Guise et qu'on soudoye des armées occultes chez son voisin le roi de France, tout cet or est insuffisant à payer les simples soldats.

— Quelle plaisanterie! fit La Chesnaye.

— Et je suis bien sûr que la cachette des officiers...

La Chesnaye eut le vertige.

— Est autrement garnie que celle-là... n'est-ce pas, maître?

— Vous voulez rire.

— Nullement.

— Alors vous serez déçu dans vos espérances, mon gentilhomme.

— Vrai?...

— Ce que vous appelez la cachette des officiers n'existe pas.

Noë haussa les épaules.

— En ce cas, dit-il, c'est un grand malheur pour vous, monsieur La Chesnaye.

Le drapier eut un regard effaré.

— Car il ne vous aura servi de rien de sortir vivant de la fameuse oubliette.

— Pourquoi donc? balbutia maître La Chesnaye.

— Parce que je vais vous tuer, fit Noë.

Et il lui appuya la pointe de son épée sur la gorge.

La Chesnaye devint livide :

— Grâce ! balbutia-t-il.

Noë appuya légèrement la pointe de l'épée qui pénétra d'une ligne. La Chesnaye jeta un cri, fit un bond en arrière et recula jusqu'au mur.

Mais Noë le suivit, lui porta de nouveau la pointe de sa rapière à la gorge et dit :

— Vîte ! Hâtons-nous ! Parlez !

— Je ne sais rien, hurla le drapier.

La pointe de l'épée pénétra d'une ligne encore.

La Chesnaye avait dit vrai, il avait maintenant peur de la mort.

— Grâce ! répéta-t-il, je parlerai.

Noë abaissa son épée.

— Voyons, dit-il, où est la cachette ?

— Là, dit La Chesnaye tout tremblant. Et il étendit la main vers le mur.

Noë fit un pas, prit la lanterne, examina le mur et ne vit ni une fente ni une pierre qui eût une physionomie particulière.

— Maître La Chesnaye, dit-il, je vous donne trois secondes pour me découvrir cette cachette.

Alors le drapier palpa le mur de son poing fermé, frappant de petits coups secs ; et tout à coup le mur sonna le creux et Noë vit que quelques parcelles de ciment se détachaient.

— Il faut crever cela, dit La Chesnaye.

Noë prit son épée et entama le mur à coup de pommeau.

Une pierre se détacha et laissa voir une crevasse.

D'abord aucun reflet fauve ne vint frapper les regards de Noë, mais sa main palpa un gros sac de cuir, puis un second, puis un troisième.

Noë approcha la lanterne de la crevasse et compta jusqu'à dix sacs pleins d'or, et qu'il jugea devoir contenir quatre mille pistoles chacun.

— A la bonne heure! dit-il.

La Chesnaye était livide, la sueur inondait son front et il chancelait sur ses jambes.

— Je suis un homme déshonoré, murmura-t-il.

— Bah! pourquoi?

— J'ai livré l'or de mon maître.

— Ah! fit Noë en riant, soyez tranquille, le duc ne sera pas ruiné pour cela. La Lorraine est un pays fertile, et les princes qui la gouvernent savent y moissonner grassement.

Mais cette consolation ne touchant nullement maître La Chesnaye. Il hochait tristement la tête et disait:

— Il ne me reste plus qu'à fuir. Jamais je n'oserai reparaître devant S. A. le duc de Guise.

— Allons donc! fit Noë en riant; je vais vous donner une belle idée, cornes du diable!

La Chesnaye le regarda.

— Les gens du roi ont trouvé vos parchemins, n'est-ce pas?...

— Hélas!

— Eh bien! ils ont trouvé votre or pareillement, tandis que vous étiez enfermé dans le Prie-Dieu.

— Mais...

— Vous direz cela au duc, il le croira.

La Chesnaye continuait à se lamenter.

— Allons! maître, dit Noë, aidez-moi donc à sortir ces sacs l'un après l'autre.

La terrible rapière n'était point rentrée au fourreau, elle avait même parfois des reflets flamboyants lorsqu'un rayon de la lanterne tombait sur elle.

La Chesnaye était dans une veine de couardise, et il ne voulait plus mourir.

Il obéit donc à Noë, retira un à un tous les sacs placés dans la crevasse et les empila sur le sol.

Pendant qu'il exécutait cette besogne, Noë tenait conseil en lui-même et s'adressait ce monologue :

— Je ne suis ni un coupeur de bourse ni un voleur, mais j'use du droit de la guerre en confisquant les ressources de l'ennemi. La guerre étant déclarée entre la Lorraine et la Navarre, il est tout simple que la Navarre s'empare du trésor de la Lorraine. Voilà un or qui nous servira. Mais comment diable, exclama Noë tout haut, vais-je emporter tout cela ? il y a la charge d'un mulet.

— Je t'aiderai, répondit une voix.

Noë se retourna et vit Hector debout sur le seuil du caveau.

Hector s'était inquiété de Noë, il l'avait vu, par la fenêtre de l'auberge, causer longtemps avec La Chesnaye, faire à ce dernier la courte échelle, puis pénétrer dans la maison.

Et comme Noë ne ressortait pas, Hector, inquiet, avait pris le parti de quitter l'auberge pour courir à la recherche de son ami.

Maître La Chesnaye, en pénétrant dans la cuisine un peu auparavant, en avait ouvert la fenêtre.

Cette fenêtre était à quatre ou cinq pieds du sol.

Hector avait sauté sur l'entablement ; de là il était entré dans la cuisine, et, sans prendre garde aux deux Suisses et voyant l'entrée de la cave ouverte, il s'y était aventuré, pensant que Noë et son hôte devaient s'y trouver

XX

C'était à peu près à l'heure où Noë découvrait les pistoles du duc de Guise, que S. M. le roi Charles IX, en compagnie du roi de Navarre et de René le Florentin, arrivait dans la petite maison du bois de Meudon.

Le duc de Guise et la duchesse de Montpensier avaient, on le sait, durant la soirée précédente, arrêté avec la reine-mère une petite mise en scène sur l'effet de laquelle on devait compter beaucoup.

Le roi, en entrant, vit la reine-mère pâle, l'œil morne, étendue sur un lit tout jaspé de taches de sang !...

Le roi jeta un cri de douleur, tout son amour filial s'éveilla ; il se précipita vers sa mère, l'enlaça de ses bras et se mit à verser des larmes. Mais déjà madame Catherine avait oublié le rôle qu'elle s'était imposé d'abord...

Derrière le roi Charles IX, elle avait vu entrer le roi de Navarre !

Le roi de Navarre qu'elle croyait en fuite ; le roi de Navarre qui aurait dû, en quittant à toute bride le champ de bataille, où le duc de Guise était demeuré vainqueur, galoper jour et nuit vers la Gascogne.

A la vue du jeune prince, madame Catherine

éprouva la stupéfaction qu'avait déjà ressentie René le Florentin.

Elle se dressa l'œil en feu, étendit la main vers Henri et s'écria d'une voix que la colère rendait sifflante :

— Comment ! vous ? vous ?...

Le roi Charles IX, étonné de ces paroles, s'écarta et à son tour regarda Henri.

Henri était calme et ses traits semblaient empreints d'un très-grand étonnement.

— Mais, madame, dit-il, n'est-il pas naturel que j'accompagne le roi mon cousin, et me rende auprès de vous en toute hâte ?

René avait douté de la complicité du roi de Navarre, mais elle, madame Catherine, ne douta pas une minute.

— Sire, dit-elle à son fils en désignant du doigt le roi de Navarre, vous voyez cet homme !

— Eh bien ? fit Charles IX.

— C'est lui qui m'a enlevée, dit la reine-mère.

— Mais, madame...

Et Charles IX regarda fixement Henri de Bourbon, qui supporta la flamme de ce regard.

— C'est lui ! répéta la reine avec énergie.

Henri, impassible, se contenta de hausser les épaules.

— Et, acheva madame Catherine, un de ceux qui l'accompagnaient a osé me frapper d'un coup de poignard.

Alors, par un geste tragique, la reine-mère rejeta les couvertures et montra sa poitrine ensanglantée !...

La vue du sang produisit sur Charles IX un saisissement terrible.

Ses yeux s'injectèrent, l'écume vint à ses lèvres, un violent accès de courroux s'empara de lui; s'élançant vers la porte, il cria :

— Pibrac ! à moi, Pibrac !...

Le capitaine des gardes, qui était demeuré dans la pièce voisine, accourut.

— Arrêtez cet homme ! dit Charles IX hors de lui.

Et il montrait le roi de Navarre.

Henri fit un pas en arrière et, instinctivement, il porta la main à la garde de son épée.

Mais Pibrac, l'homme froid et prudent, le regarda.

Le coup d'œil de Pibrac signifiait :

— Si vous ne voulez vous perdre, soyez calme !

Ce regard produisit l'effet attendu.

— Sire, dit le roi de Navarre, madame Catherine m'accuse et le bon plaisir de Votre Majesté est que cette accusation ait une portée. Je suis ici à la merci du roi de France, et un roi hors de son royaume n'est plus qu'un homme ordinaire. Je rends donc mon épée à votre capitaine des gardes et j'attends que madame Catherine veuille bien prouver l'accusation qu'elle porte contre moi.

Le calme du roi de Navarre déconcerta Charles IX.

Cependant il laissa le jeune prince tirer son épée et la tendre à M. de Pibrac.

Puis, comme le capitaine des gardes hésitait à la prendre :

— Pibrac, dit-il, vous allez retourner au Louvre.

— Oui, Sire.

— Vous y conduirez le roi de Navarre.

— Oui, Sire.

— Et vous le ferez garder à vue dans ses appartements.

Déjà le courroux de Charles IX s'était apaisé.

Henri le comprit, salua et sortit la tête haute, tandis que M. de Pibrac murmurait :

— Allons ! décidément, j'ai eu une bonne idée en achetant les parchemins et les papiers de maître La Chesnaye.

Lorsque M. de Pibrac fut sorti, emmenant son prisonnier, Charles IX et la reine-mère se trouvèrent seuls en présence.

Charles IX avait encore le sourcil froncé, et si l'orage avait paru s'éloigner, il grondait toujours à l'horizon.

— Ma mère, dit enfin le monarque, ceux qui ont osé toucher à une reine de France mourront du dernier supplice, recevez-en ma parole de gentilhomme ; mais je n'enverrai personne à l'échafaud que son crime ne m'ait été démontré.

La reine-mère inclina la tête sans répondre.

— Vous accusez le roi de Navarre ?

— Oui, fit Catherine.

— Cependant le roi de Navarre a passé la nuit au Louvre.

— En êtes-vous sûr, mon fils ?

— Très-sûr, madame.

— Et... la nuit précédente ?

— La nuit précédente il galopait sur la route de Nancy.

— Vous dites ?...

— Je dis sur la route de Nancy, répéta le roi avec conviction.

— C'est bizarre! dit la reine.

— Mais, non, reprit Charles IX, il courait après Marguerite.

— Hein?

Et madame Catherine, à son tour, regarda le roi avec surprise. Le roi continua :

— Ma sœur Margot n'a-t-elle pas revu le duc de Guise?

— C'est possible, répondit la reine. Eh bien?

— Et comme elle a disparu du Louvre depuis deux jours...

Madame Catherine étouffa un cri.

— Marguerite a disparu? fit-elle.

— Oui, madame,

— Et où est-elle allée?

— Voilà ce que le roi de Navarre ne sait pas au juste, bien que, à deux lieues des frontières lorraines, on lui ait affirmé qu'une troupe de cavaliers avait passé quelques heures avant lui, ayant une femme au milieu d'elle...

Un sourire incrédule vint aux lèvres de la reine-mère.

— En vérité! dit-elle.

— Oh! dit le roi avec un emportement subit, le duc a osé me braver, il est venu jusque dans Paris...

— C'est vrai, dit froidement Catherine.

— Et il aura enlevé Margot.

— Vous croyez?

— Je le jurerais...

— Vous seriez parjure, Sire.

L'aplomb avec lequel parlait la reine-mère impressionna Charles IX.

— Au fait! dit-il, vous devez savoir mieux que moi, madame, ce que fait mon cousin le duc de Guise.

— Peut-être...

— Car il est redevenu votre ami.

— Et celui de Votre Majesté, Sire.

Le roi fronça de nouveau le sourcil.

— Vous l'avez vu chaque soir à Paris?

— Oui, Sire.

— Et c'est par vos soins que Margot a été avertie de l'infidélité du roi de Navarre, son époux.

— Non, dit la reine toujours calme, c'est le duc qui a tout conduit.

— Ah!

— Maintenant, si Marguerite indignée a fui son époux, il ne faut vous en prendre, Sire, ni à moi ni au duc.

— En vérité!...

— Le duc n'est point parti pour la Lorraine, comme Votre Majesté le pense.

— Où donc est-il allé?

— Il a galopé trente heures derrière mes ravisseurs.

— Comment! c'est lui?

— C'est à lui que je dois de n'être point aux mains des huguenots.

Alors madame Catherine raconta de point en point au roi, qui se prit à l'écouter religieusement, toutes les phases de son enlèvement, ses haltes périodiques dans des manoirs inconnus, ou chez des châtelains masqués, ses repos nocturnes au milieu des bois où ses ravisseurs changeaient de chevaux.

Enfin elle lui narra ce combat sanglant, acharné, que le duc et René, soutenus par leurs gens, avaient livré à ces quatre hommes masqués, dont l'un avait tenté de l'assassiner, leur résistance héroïque et la fuite de deux d'entre eux.

— Mais où donc est le duc, maintenant? demanda le roi.

— Ici, dit une voix derrière lui.

Et une portière glissa sur sa tringle et le duc de Guise entra.

Le duc, on le sait, exerça durant toute sa vie, cette vie qui devait être à la fois si remplie et si courte, une sorte de fascination sur ceux qui l'approchaient.

Sa haute taille, son accent dominateur, son regard d'aigle, imposaient, et le roi Charles IX lui-même, ce caractère timide et farouche à la fois, avait souvent subi cet ascendant.

Or, ce jour-là, l'audace avec laquelle le duc se présentait inopinément devant lui, au lieu de courroucer le roi, l'intimida pour ainsi dire.

Il porta même la main à la garde de son épée.

Mais le duc eut un fier sourire :

— Pardonnez-moi, Sire, dit-il, d'oser me présenter ainsi devant Votre Majesté. Si je l'ai offensée, je suis prêt à expier mon crime et à rendre mon épée.

Mais la reine répondit, avant que le roi stupéfait eût songé à ouvrir la bouche :

— N'ayez crainte, monsieur mon cousin, Sa Majesté commence, je l'espère, à discerner ses amis de ses ennemis; ceux qui veulent prêter leur appui à la monarchie et ceux qui rêvent son anéantissement.

Ces mots frappèrent Charles IX.

— Qui donc oserait? s'écria-t-il.

— Les huguenots, Sire.

Charles IX fit un pas en arrière et son œil lança des flammes.

— Les huguenots, répéta la reine-mère, et leur chef le roi de Navarre.

— Encore! fit Charles IX en frappant du pied.

— Oui, Sire, le roi de Navarre, qui rêve de grandes destinées.

Un sourire de mépris effleura les lèvres minces de Charles IX.

— Son royaume est bien petit, dit-il.

— Peut-être... mais il en rêve un plus grand, Sire.

— Ah! ah!

— Un royaume qu'on appelle le royaume de France, ajouta hardiment le duc de Guise.

Le roi recula comme s'il eût vu un abîme s'ouvrir devant lui.

— Que dites-vous là, monsieur? fit-il.

— La vérité, Sire.

— Et... vous pourriez?...

— Je pourrais le prouver à Votre Majesté.

— Quand?

— Oh! fit le duc, ses complices tombés en nos mains finiront bien par avouer.

— Ah ! c'est juste, fit le roi. Vous avez deux gentilshommes gascons en votre pouvoir.

— Oui, Sire.

— Où sont-ils ?

— Ils sont enfermés dans un caveau de cette maison.

— Eh bien ! dit le roi, je veux les voir !...

Le duc s'approcha d'une table, y prit une baguette d'ébène et frappa sur un timbre.

Gaston de Lux entra aussitôt par la même porte que le duc.

— Où est Leo ? demanda le duc.

— Leo ? fit le jeune homme étonné.

— Hé ! oui, Leo.

— Mais il est parti cette nuit.

— Que dites-vous ? fit le duc.

— Votre Altesse ne l'a-t-elle pas envoyé à Paris ?

— Non, certes.

— Cependant il a fait seller son cheval et il est parti vers minuit.

— C'est impossible !

— Je l'affirme à Votre Altesse.

— Alors qui donc a pris sa place ?

— Je ne sais.

— Mais les prisonniers...

Ils sont toujours enfermés dans le caveau.

— Eh bien, dit le roi, qui ne comprenait pas grand'chose à ces explications, allons les voir, en ce cas !

Et il fit un pas vers la porte.

— Des torches ! ordonna le duc.

— Vous dites donc, duc, fit le roi, que l'un d'eux est M. de Noë ?

— Oui, Sire.

— Et, ajouta la reine, Votre Majesté sait que M. de Noë est l'ami le plus intime du roi de Navarre.

— C'est juste.

— Donc, reprit à son tour le duc, le roi de Navarre est un de ceux qui nous ont échappé.

— Marchons ! dit le roi, devenu tout pensif à ces derniers mots.

....

Que s'était-il passé dans le caveau, durant la nuit, depuis le départ de la duchesse de Montpensier qui emmenait Noë ?

La haine jalouse de M. d'Arnembourg lui avait fait accepter avec une sorte de joie cette captivité momentanée.

Il allait donc se trouver seul avec son rival !...

Aussi lorsque la porte se fut refermée et que le bruit des pas de Noë et de la duchesse se fut éteint dans l'éloignement, le gentilhomme du Luxembourg jeta-t-il autour de lui ce regard de l'homme habitué à sonder les ténèbres et qui est particulier aux soldats et aux chasseurs.

L'obscurité était grande dans le cachot : cependant par le soupirail, un rayon de lune filtrait et décrivait un petit cercle sur le sol.

Cette lumière problématique permit à Leo d'apercevoir Lahire, qui s'était couché de nouveau dans un angle du caveau.

— Hé ! monsieur ? dit-il.

Lahire se souleva à demi.

— Bonsoir, monsieur d'Arnembourg, dit-il : : que puis-je faire pour vous être agréable ?

— Je désirerais causer avec vous, monsieur..

— Très-volontiers, monsieur.

— Car je vous avouerai que j'éprouve un tel étonnement...

Lahire eut un rire bruyant.

— En vérité, dit-il, vous êtes étonné ?

— Oui, monsieur.

— Je devine votre étonnement, fit Lahire. Vous ne vous attendiez point à ce que la duchesse sauvât mon ami de préférence à moi.

— En effet, monsieur, et c'était sur ce point que je désirerais vous demander une explication...

— Demandez.

Et Lahire se rapprocha de Leo et se plaça sous le rayon lumineux, de telle façon que son rival pût voir le sourire railleur qui épanouissait son visage.

— Figurez-vous, monsieur, dit-il, que la duchesse n'aurait jamais songé à faire évader mon ami.

— Ah ! vous croyez ?

— C'était moi, à qui elle veut quelque bien, convenons-en, qu'elle prétendait sauver.

— Monsieur, dit Leo, prenez garde ! Je ne sais pas si réellement la duchesse vous aime, mais je vous jure que s'il en est ainsi...

— Eh bien ?

— Vous mourrez de ma main tôt ou tard.

— Monsieur, répondit Lahire toujours railleur, comment voulez-vous que je vous puisse donner des explications, si vous commencez par me chercher querelle ?

— Vous avez raison, monsieur. Continuez...

— Or donc, poursuivit Lahire, c'était moi, que madame de Montpensier voulait sauver.

— Bon! Après?

— Seulement, j'ai refusé, moi.

— Ah!

— Et j'ai voulu qu'elle nous laissât tirer au sort, mon ami et moi.

— Et elle y a consenti?

— Sans doute, et vous allez comprendre pourquoi. Je refusai net de m'évader seul. Elle a préféré courir cette chance de me sauver. La chance lui a été contraire, comme vous voyez...

— Et alors elle a bien voulu faire échapper votre ami?

— Vous l'avez vu. D'ailleurs j'avais sa parole.

— Ainsi donc, fit Leo d'un air sombre, c'est le hasard seul... qui vous enverra à l'échafaud?

— Tarare! murmura Lahire, la chose n'est point décidée encore.

— Oh! vous pouvez y compter, ricana Leo. La reine-mère ne vous lâchera pas.

— Ah! je sais bien qu'elle me renverra devant le parlement.

— Tenez-le pour certain.

— Que le parlement me condamnera.

— Soyez-en sûr...

— Et que maître Caboche, si je comparais devant lui, fera deux tronçons de mon corps. Mais...

Ce *mais* fit tressaillir Leo, car Lahire n'avait perdu ni son accent goguenard ni son sourire sceptique.

— Mais, reprit-il après un silence, il est possible que je n'arrive ni devant le parlement, ni devant maître Caboche.

— Ah! fit Leo avec un rire sinistre, je voudrais bien savoir comment vous leur échapperez....

— Bah! les femmes peuvent tout ce qu'elles veulent.

— Vous croyez ?

— Et la duchesse veut me sauver... Et maintenant, monsieur, acheva Lahire, que vous savez ce que vous désiriez savoir, j'ai l'honneur de vous souhaiter le bonsoir.

Et Lahire retourna dans son coin et y prit la posture d'un homme qui désire dormir.

Leo garda un morne silence.

Puis, tout à coup :

— Hé! monsieur Lahire ?

— Qu'est-ce encore? demanda celui-ci, qui se remit sur son séant.

— Je voulais vous faire une question.

— Faites.

— C'est moi qui vous ai désarmé ?...

— Oui, monsieur, et cela vous a été d'autant plus facile que j'étais couché par terre, et que deux reîtres m'appuyaient le genou sur la poitrine, répondit Lahire d'un ton goguenard.

— Soit. Mais enfin, c'est moi.

— Je l'avoue.

— N'aurais-je point oublié de vous ôter votre dague ?

— Vous l'avez si peu oublié que vous m'avez enlevé jusqu'à un couteau de poche que j'avais dans mes chausses.

— Ah! c'est juste.

— Mais enfin, monsieur, pourquoi me demandez-vous si j'ai encore ma dague?

— C'est que j'ai conservé la mienne, moi.

— Vous ne l'avez pas donnée à mon ami, M. de Noë?

— J'ai pensé qu'elle me serait plus utile qu'à lui.

— Ah ça! fit Lahire, est-ce que vous songeriez à m'assassiner?

— Moi? non. Mais...

— Tiens! il y a un *mais*.

— Oui, si vous aviez eu votre dague...

— Eh bien?

— Je vous aurais proposé de nous entretenir la main.

— Hé! hé! c'est une assez bonne idée, cela, et telle qu'il en vient rarement à des Allemands comme vous, monsieur Leo. Et si j'avais ma dague...

Lahire soupira.

— Ah! mais, dit-il tout à coup, attendez...

— Quoi donc?

— Je me souviens maintenant que vous nous avez envoyé à souper.

— Sans doute!

— Par le petit page Amaury, un enfant charmant qui m'aime autant qu'il vous déteste, monsieur Leo.

— Passons...

— Et je me souviens encore qu'Amaury, comme nous n'avions pas de couteaux, nous a prêté son poignard pour couper notre pain.

— Et il vous l'a laissé?

— Je crois bien que oui... attendez...

Et Lahire se traîna sur le sol, le palpant avec précaution en tous sens.

— Ah! parbleu! s'écria-t-il tout à coup, voilà notre affaire.

— Vous le tenez?

— Oui.

Leo eut un rugissement de bête fauve satisfaite.

Mais, tandis que Lahire se redressait et assurait le poignard dans sa main, le rayon de lune qui leur donnait une clarté vague et leur permettait de s'entrevoir, s'éteignit. Un gros nuage avait sans doute obscurci l'astre des nuits.

— Mordioux! exclama le gentilhomme gascon, voici qu'il fait noir comme chez le diable.

— La flamme de nos yeux nous éclairera, répondit Leo.

— Encore un joli mot, goguenarda le Gascon, et dont j'aurais cru un Allemand incapable!

Leo avait tiré sa dague du fourreau, puis il s'était enveloppé le bras dans sa cape, qu'il avait ôtée tout exprès pour s'en faire un bouclier.

— Ah! méchant aventurier! murmura-t-il, tu te permets d'aimer la belle duchesse de Montpensier!

— J'use de la permission qu'on me donne, ricana Lahire, à qui le même instinct de conservation avait fait chercher son pourpoint qu'il avait pareillement roulé autour de son bras.

— Eh bien! s'écria Leo hors de lui, tu ne seras bientôt plus en état d'aimer qui que ce soit, car tu vas mourir!

Et dans les ténèbres, il se rua sur le Gascon Lahire.

Mais Lahire était agile et souple comme un chat, il s'accroupit et bondit silencieusement de côté.

Puis il demeura muet.

Leo s'était précipité vers l'endroit où, une seconde auparavant, résonnait la voix de son ennemi.

Son élan fut si impétueux, si rapide, qu'il alla se heurter rudement contre le mur et y émoussa la pointe de sa dague.

— Ah! tu fuis, lâche! murmura-t-il.

— Hé! non, répondit Lahire, à l'autre extrémité du caveau où il s'était traîné en rampant, les ruses de guerre sont permises.

Et le Gascon bondit de nouveau, et, avant que Leo eût repris son équilibre et se fût retourné, il reçut dans l'épaule un coup de poignard qui ne fit que l'effleurer.

Leo se prit à rugir, et, de rechef, il se précipita sur son adversaire.

Mais Lahire s'était de nouveau pelotonné sur lui-même, tout en demeurant à la même place, si bien que tandis que le bras de Leo frappait dans le vide, ses jambes se heurtèrent à Lahire accroupi.

Et soudain, prompt comme l'éclair, Lahire étreignit ses jambes, souleva son adversaire, le renversa sur le sol, lui mit un genou sur la poitrine, assura contre terre le bras qui tenait la dague, et lui appuya son poignard sur la gorge.

— Mordieux! murmura-t-il, je crois que je vous tiens en mon pouvoir, mon gentilhomme.

— Tuez-moi! hurla Leo d'une voix étranglée.

— Eh bien, vrai, c'est mon droit.

— Usez-en donc!

— Non, je veux vous faire grâce, ricana le Gascon.

— Je ne veux point de grâce!

— Bah! je suis généreux, moi, dit Lahire qui continuait à maintenir son adversaire immobile. Seulement, je veux vous faire grâce à de certaines conditions.

— Mais tuez-moi donc! vociférait le gentilhomme du Luxembourg.

— Non, si vous me donnez votre parole de gentilhomme d'être plus raisonnable et de ne pas recommencer ce petit combat dans l'obscurité...

— Tuez-moi! répéta Leo, car si vous me faites grâce, je ne vous pardonnerai pas, moi.

— Êtes-vous entêté! murmura Lahire qui redevint d'humeur gasconne; lâchez votre dague...

Mais Leo, bien que son bras fût réduit à l'impuissance, continuait à serrer le manche de sa dague dans sa main crispée.

— Monsieur Leo, dit Lahire avec douceur, réfléchissez donc que nous sommes gens de revue, et que lorsque je serai libre, nous pourrons nous retrouver... Lâchez cette dague!

— Jamais! fit Leo d'une voix étouffée. Et, par un suprême effort, il se souleva à demi, imprima une violente secousse à son ennemi et faillit s'en débarrasser.

Mais Lahire parvint à reprendre sa position victorieuse et à coucher de nouveau son adversaire sur le sol.

— Une dernière fois, monsieur, dit Lahire, dont la voix devint grave et triste, voulez-vous vivre ?

— Je préfère la mort à la générosité, traître ! hurla Leo.

Les forces de Lahire commençaient à s'épuiser, et il voyait le moment où le robuste Allemand, par un nouveau soubresaut, arriverait à se relever.

— Ah ! ma foi ! dit-il, mieux vaut encore tuer le loup que le loup ne nous croque.

Et il leva le bras qui tenait le poignard.

— Si vous savez une prière, dites-la, monsieur, fit-il.

— Que Belzébuth ait ton âme ! blasphéma Leo.

Le bras de Lahire retomba, le poignard pénétra dans la gorge de Leo jusqu'au manche, et un jet de sang fouetta le visage du Gascon.

Leo se débattit un moment encore, puis ses mouvements devinrent moins brusques... puis ils s'apaisèrent... Lahire entendit un soupir... et Leo ne bougea plus...

Alors Lahire retira son poignard et se releva.

Un moment il demeura immobile, pensif, le front baigné de sueur, le visage inondé de sang, étreignant dans sa main ce poignard qui venait d'ouvrir les portes de l'éternité au malheureux amoureux de la duchesse.

Puis il murmura avec un soupir.

— Comme il l'aimait !

— Et, comme Lahire était bien le descendant direct et l'héritier des vertus de ce pieux compagnon de la Pucelle qu'on voyait au matin de chaque bataille, les deux genoux en terre, invoquer le Dieu des soldats et des chevaliers, le Dieu des rois qui défendent leur couronne; comme il était né dans le Midi, ce pays de la foi robuste et des généreux élans, il s'agenouilla près du cadavre de son ennemi et pria pour le repos de cette pauvre âme que l'amour avait tourmentée et qui avait eu sa part d'enfer sur la terre.

....
....

Voilà ce qui s'était passé, durant la nuit, dans le caveau où Lahire était enfermé.

Le duc de Guise et le roi venaient donc de quitter la chambre où madame Catherine paraissait souffrir beaucoup d'une blessure qui, au demeurant, était fort légère, le poignard d'Hector ayant glissé sur les côtes.

— Allons voir les prisonniers, avait dit le roi.

René, qui se trouvait dans l'antichambre, avait songé un moment à les suivre, mais le roi, à qui la vue de l'empoisonneur était odieuse, lui dit brusquement :

— Va-t'en chez madame Catherine.

Gaston de Lux précédait les deux princes.

Lorsqu'il fut arrivé sur la première marche de l'escalier qui conduisait au caveau, le duc regarda Gaston.

— Mais, dit-il, si Leo est allé à Paris, il aurait dû, au moins, placer des sentinelles dans le corridor souterrain.

— Il y avait deux reîtres hier soir.

Et Gaston appela :

— Herman?

A ce nom, une voix répondit :

— Me voilà !

Mais la voix ne montait pas des profondeurs du souterrain. Elle venait du dehors.

Et le reître se montra, en effet, sur le seuil de la porte extérieure.

— Comment! dit le duc, tu désertes ton poste, drôle ?

— On me l'a ordonné, monseigneur.

— Qui donc ?

— Le sire d'Arnembourg. Il nous a fait remonter, mon camarade et moi, en nous disant qu'il veillerait seul et que nous pouvions aller nous coucher.

— Quand cela?

— Cette nuit.

— Un moment après, poursuivit le reître, comme nous venions de nous coucher dans l'écurie, un page est venu chercher le cheval du sire d'Arnembourg.

— Ah ! fit le duc. Quel est ce page ?

— Je crois qu'on le nomme Amaury.

— Oui, dit Gaston de Lux, c'est Amaury, en effet, qui tenait le cheval en main lorsque Leo a sauté en selle.

— Eh bien! fit Charles IX, que toutes ces explications impatientaient, descendons toujours.

— Mais, observa respectueusement Gaston de Lux, c'est Leo qui a les clefs du caveau.

— On enfoncera la porte à coups de hallebarde, dit le roi.

L'ordre était formel, le duc descendit le premier et prit la torche des mains de Gaston.

Charles IX suivait le duc ; son œil flamboyait :

— Ah ! murmurait le monarque, vous conspirez contre moi, monsieur mon cousin de Navarre !... Eh bien ! je ferai rouler votre tête sous la hache, comme la tête d'un simple gentilhomme !

Le duc avait déjà fait trois pas dans le corridor souterrain, et soudain il s'était arrêté stupéfait.

Il venait d'apercevoir les clefs du caveau sur la serrure.

Madame de Montpensier, en s'en allant avec Noë, les y avait laissées.

— Ah ! par exemple ! s'écria le duc, ceci devient plus qu'étrange !..

Et il ouvrit brusquement la porte du caveau.

Puis il s'arrêta sur le seuil, car un singulier spectacle venait de s'offrir à ses regards.

Le sol, jonché de paille tachée de sang, témoignait d'une lutte acharnée.

Dans un coin, Lahire, épuisé de fatigue, dormait étendu sur le dos, ronflant comme le bourdon de Notre-Dame.

A l'autre extrémité se trouvait une forme humaine couverte d'un manteau.

Sans doute le meurtrier avait prié jusqu'au jour auprès du cadavre, puis il l'avait pieusement couvert de ce manteau.

On aurait pu croire que l'homme à demi enseveli sous ce vêtement, et dont on ne pouvait voir le visage, dormait pareillement, — si un filet de sang n'avait glissé sur le sol.

— Mordioux ! exclama le roi qui vit ce sang, est-ce que celui-là se serait tué pour échapper au bourreau ?

Et il marcha vers le cadavre et arracha le manteau.

— Mais ce n'est pas Noë, dit-il.

Le duc fit un pas en avant et reconnut Leo d'Arnembourg, Leo, roide et glacé, dont la gorge avait une plaie béante rouge de sang coagulé !

Le duc poussa un cri terrible, et Gaston de Lux répéta ce cri...

Quant au roi, il s'était approché du dormeur et l'avait poussé du pied ; Lahire s'éveilla et se dressa sur ses pieds, regardant avec étonnement et tour à tour le roi, le duc et Gaston.

Mais la vue du cadavre de Leo lui eut bientôt remis en mémoire tout ce qui s'était passé durant la nuit ; et, bien qu'il n'eût jamais vu le roi, il le reconnut à son attitude hautaine...

Et tout aussitôt le Gascon retrouva toute sa présence d'esprit et se souvint des derniers mots qu'il avait échangés avec Noë en langue béarnaise.

— Lahire, mon ami, se dit-il, attention ! il s'agit de ne pas trahir involontairement le roi de Navarre.

Et comme le duc et Gaston contemplaient, les cheveux hérissés, le cadavre de Leo d'Arnembourg, Lahire dit froidement :

— C'est moi qui l'ai tué !

Le duc eut accès de colère, et dégaînant il s'avança sur Lahire l'épée haute.

Mais Charles IX l'arrêta d'un geste :

— L'épée au fourreau, duc ! dit-il.

L'accent du roi était impérieux.

Le duc et Gaston comprirent qu'il allait interroger Lahire et demeurèrent immobiles et silencieux.

En effet, le roi regarda le jeune homme dont le visage s'était empreint d'une fierté respectueuse :

— Comment vous nommez-vous? dit-il.

— Lahire, Sire.

— De quel pays êtes-vous?

— Je suis Gascon.

— Quel est ce cadavre?

— Celui d'un homme qui est entré cette nuit dans mon cachot et qui m'a provoqué à un combat à outrance.

— Il est entré cette nuit?

— Oui, Sire.

— Il n'était donc pas prisonnier ? ce n'était donc pas votre complice ? exclama le roi stupéfait.

— C'était un de mes gentilshommes, dit le duc.

— Mais cet autre prisonnier, où est-il? demanda le roi.

— Leo lui a ouvert la prison, répondit Lahire.

Gaston s'écria :

— Ah! je comprends tout; c'est lui qui est parti revêtu de l'armure de Leo.

Lahire osa sourire : — Il paraît qu'elle était à sa taille, dit-il, puisque vous ne vous êtes point aperçu, messire...

Mais le roi frappa du pied :

— Voyons, dit-il, tout cela est obscur, et il faut que la lumière se fasse!

Ce mot de lumière éveilla une inspiration dans l'esprit de Lahire.

— Puisque Leo est mort, dit-il, je vais m'arranger de telle façon que la duchesse ne sera pas même soupçonnée.

Puis, toujours calme, il dit au roi :

— Si Votre Majesté daigne m'écouter, la lumière se fera.

— Parlez! dit le roi.

— Ce gentilhomme, reprit Lahire, et il montrait le cadavre de Leo, m'avait juré une haine mortelle depuis longtemps. Il est entré dans mon cachot et a offert sa liberté à mon compagnon, si ce dernier voulait lui céder sa place.

— Mais... quel était son but?

— Il voulait s'enfermer avec moi et me livrer le combat à outrance dans lequel il a succombé.

— Sire, s'écria le duc, cet homme ment! et je devine ce qui s'est passé.

— Parlez! fit Charles IX.

— Leo, que j'avais chargé de veiller sur eux, est entré ici dans un but que je ne puis préciser, ils l'auront assailli traîtreusement et assassiné. Puis l'un d'eux sera parti revêtu de l'armure de mon gentilhomme.

Lahire avait écouté le duc sans l'interrompre.

Quand le duc eut fini, le Gascon se dressa, leva sur le prince lorrain un œil tranquille et dédaigneux et lui dit :

— Regardez-moi donc, monseigneur, dites-moi si j'ai l'air d'un assassin ou la mine d'un gentilhomme.

L'accent de Lahire était si noble et si fier que le roi en tressaillit.

XXII

Tandis que le roi interrogeait Lahire, Noë, Hector et La Chesnaye se trouvaient en tête à tête dans la cave où l'on venait de déterrer les pistoles de monseigneur le duc de Guise.

Surpris un moment de l'arrivée inattendue de son ami Hector, Noë ne tarda point à s'écrier :

— Parbleu ! tu viens à propos.

— Ah ! ah ! fit Hector.

— Et, à nous deux, nous allons aviser aux moyens de mettre cet or en sûreté.

La Chesnaye jetait sur le monceau d'or un regard désolé.

— Où le mettre ? demanda Hector.

— Ma foi ! je n'en sais rien...

Noë, tout en répondant ainsi, regardait La Chesnaye.

— Ecoute, dit-il à Hector, j'ai une assez bonne idée.

— Laquelle ?

— C'est de laisser l'or ici.

— Hein ?

— Attendu que les gens du roi ne songeront point à l'y venir chercher.

— Oh ! dit La Chesnaye, qui eut un rayon d'espoir, ils ont tout fouillé, et ils sont partis avec la conviction qu'ils n'avaient plus rien à emporter.

— C'est juste, dit Hector. Mais, si les gens du roi ne viennent pas, il peut venir les gens du duc.

— C'est vrai.

— Et les gens du duc savent sans doute le secret de la cachette.

— Non, dit La Chesnaye, il n'y a que le duc et moi.

Malheureusement pour le mystérieux intendant des princes lorrains, il s'était trop hâté de faire cette réponse, qui éveilla les soupçons de Noë.

— Tu as raison, dit-il à Hector, il faut enlever l'or.

— Mais... où le porter?

Noë réfléchit un moment.

— Attends, reprit-il, nous allons d'abord nous occuper d'autre chose.

— De quoi donc?

— Tu vas voir.

Puis, regardant La Chesnaye et le montrant à Hector.

— Je te confie monsieur.

— Bien.

— Si l'envie le prenait de te quitter, tu pourrais lui loger ta rapière dans le ventre.

La Chesnaye fit la grimace.

— Moi, je reviens, ajouta Noë.

Et il regagna sans lumière, car il avait laissé la torche aux mains de La Chesnaye, l'entrée des caves et l'échelle de meunier qui permettait de remonter dans la cuisine.

Noë s'en alla fermer soigneusement la porte ét ensuite la croisée par laquelle s'était introduit Hector.

Ensuite, lorsqu'il fut bien certain qu'on ne pouvait plus pénétrer dans la maison sans une effraction quelconque, il redescendit les premières marches de l'échelle et laissa retomber la trappe sur lui.

C'était suffisant pour que, si on pénétrait violemment dans la maison, on ne songeât point tout d'abord qu'il pouvait y avoir du monde dans la cave.

Cela fait, Noë rejoignit Hector.

Hector s'était assis sur les sacs remplis d'or ; et lorsqu'il vit revenir Noë, il lui dit en souriant:

— C'est un siége un peu dur, il est vrai, mais on s'y ferait aisément.

— Oh! moi, répondit Noë, je m'en servirais volontiers comme de matelas.

La Chesnaye, immobile, triste, le front penché, tenait toujours sa torche à la main.

— Mon cher monsieur, lui dit Noë, si vous le voulez bien, nous allons causer un peu de tout autre chose que de cet or dont nous trouverons plus tard l'emploi.

La Chesnaye tressaillit.

— Tout à l'heure, poursuivit Noë, lorsque vous me preniez pour le sire Leo d'Arnembourg, vous me parliez d'un certain parchemin...

L'inquiétude gagna La Chesnaye.

— D'un certain parchemin écrit en chiffres, poursuivit Noë.

— Eh bien?

— Que ni M. de Pibrac ni le roi de Navarre n'avaient pu déchiffrer.

La Chesnaye comprit que Noë n'était pas homme à laisser perdre un secret.

Cependant, il paya d'audace.

— Qu'est-ce que cela peut vous faire, monsieur? dit-il.

— Cela m'intéresse.

— Mais, m'avez-vous dit, vous ne vous mêlez pas de politique.

— Habituellement, non.

— Alors?...

— Mais, par hasard, accidentellement, comme on dit... vous comprenez?

— Mais non, dit La Chesnaye, je ne comprends pas.

— En ce cas, je vais m'expliquer.

— J'écoute.

Noë reprit :

— Ce parchemin, m'avez-vous dit, contenait une liste?

— C'est possible.

— La liste de ceux sur qui on peut compter *au grand jour*... N'est-ce pas le mot dont vous vous êtes servi, maître La Chesnaye?

— Peut-être...

— Eh bien, figurez-vous que ces mots qui vous ont échappé ont vivement chatouillé ma curiosité.

— Vraiment?

— Parole d'honneur!

La Chesnaye retrouvait facilement son calme ordinaire. Il eut même un sourire railleur.

— Vous êtes curieux, dit-il, de choses qui ne vous intéressent guère.

— C'est ce qui vous trompe...

— Bah!

— Et je me suis mis en tête de savoir ce que contient cette liste.

La Chesnaye regarda Noë :

— Comment ! fit-il, vous avez donc oublié ce que j'ai fait la nuit dernière ?

— Non, certes ! je sais que vous vous êtes précipité dans l'oubliette pour ne point révéler ce que vous saviez.

— Eh bien, alors ?

— Mais vous êtes convenu, tout à l'heure, avec moi, que depuis vous aviez peur de la mort...

— J'en conviens encore...

— Donc, comme je suis homme à vous tuer, maître La Chesnaye...

Le drapier fit un pas de retraite.

— Vous parlerez, mordioux ! exclama Noë, qui remit sa flamberge au vent.

— Et si je refusais ?

— Je vous tuerais.

— Oh !

Noë fit miroiter la lame de son épée dans le rayon lumineux décrit par la torche. La Chesnaye comprit qu'il était perdu s'il hésitait.

— Eh bien, dit-il, que voulez-vous savoir ?

— D'abord ce que vous nommez le *grand jour*.

Une inspiration traversa le cerveau du faux drapier :

— C'est le jour de la conspiration, dit-elle.

— Quelle est cette conspiration ?

— Ah ! c'est difficile à expliquer.

— Expliquez toujours !

— Eh bien, figurez-vous que le duc a de l'ambition.

— Je l'ai ouï dire.

Et Noë prit un air naïf.

— Or, l'ambition du duc, poursuivit La Chesnaye, est d'être roi.

— Je comprends cela.

— Et le duc rêve une couronne.

— Bon ! c'est celle de France.

— Peut-être...

Et La Chesnaye eut un sourire de mystérieuse finesse.

Mais l'œil clair de Noë pesait sur le faux drapier :

— Maître, dit-il, vous êtes un homme d'esprit.

La Chesnaye s'inclina :

— Vous êtes trop bon, fit-il.

— Et vous mentez agréablement, acheva Noë.

La Chesnaye se sentit mal à l'aise.

— Oh ! continua Noë, je sais bien que le duc veut être roi.

— Vous voyez bien, alors, que je ne mens pas, mon gentilhomme.

— Pardon !

— Cependant...

— Ecoutez donc, fit Noë. Je vais vous faire un raisonnement bien simple.

— Parlez...

— Je sais bien que le duc aimerait assez devenir roi ; mais le duc sait bien qu'il y a des obstacles.

— Ah ! vous croyez ? fit La Chesnaye avec impudence.

— Oh ! mon Dieu ! poursuivit Noë, ces obstacles ne sont ni le duc d'Alençon, qui est détesté, ni le duc d'Anjou, qui règne en Pologne, ni le roi Charles IX lui-même qui, dit-on, est atteint d'une maladie mortelle, laquelle l'emportera au premier jour.

— Hé! mais, observa La Chesnaye, dont toutes les défiances assoupies se réveillèrent soudain, il me semble que vous vous occupez plus de politique que vous ne le prétendiez.

— Possible encore. Mais écoutez donc. Les obstacles qui séparent le duc de Guise du trône de France ne sont donc ni le roi de Pologne, ni le roi Charles IX, ni le duc d'Alençon.

— Je n'en vois pas d'autres, cependant, fit La Chesnaye, qui sut prendre un air naïf.

— Il y en a un plus sérieux que tout cela, cependant.

— Bah!

— C'est le roi de Navarre.

— Peuh! fit La Chesnaye.

— Le roi de Navarre, à qui reviendrait le trône par droit d'héritage, si les Valois s'éteignaient.

La Chesnaye fronça le sourcil.

— Or, cher maître, quand on va droit à un but, on cherche à supprimer les obstacles.

— Naturellement.

— D'où je conclus que le *grand jour* peut bien signifier une conspiration contre le roi de Navarre.

Tout vieux qu'il était, La Chesnaye se prit à rougir.

— Allons! dit Noë, il est temps de lever le masque.

Et, regardant fixement La Chesnaye :

— Vous ne me connaissez donc pas? fit-il.

— Je vous ai vu aujourd'hui pour la première fois.

— Vous ne soupçonnez pas qui je puis être?

— Non.

— Je suis le comte Amaury de Noë, dit froidement le Gascon.

— L'ami du roi de Navarre?

— Justement.

Les cheveux de La Chesnaye se hérissèrent.

— Ah! mon Dieu! fit-il.

— Et convenez, reprit Noë en riant, que vous n'êtes pas très-heureux, mon cher maître, car vous tombez de Charybde en Scylla. Après avoir échappé au roi de Navarre, vous voilà au pouvoir de son ami le comte Amaury de Noë.

La Chesnaye baissait la tête.

— C'est jour de malheur, ma foi! acheva Noë.

Le faux drapier perdit un moment son assurance.

— Mais enfin, dit-il, que voulez-vous de moi?

— Je veux que tu parles!

Et Noë agita négligemment son épée en regardant Hector.

Hector, lui aussi, mit flamberge au vent.

Alors La Chesnaye regarda tour à tour les deux jeunes gens et comprit qu'il n'avait ni grâce ni merci à attendre.

— Ah! parbleu! murmura Noë d'un ton railleur, je vais bien voir si mon père avait raison.

— Que disait donc ton père? demanda Hector.

— Il prétendait qu'on était brave un jour et lâche le lendemain.

— Et tu en conclus?

— Que maître La Chesnaye, qui a bravé la mort la nuit dernière, va se cramponner à la vie ce matin.

— Tu crois?

— Nous allons voir.

Et Noë dit à La Chesnaye :

— Je vous donne trois minutes, maître, pour vous décider. Je veux savoir ce que c'est que le grand jour.

— Et si je ne veux pas parler ! s'écria La Chesnaye hors de lui.

— Mon ami vous tuera. Allons ! Hector, voilà de la besogne pour toi, mon ami !...

Il se livra alors dans l'âme de maître La Chesnaye un singulier combat entre l'amour de la vie et le sentiment de fidélité qui l'attachait aux princes lorrains.

Noë avait deviné à moitié; un mot de plus, et tous les plans du duc de Guise avortaient.

La Chesnaye le comprit si bien qu'il eut un éclair de cet héroïsme dont il avait fait preuve la nuit précédente, et que, présentant sa poitrine, il dit à Hector :

— Allons ! monsieur, tenez, tuez-moi !

— Hum ! pensa Noë, si le drôle redevient brave, nous ne saurons absolument rien. Il faut l'effrayer.

Et se tournant vers Hector qui n'attendait qu'un signe pour frapper :

— Remets ton épée au fourreau, dit-il.

Hector obéit sans trop savoir ce que voulait Noë, mais en se fiant à son imagination.

La Chesnaye respira :

— Vous voyez bien, fit-il, que vous alliez commettre un meurtre inutile.

— Plaît-il?

— Sans doute; j'aime cent fois mieux la mort que de commettre une trahison.

Noë haussa les épaules.

— Vous êtes un niais, maître La Chesnaye, dit-il.

— Un niais!

— Mais certes! vous allez en juger...

Noë avisa, dans un coin de la cave, un monceau de bois et de fagots.

— Voyez-vous, maître La Chesnaye, poursuivit-il, tel qui mourrait d'un coup d'épée sans sourciller pâlirait devant un bûcher.

La Chesnaye fit encore un pas de retraite.

— Quand le parlement veut absolument obtenir des aveux, il fait donner la torture à l'inculpé. Nous allons faire comme le parlement, maître.

Et, s'adressant à Hector:

— Prends ce fagot, porte-le là-bas, dans ce coin, car il ne faut pas mettre le feu à la maison... Bien!

La Chesnaye devint pâle et tremblant. Noë lui prit la torche des mains et en même temps il le saisit par le bras.

— Nous allons vous chauffer la plante des pieds, dit-il.

La Chesnaye étouffa un cri.

Mais déjà Noë avait passé la torche à Hector, qui mit le feu au fagot.

En même temps le jeune homme, qui était d'une rare vigueur, prit La Chesnaye à bras-le-corps, le renversa sur le sol, le saisit ensuite par les pieds et le traîna vers le fagot qui commençait à flamber.

— Grâce! s'écria le malheureux drapier.

— Non pas, non pas, dit Noë, qui lui mit un genou sur la poitrine et lui assujettit les deux bras sur le sol, tandis que Hector, prenant les pieds à son tour, les tirait vers le fagot enflammé.

— Grâce ! répéta La Chesnaye qui sentit les premières atteintes du feu.

— Alors, parle !...

Ce que la menace de mort n'avait pu obtenir, la douleur l'obtint.

Depuis qu'il était en présence de Noë, maître La Chesnaye n'avait jamais eu toute sa tête à lui, et il s'était trouvé si bouleversé qu'il avait perdu en partie la mémoire et n'avait point songé à un moyen de salut qui, en toute autre circonstance, lui fût sans doute venu à l'esprit.

Eh bien, la première brûlure fut pour lui comme une inspiration :

— Je parlerai, dit-il,

— A la bonne heure ! fit Noë.

Et il laissa La Chesnaye se relever.

La Chesnaye regarda Noë avec une certaine bonhomie effrayée à laquelle le jeune homme, tout Gascon qu'il était, se laissa prendre.

— Quand j'aurai trahi le duc, dit-il, me prendrez-vous sous votre protection ?

— Oui.

— Car le duc me ferait mourir dans les supplices, acheva La Chesnaye, si je retombais en ses mains.

— Vous n'y retomberez pas; nous vous enverrons en Navarre.

— Vrai ?

— Foi de gentilhomme !

— Ah ! fit La Chesnaye, qui poussa un dernier

soupir, tant pis pour le duc, je ne veux pas brûler.

— Je comprends cela, dit Noë.

— Et vous saurez tout.

— Voyons.

— Il y a ici, dans cette cave, une armoire creusée dans le mur et fermée par une porte de fer... tenez... là, derrière cette futaille.

— Et cette armoire ?...

— Contient tous les secrets de la maison de Lorraine.

— Ah ! ah !

— La futaille est vide, aidez-moi à la déplacer.

La Chesnaye avait su prendre un air résigné ; son accent semblait sincère.

Noë continua à s'y tromper.

Hector et lui déplacèrent la futaille, et La Chesnaye s'approcha du mur dans lequel, en effet, était percée une porte.

Cette porte était en fer.

La main du drapier chercha un ressort, le pressa, et soudain la porte céda, et Noë et Hector aperçurent une cavité dont ils ne purent mesurer la profondeur.

Alors, prompt comme l'éclair, La Chesnaye s'élança en avant, et, comme si elle eût obéi à un second ressort non moins invisible que le premier, la porte se referma bruyamment, et La Chesnaye se trouva séparé de ses persécuteurs.

Noë et Hector jetèrent un cri et se regardèrent avec stupeur.

XXIII

La disparition de maître La Chesnaye venait de s'opérer comme par miracle et d'une façon si subite que les deux jeunes gens se regardèrent un moment pour se demander s'ils n'avaient pas rêvé. Mais la porte de fer était là pour attester la réalité de ce qui venait d'avoir lieu.

Enfin Noë fit entendre un juron énergique et se rua sur cette porte, cherchant, à son tour, ce ressort, le bouton secret que La Chesnaye avait pressé.

Mais Noë chercha et palpa dans tous les sens inutilement.

Hector, la torche à la main, examina la porte avec attention depuis le haut jusques au bas sans rien découvrir.

— Mordioux! murmura-t-il, le vieux drôle nous a joués comme ne l'eût pas mieux fait le diable en personne.

Et il essaya d'enfoncer la porte d'un coup d'épaule.

Mais la porte résista.

— Cornes de Satan! s'écria Noë, je le ferai mourir de faim dans ce réduit si je ne peux l'y rejoindre!

— Oh! ce réduit, répondit Hector, n'est pas ce que le drôle nous a dit.

— Tu crois?

— C'est un passage secret évidemment.

— Tant mieux pour La Chesnaye, en ce cas, fit Noë; car, s'il en est autrement, et s'il n'a d'autre issue que cette porte pour nous échapper, il n'en franchira plus le seuil !

Hector montra le fagot qui continuait à brûler.

— Si nous mettions le feu à la maison? dit-il.

— C'est une bonne idée, seulement il faut enlever cet or.

— Tiens, c'est vrai.

— Tu comprends bien, mon ami, continua Noë, qu'il ne faut pas laisser à nos ennemis ce qu'on appelle le nerf de la guerre.

— Non, mais comment l'emporter? Il y a là plus que la charge de deux hommes.

— Eh bien! nous ferons plusieurs voyages.

— Et si La Chesnaye a trouvé une issue secrète et qu'il ait pu s'échapper?...

— Bah! ce n'est pas lui qui nous dérangera.

— Non, mais il ira prévenir les gens du duc.

— Le duc et ses gens sont à Meudon.

— Alors il faut se hâter...

Noë et Hector tinrent conseil un moment.

— Tiens! dit Noë, j'ai une idée.

— Voyons?

— Personne au Louvre ne te connaît. Tu peux donc te risquer au milieu des gens du roi, on ne fera nulle attention à toi.

— C'est probable.

— Écoute donc. Tu vas t'en aller près du Louvre, en face l'église Saint-Germain-l'Auxerrois...

— Bien!

— Tu entreras dans un cabaret qui porte pour enseigne : *Au Rendez-vous des Béarnais.*

— Chez Malican?

— Justement.

Noë ôta un anneau de son doigt.

— Tu lui montreras cela, dit-il, et il saura que tu viens de ma part.

— Après?

— Tu diras à Malican que tu as besoin de lui, et il t'obéira comme à moi-même.

— Que lui ordonnerai-je?

— Tu le prieras de te prêter un haut de chausses et une souquenille de pauvre hère, un costume qui te donne l'air d'un valet de bourgeois.

— Est-ce tout?

— Non. Quand tu seras ainsi accoutré, Malican placera sur sa mule une barde à paniers et tu monteras dessus.

— Bon! dit Hector, je comprends. Mais penses-tu que Malican voudra se charger de cet or?

— Malican fera ce que je voudrai. Va.

— Et toi?

— Moi, je vais t'attendre ici.

Hector partit.

Noë le reconduisit jusqu'à la porte de la maison, et en ouvrant cette porte il jeta un coup d'œil rapide dans la rue.

La rue était déserte, et le premier rayon du soleil ne dorait point encore la cime des toits.

— Si tu te hâtes, dit Noë, nous aurons tout enlevé avant qu'on ait ouvert une seule fenêtre.

Hector s'en alla courant.

Noë referma la porte avec soin, passa dans la cuisine où il s'assura que les Suisses dormaient toujours et redescendit dans la cave.

Là, armé de la torche, il examina de nouveau cette porte mystérieuse que La Chesnaye avait pu ouvrir si facilement.

Il chercha, palpa, frappa, essaya d'introduire la pointe de son épée dans la rainure des gonds... Tout fut inutile, la porte ne s'ouvrit pas.

Cet homme est donc sorcier? dit-il.

Puis renonçant à suivre la trace de La Chesnaye, Noë ne s'occupa plus que des sacs de cuir remplis d'or.

Chacun d'eux contenait environ quatre mille pistoles et avait déjà, par conséquent, un poids raisonnable.

Cependant Noë en prit un sous chaque bras et remonta ainsi chargé dans la cuisine.

Il fit cinq voyages de suite, et l'or du duc de Guise abandonna les profondeurs souterraines pour reparaître à la surface du globe et sous la lumière du jour.

. . . .

Pendant ce temps-là, Hector courait chez Malican.

Malican venait de se lever, et il était assez mélancoliquement sur le seuil de sa porte, se remémorant les événements de la nuit, c'est-à-dire le retour précipité du roi de Navarre et la visite de M. de Pibrac, le capitaine des gardes.

Malican songeait que Noë avait été fait prisonnier, qu'il était aux moins des gens du duc et de René le Florentin, et Malican frissonnait. Noë n'était-il pas l'époux de Myette, sa jolie nièce?

— Comment apprendre à Myette la catastrophe? murmurait le pauvre cabaretier.

Tandis qu'il se posait cette question un peu épineuse, il vit venir Hector qui le salua d'un air de connaissance.

Malican n'avait jamais vu Hector. Mais le jeune homme était grand, svelte, brun comme une olive, et tout en lui trahissait l'origine méridionale.

Hector avait encore ses bottes crottées et il était enveloppé dans son manteau couvert de poussière.

Malican se dit :

— Voilà un Gascon. Si c'était ce gentilhomme qui a pu s'échapper avec le roi?

Puis il rendit son salut à Hector. Celui-ci lui dit :

— C'est vous qui êtes Malican?

— Pour vous servir, mon gentilhomme.

Hector tira de son doigt la bague de Noë

— Connaissez-vous ce joyau?

— Oh! certes! dit Malican ému, mon pauvre neveu...

— Je suis son ami.

— Est-ce vous qui... cette nuit?...

— Je m'appelle Hector.

— Ah! je l'avais deviné... fit Malican.

— Vous avez vu le roi?... demanda tout bas Hector.

— Il est arrivé cette nuit.

— A-t-il pu rentrer au Louvre?

— Oui, avec M. de Pibrac. Mais, fit tout à coup Malican, il ne m'a point dit que vous aviez cette bague.

— Je ne l'avais pas hier.

— Comment! vous avez vu Noë depuis, monsieur Hector?

— Je le quitte à l'instant.

— Mais...

— Ah! fit Hector en souriant, j'oubliais de vous dire qu'il avait pu s'échapper.

Malican étouffa un cri de joie.

— Chut! dit Hector, il est libre! et il m'envoie vers vous.

— Pour que je le cache! fit Malican avec effroi. Mais ma maison est la première qu'on fouillera de fond en comble.

— Ce n'est pas cela, maître. Noë m'envoie simplement chercher votre mule et ses paniers.

Hector raconta alors à Malican comme il avait retrouvé Noë et ce qui s'était passé dans la maison de La Chesnaye.

Malican écoutait, ébahi.

— Mais, dit-il enfin, Noë n'a pu songer sérieusement à cacher tout cet or chez moi.

— Pourquoi?

— Parce que les gens du roi ne manqueront pas de l'y venir chercher, lui dit Malican, et qu'en l'y cherchant, ils trouveront l'or.

— C'est juste. Alors où le mettre?

— Vous direz à Noë qu'il aille au village de Chaillot. Il saura ce que je veux dire.

Tout en échangeant ces explications avec Hector, Malican avait bridé sa mule, posé dessus la barde à paniers, puis il avait donné à Hector des vêtements qui le métamorphosèrent tout à fait.

Ces vêtements étaient ceux d'un garçon cabaretier que Malican avait à son service.

Quand il fut ainsi vêtu, Hector monta sur la mule et s'assit sur la barre à la manière des gens du peuple.

Puis il reprit le chemin de la maison de La Chesnaye.

Noë, l'œil et l'oreille au guet derrière la porte, entendit le pas de la mule et se hâta d'ouvrir.

— Ah! mordioux! dit-il, j'aurais bien reconnu la mule, mais quant à Hector, il est complètement déguisé.

Hector, lui-même, s'était arrêté à trois pas du seuil, un peu interdit.

Ce n'était plus Noë qu'il voyait, c'était un jeune homme vêtu de grosse laine grise, coiffé d'un chapeau bourgeois et tout à fait méconnaissable.

Noë avait trouvé des habits à Patureau et il s'était empressé de les endosser.

Puis il avait pilé du charbon, l'avait délayé dans du vinaigre, en avait confectionné une sorte d'encre et s'était noirci la barbe et les cheveux.

Myette elle-même ne l'eût pas reconnu.

— Ah! mordioux! fit Hector, tu pourrais figurer avec avantage parmi les confrères de la passion.

— Tu trouves?

— Et tu es aussi dissemblable du Noë de tout à l'heure que tu ressemblais cette nuit au sire Leo d'Arnembourg.

Noë se mit à rire.

— Hâtons-nous, dit-il.

Et il entra dans la maison, tandis qu'Hector attachait la mule à un anneau de fer scellé dans le mur.

Les deux jeunes gens ne perdirent pas à causer un temps précieux : chacun des sacs remplis d'or fut apporté et placé dans les paniers.

Puis, quand cela fut fait, Noë dit à Hector :

— Nous avons songé à mettre le feu à la maison.
— Oui.
— J'y ai renoncé.
— Pourquoi ?
— Parce que, pour brûler La Chesnaye, nous brûlerions en même temps les deux Suisses ; ce qui serait une cruauté bien inutile.
— Tu as raison.
— Donc partons et allons mettre notre trésor en sûreté. Malican a-t-il vu le roi.
— Oui, il est rentré au Louvre avec Pibrac, qui sait tout.
— Ah! fit Noë soulagé.
— Mais, poursuivit Hector, Malican prétend que cet or serait bien plus en sûreté à Chaillot.
— Tiens ! c'est vrai.
— Qu'est-ce que Chaillot ?
— Un village aux portes de Paris, dans lequel nous avons des amis.

Noë faisant allusion à la tante de cet honnête Guillaume Vercousin, si dévoué à Sarah l'argentière.

Noë se pencha sur la mule à côté d'Hector qui se plaça à califourchon, et ils partirent, laissant la porte de la maison entr'ouverte.

La rue était déserte encore, et nul n'avait vu commettre le vol des pistoles de monseigneur le duc de Guise!

XXIV

Tandis que Noë et Hector enlevaent le trésor du duc de Guise, celui-ci était toujours avec le roi Charles IX dans le caveau où gisat le cadavre de Leo d'Arnembourg et où Lahire subissait son interrogatoire.

Le jeune gentilhomme avait si énergiquement protesté par son accent et son attitude contre l'accusation d'assassinat portée par le duc, que Charles IX en tressaillit et fut touché le cette noble et fière attitude.

— Soit! dit le monarque, je veux croire, je crois que vous avez loyalement tué cet homme. Mais que répondrez-vous si je vous demande pourquoi vous avez enlevé la reine-mère ?

— Sire, je suis huguenot.

Lahire mentait, mais il mentait pour sauver son roi à lui, le roi de Navarre.

— Ah ! vous êtes huguenot?

— Oui, Sire.

— Eh bien?

— A nos yeux, Sire, au yeux de cette malheureuse et loyale fraction de votre peuple qui ne demande qu'à vous servir avec amour, notre plus mortel ennemi c'est d'abord monseigneur le duc de Guise que voilà... et ensuite...

Lahire s'arrêta.

— Achevez, dit le roi.

— Ensuite, c'est la reine-mère.

— Et vous avez osé porter la main sur elle ?
— Oui, Sire.
— Quel était votre but ?
— Lui vendre sa liberté au prix de notre repos.
— Ainsi vous avouez votre crime ?
— A nos yeux ce n'est point un crime.
— Vous aviez trois compagnons ?
— Oui, Sire.
— Nommez-les-moi.
— Votre Majesté peut m'envoyer à la torture. Je ne répondrai pas.
— Prenez garde, monsieur.

Et le roi frappa le sol du pied.

— Sire, dit fièrement Lahire, mon corps est aux hommes, ma vie est au roi, mon âme est à Dieu. Le roi peut me condamner à mort, les hommes peuvent exécuter la sentence; Dieu seul peut me délier du serment que j'ai de garder le silence.
— Ah! vous avez juré de vous taire?
— Oui, Sire.
— Même si je vous pardonnais?
— Je ne demande point ma grâce, Sire.
— Mais on retrouvera vos complices !
— Ce sera difficile, car à l'exception de celui qui a été fait prisonnier avec moi et qui s'est évadé, nul n'a vu leur visage.
— Eh bien ! on retrouvera Noë! dit le roi.

Lahire eut une inspiration sublime.

— Noë? fit-il, qu'est-ce que Noë?

Le roi eut un geste de surprise et le duc jeta un cri.

— Je ne connais M. de Noë que de nom, dit Lahire. Je ne l'ai jamais vu.

— Vous ne l'avez jamais vu! s'écria le duc hors de lui.

— Mon compagnon de captivité était, comme moi, un gentilhomme huguenot étranger à la cour de France.

— Et il se nommait.

— Gontran, Sire.

Le roi se retourna vers le duc stupéfait.

— Qu'est-ce que cela signifie, monsieur? lui dit-il avec sévérité.

— Mais, Sire, dit le duc, j'affirme à Votre Majesté que le gentilhomme qui s'est évadé cette nuit était bien messire Amaury de Noë, l'ami le plus intime du roi de Navarre.

Lahire se frappa le front, comme si les dernières paroles du duc eussent jeté une grande lumière dans son esprit.

— Ah! fit-il, je comprends tout.

— Que voulez-vous dire? fit le roi.

Lahire étendit la main vers le duc :

— Tenez, Sire, mes amis et moi nous avons osé conspirer contre la reine-mère, mais nous avons joué notre vie. Monseigneur le duc de Guise que voilà conspire non-seulement contre Votre Majesté, mais il conspire aussi contre le roi de Navarre!

Le roi frappa de nouveau du pied avec une colère croissante.

— Mais expliquez-vous donc! dit-il. Expliquez-vous, monsieur!

— Il y a un complot, Sire, continua Lahire, un

complot ourdi contre le roi de Navarre par monseigueur le duc de Guise, la reine-mère et René le Florentin. Maintenant je comprends pourquoi ils ont fait évader mon ami Gontran. On voulait pouvoir affirmer à Votre Majesté que mon ami s'appelait Noë et que ce même Noë, l'ami du roi Navarre, n'avait été que l'instrument de ce dernier.

Cette étrange assertion de Lahire avait, en apparence, quelque chose de si logique, et les événements de la nuit semblaient si bien venir à l'appui de la version qu'il opposait à celle du duc, il parlait enfin avec tant de calme, envisageant le duc avec assurance et portant la tête haute, que la conviction du roi fut ébranlée.

Le roi regarda le duc :

— Eh bien ! monsieur, dit-il, qu'avez-vous à répondre ?

L'altier prince lorrain fut pris d'un violent accès de rage :

— Cet homme ment, Sire, dit-il.

Lahire eut un sourire de dédain.

— La reine-mère, continua le duc, René et tous ceux qui m'accompagnaient, vous diront...

— Bah! interrompit Lahire, tous les gens de monseigneur le duc de Guise lui sont dévoués. Ils soutiendront que mon ami Gontran était bien M. de Noë.

— Oh! c'est trop d'impudence ! vociféra le duc.

Il porta de nouveau la main à la garde de son épée ; et sans doute sans la présence du roi, il se fût rué sur Lahire et l'eût tué sur place.

Mais Lahire fut protégé par le roi.

Charles IX étendit la main :

— Monsieur, dit-il au duc, tout cela s'expliquera au Louvre où je vous donne rendez-vous ce soir avec madame Catherine et le roi de Navarre.

Et il fit un pas vers la porte, mais soudain il se retourna et dit à Lahire :

— Monsieur, vous êtes mon prisonnier... Suivez-moi !

— Par ma foi ! Sire, répondit le Gascon, j'aime bien mieux être aux mains du roi qu'en celles de monseigneur le duc de Guise, et je poserai ma tête sur le billot sans vergogne, pourvu que le bourreau soit aux gages de Votre Majesté et non à ceux des princes lorrains !

Le roi ordonnait, le duc lui-même n'osa refuser d'obéir. Il s'effaça, le roi sortit le premier, et Lahire, se drapant dans son manteau, suivit le roi, jetant au duc un regard de triomphe.

Le roi, en ordonnant à M. Pibrac d'arrêter le roi de Navarre et de le conduire au Louvre, avait néanmoins conservé une partie de son escorte de Suisses à cheval.

Remonté dans le corridor, le monarque ne se dirigea point vers l'appartement occupé par la reine-mère.

Tout au contraire, il s'en alla droit à la porte extérieure et demanda sa monture.

Les paroles de Lahire avaient suffi pour tourner une partie de sa colère contre la reine-mère et le duc de Guise.

Aussi il ne prit congé ni de l'une ni de l'autre.

— Donnez un cheval à ce jeune homme, dit-il en

montrant **Lahire** ; il est mon prisonnier, et vous me répondez de lui.

Le duc avait accompagné le roi jusqu'au seuil :

— Sire, dit-il, Votre Majesté repart pour Paris sans avoir revu madame Catherine?

— Ce soir, répondit le roi avec impatience, ce soir... au Louvre... Bonsoir, duc !

Et il sauta en selle et partit.

Lahire chevauchait respectueusement derrière le roi, et trois Suisses fermaient la marche de la petite escorte.

Mais Lahire ne s'éloigna point sans détourner la tête plusieurs fois.

Il espérait voir la duchesse à quelque fenêtre ou sur le seuil de la porte.

La duchesse ne se montra point.

— Allons! Lahire mon bel ami, se dit le jeune homme, il y faut renoncer et suivre sa destinée... Qui sait? pourtant?... ce que femme veut, Dieu le veut ! et elle me sauvera peut-être, bien que je vienne de passer des mains du duc à celles du roi.

....

Le duc de Guise était demeuré comme stupéfait sur le seuil de la petite maison.

Il vit d'un œil atone le roi s'éloigner...

Immobile, sans voix, il resta là pendant quelques minutes, se demandant s'il ne rêvait pas.

Mais il se retourna et vit Gaston de Lux derrière lui.

Gaston était non moins atterré, pour ainsi dire.

— Ah ! tu étais là? fit le duc qui avait besoin d'épancher cette colère que la présence du roi avait pu seule contenir.

— Oui, monseigneur, répondit Gaston, et j'avoue à Votre Altesse que je ne comprends absolument rien à tout ce qui s'est passé ici.

— Ni moi, dit le duc.

— Ce Lahire, que le roi nous enlève, a-t-il tué loyalement Leo ou l'a-t-il assassiné?

Le duc se souvint de ce regard calme et fier que Lahire avait levé sur lui, tout à l'heure.

— Non, dit-il, le combat a dû être loyal, mais...

— Mais Votre Altesse ne comprend pas comment Leo a pu consentir à se dépouiller de ses armes en faveur de Noë?

— Non, certes.

A de certaines heures, les hommes ont comme une révélation lointaine de la vérité.

Gaston eut un éclair de divination, et il se souvint que Leo avait affirmé jadis l'amour de la duchesse de Montpensier pour Lahire.

Il est vrai que depuis la duchesse avait prouvé clair comme le jour au comte Eric de Crèvecœur que Lahire avait menti. Mais un soupçon n'en était pas moins demeuré au fond du cœur de Gaston.

Et Gaston aimait la duchesse autant que l'avait aimée Leo d'Arnembourg, et, comme lui, il était jaloux.

Gaston se souvint d'avoir rencontré madame de Montpensier dans la soirée précédente et d'avoir remarqué sa pâleur et son trouble, et il se dit :

— Elle aura voulu faire évader Lahire... et sans doute il y aura eu quelque méprise.

— Eh bien ! fit le duc qui semblait attendre que Gaston lui donnât l'explication des évènements étranges, explication qu'il cherchait vainement.

— Monseigneur, dit Gaston, il est une personne qui doit savoir la vérité sur l'évasion de Noë.

— Qui donc ?

— Le page Amaury.

— Ah ! c'est juste !... Eh bien ! va me le querir.

— Amaury n'est point ici.

— Où donc est-il ?

— Je l'ignore.

A son tour le duc frappa du pied.

Le roi n'était plus là, le duc redevenait le maître.

— Mais, dit Gaston, madame la duchesse de Montpensier doit savoir où elle l'a envoyé...

Le duc tressaillit et, pour la première fois depuis le matin, il songea à sa sœur.

— Et même, ajouta Gaston, je gage que la duchesse de Montpensier pourrait nous donner l'explication que désire si ardemment Votre Altesse.

Le duc n'en entendit pas davantage et se précipita comme un ouragan vers l'appartement de madame de Montpensier.

Gaston le suivit.

Mais le duc, après avoir gratté par deux fois inutilement, prit le parti d'ouvrir et de refermer la porte sur lui, laissant Gaston au dehors.

Celui-ci voulut s'éloigner, mais une force invincible, une sorte d'attraction cruelle le retint, il demeura immobile derrière la porte, écoutant.

La porte s'était ouverte avec fracas sous la main du duc, et le bruit avait été tel que madame de Montpensier, qui était au lit s'était éveillée en sursaut.

A quelle heure, dominée par la fatigue, brisée par la douleur, la duchesse avait-elle fini par s'endormir?

On le devinait à ses yeux battus, à son visage fatigué.

Madame de Montpensier avait dû veiller jusqu'au jour et chercher dans son imagination un moyen quelconque d'arracher au sort qui l'attendait l'homme que, la veille encore, elle ne croyait pas tant aimer.

L'irruption que le duc fit dans sa chambre en l'éveillant en sursaut lui remémora sur-le-champ ce qui s'était passé durant la soirée précédente et pendant la nuit.

— Ah! fit-elle en voyant entrer le duc, le roi a été prévenu ce matin, n'est-ce pas?

— Certainement.

— Et il est venu?

— Il est venu et reparti, répondit le duc d'un air sombre.

La duchesse pensa que le plan arrêté la veille entre elle, son frère et la reine-mère, avait échoué, et la femme politique reparut en elle.

— Oh! oh! dit-elle, aurions-nous été battus, Henri?

— Oui, madame.

— Vous n'êtes point rentré en grâce?

— D'abord le roi m'a tendu la main, et il a fait arrêter le roi de Navarre, qui a dû faire diligence pour nous devancer ainsi de près de douze heures et rentrer au Louvre.

— Le roi de Navarre est arrêté?

— Oui.

— Eh bien! c'est un triomphe cela, mon frère.

— C'en était un, du moins.

— Qu'est-il donc arrivé?

— Une catastrophe incompréhensible.

— Oh! oh! pensa la duchesse, on a constaté l'évasion de Noë.

Et madame de Montpensier redevint femme, elle prit un air ingénu et effrayé à la fois, résolue à jouer la dissimulation la plus complète.

— De quelle catastrophe voulez-vous donc parler? fit-elle.

— Un des prisonniers s'est évadé.

— Allons donc! répondit la duchesse avec un ton d'incrédulité parfaitement joué, c'est impossible!

— Impossible, dites-vous?

— Sans doute. Leo d'Arnembourg ne veillait-il pas sur eux.

— Leo est mort.

Le duc prononça ces deux mots avec un calme sinistre.

— Mort! s'écria la duchesse terrifiée.

— Oui, madame.

— Mort? mort? répéta-t-elle avec stupeur, tu dis qu'il est mort, Henri?

— Il a été tué ou assassiné cette nuit dans le caveau par celui des prisonniers qui n'a pu s'évader.

La duchesse jeta un cri.

Mais elle ne demanda aucune explication et devina ce qui s'était passé.

Et comme elle n'aimait point Leo, mais bien Lahire, elle songea à ce dernier, et elle se dit qu'elle devait paraître tout ignorer, si elle voulait le sauver.

— Oui, madame, reprit le duc, l'un des deux prisonniers s'est évadé ; l'autre a tué Leo.

— Quel est celui qui s'est évadé? demanda la duchesse.

— Hé! mille tonnerres! exclama le duc, c'est Noë; et c'est ce qui a tout perdu vis-à-vis du roi.

La duchesse tressaillit :

— Comment donc? dit-elle.

— Parce que j'avais promis Noë au roi et qu'il n'a plus trouvé dans le cachot que le Gascon Lahire et le cadavre de Leo.

— Eh bien?

— Eh bien! ce Lahire est un impudent menteur, un misérable!

— Je le sais, dit la duchesse redevenue maîtresse d'elle-même.

— Savez-vous bien qu'il a osé soutenir au roi que jamais Noë n'avait été mon prisonnier?

— En vérité!

— Et que son compagnon de captivité s'appelait Gontran.

— Mais le roi n'en a rien cru, j'imagine?

— Au contraire. Le roi est reparti pour le Louvre persuadé que nous avons ourdi un complot contre le roi de Navarre, de concert avec la reine-mère.

— Mais tous ceux qui sont ici ont dû lui dire?...

— Le roi n'a rien voulu entendre. Il est parti emmenant Lahire. Oh! celui-là est bien certain de voir avant huit jours sa tête divorcer d'avec son corps.

Mais le duc avait à peine prononcé ces mots, que

la duchesse poussa un nouveau cri et se dressa échevelée et l'œil en feu.

— Le roi a emmené Lahire? dit-elle.
— Oui.
— Et Lahire n'est plus en vos mains?
— Non.
— Ah! s'écria-t-elle avec un accent étrange qui fit pâlir le duc, il est perdu!...

Et comme le duc abasourdi la regardait et semblait se demander s'il n'avait pas une folle devant lui, elle ajouta avec une énergie sauvage qui était l'expression de son immense douleur.

— Ah! mon secret m'échappe... je l'aime!!!

On entendit un rauque soupir derrière la porte.

Les paroles de la duchesse étaient arrivées jusqu'à Gaston de Lux.

XXIII

Depuis une heure le duc de Guise tombait de surprise en surprise et d'étonnement en étonnement. Il avait appris l'évasion de Noë, il avait vu le cadavre de Leo d'Arnembourg, il avait entendu Lahire soutenir avec calme qu'il ne connaissait pas, qu'il n'avait jamais vu Noë et que celui à qui on donnait ce nom s'appelait Gontran.

Enfin, la duchesse de Montpensier, sa sœur, cette fière princesse issue de sang royal, cette femme altière qui avait dédaigné l'amour de tant de nobles gentilshommes, lui venait dire en face qu'elle aimait ce gentillâtre de Gascogne, cet aventurier sans sou ni maille, qui, bientôt, porterait sa tête sur l'échafaud.

Ce dernier coup ébranla si bien la raison du duc, qu'il s'écria :

— Oh! mais je fais un rêve, ou bien je suis devenu fou!..

Anne de Lorraine, duchesse de Montpensier, s'était levée, elle avait passé un peignoir à la hâte, et tout à coup elle vint s'agenouiller devant son frère et lui dit :

— Henri, mon Henri bien-aimé, pardonne-moi !

Le duc la regardait d'un air sombre.

— Ah! je le sais bien, poursuivit-elle, j'ai menti à la fierté de ma race le jour où cet amour fatal est entré dans mon cœur ; mais tu le sais, toi qui as aimé, toi qui as souffert, tu le sais, frère, nous ne sommes point maîtres de notre cœur.

Et alors la fille des ducs de Lorraine, l'héritière de saint Louis, la femme en qui coulait le sang d'une héroïque lignée, cette implacable duchesse de Montpensier qui avait un jour rêvé le trône de France pour un prince de sa maison, demeura aux genoux de ce frère qu'elle aimait et qui faisait son orgueil, — et elle lui confessa son amour.

Et elle lui dit la rencontre fortuite avec le jeune aventurier, sa hardiesse, sa beauté, son esprit mordant et railleur ; et comme il l'avait fascinée ; comment une fibre de son cœur, muette jusque-là, s'était mise à vibrer tout à coup ; comme elle avait obéi à un mystérieux entraînement.

Et le duc, morne et pâle, écoutait sa sœur et se taisait.

Tout à coup, il eut un de ces accès de colère auxquels il était sujet.

— Mais, par le sang du Christ! exclama-t-il, vous me direz au moins, madame, combien ils sont, ceux qui savent votre secret?

Anne de Lorraine se redressa à ces mots.

Elle sécha ses larmes, rejeta sa blonde tête en arrière et regarda son frère face à face :

— Que vous importe? dit-elle.

— Ah! répondit le duc, dont le courroux allait croissant, je veux le savoir, moi!

— Eh bien! répondit-elle avec calme, je n'ai eu qu'un confident.

— Son nom?

— C'est mon page, le petit Amaury.

— Et nul autre?

— Personne, dit la duchesse.

— Alors, dit Henri de Guise, je ferai étrangler Amaury avant le coucher du soleil.

— Vous êtes fou, dit la duchesse.

— Quant à celui que vous avez la lâcheté d'aimer, poursuivit Henri de Guise, il sera décapité avant huit jours.

Anne de Lorraine jeta un nouveau cri.

Mais cette fois ce ne fut pas le cri désespéré de la femme à qui on enlève le fruit de son amour, ce fut celui de la lionne qui se place devant lui pour lui faire un rempart de son corps.

— Ah! dit-elle, vous avez compté sur ma confusion, n'est-ce pas? vous avez compté sur mon silence, et vous avez pu croire un instant, Henri, que je laisserais mourir l'homme que j'aime?

Le duc eut un rugissement.

— Oh! dit-il, dussé-je le tuer de ma propre main.

— Vous ne le tuerez pas!

— Non, car c'est la besogne du bourreau.

— Le bourreau ne fera pas sa besogne, mon frère.

— Et qui donc l'en empêchera?

— Vous! dit la duchesse avec un accent étrange.

Elle était debout, fièrement campée; elle regardait le duc en face :

— Oui, reprit-elle, ce sera vous qui empêcherez le bourreau de remplir son office.

— Vous êtes folle!

— Ce sera vous, car je le veux.

Et comme si elle eût eu conscience en cet instant-là de l'influence fascinatrice que peut exercer une femme en de certains moments, elle attacha sur le duc un de ces regards qui dominent les natures les plus altières.

— Oui, continua-t-elle, je le veux, parce que j'ai le droit de vous imposer ma volonté.

— Vous! fit le duc.

Et il eut un sourire de dédain.

— Moi, dit-elle, moi qui vous ai conseillé, encouragé, soutenu; moi qui suis votre bon ange, moi que vous consultez et vous ai guidé!...

Et comme il osait résister :

— Ingrat! fit-elle, ingrat qui oublie que j'ai rêvé pour lui une couronne!

Ces derniers mots touchèrent le duc plus que tout

ce qu'avait pu lui dire madame la duchesse de Montpensier jusque-là.

— Eh bien! soit, dit-il, admettez que je puisse sauver cet homme.

— Ah! tu le vois, fit-elle avec un élan de joie, tu le vois, Henri, tu peux le sauver! Tu le dis, du moins...

— Qu'en adviendra-t-il? demanda le duc.

Anne de Lorraine tressaillit.

— Oh! je t'aimerai, dit-elle.

— Mais... lui?

— Eh bien!

— Pensez-vous donc que je le recevrai à la cour de Lorraine, et qu'il puisse devenir votre époux?

La duchesse de Lorraine eut un sourire de dédain.

— Prenez garde, Henri! dit-elle, vous allez mesurer mon amour.

Et elle ajouta avec exaltation :

— Mais vous ne savez donc pas que l'homme qu'une femme telle que moi daigne aimer devient l'égal de tous, ducs ou princes? Vous ne savez donc pas qu'une femme ne rougit jamais de son amour?

Elle eut un accès d'emportement.

— Tenez, dit-elle, je n'ai nul besoin de vous!

— Mais, madame...

— J'irai me jeter aux genoux du roi Charles IX, je lui avouerai humblement que j'ai conspiré contre sa couronne, que j'ai rêvé de placer cette couronne sur la tête de mon frère, et je lui demanderai en échange de ces révélations qui perdront à jamais la maison de Lorraine, je lui demanderai la grâce de ce jeune homme que j'aime d'un ardent amour.

Le duc connaissait madame de Montpensier. Il savait qu'elle était femme à mettre ces menaces à exécution, et la peur le prit.

— Eh bien! soit, dit-il, on le sauvera.

Et, dissimulant sa faiblesse sous une violente colère, il sortit.

Madame de Montpensier ne chercha point à le retenir.

La duchesse était femme, elle discernait merveilleusement la faiblesse de la force.

— Il fera ce que je voudrai, pensa-t-elle. Je lui ai parlé de couronne, et il veut régner !...

La duchesse allait sans doute se remettre au lit, brisée qu'elle était par de semblables émotions, lorsqu'on gratta à sa porte.

— Entrez, dit-elle.

La duchesse avait cru d'abord que Henri de Guise s'était repenti de son emportement et qu'il venait faire des excuses.

Mais elle fut étonnée à la vue de Gaston de Lux.

Gaston était si pâle, si pâle, qu'on eût dit un fantôme.

— Ah! c'est vous, Gaston, dit la duchesse. Que venez-vous aussi m'apprendre, vous ?

— Madame, répondit Gaston, je viens vous demander la permission de quitter votre service et celui du duc.

— Nous quitter! exclama la duchesse.

— Oui, madame.

Gaston parlait d'une voix brève et sifflante qui semblait lui déchirer la gorge.

— Comment ! répéta la duchesse, vous voulez nous quitter, Gaston ?

Il fit un signe de tête.

— Mais pourquoi?

Elle remarqua la pâleur du jeune homme, son œil égaré, son visage contracté, et elle eut un pressentiment de la vérité.

— Madame, répondit Gaston, je compte partir aujourd'hui même.

— Mais j'ai besoin de vous, mon ami.

Il eut un rire ironique, un cri désespéré :

— Eh bien ! fit-il, le Gascon Lahire me remplacera.

Anne de Lorraine comprit.

— Je sais tout, dit Gaston.

Et comme elle baissait les yeux, il ajouta :

— Vous comprenez maintenant, madame, pourquoi je quitte votre service. Mais rassurez-vous, je ne trahirai ni le secret de votre amour, ni celui de mon désespoir. Mes compagnons, ces hommes qui vous aiment comme je vous aimais, et qui vous ont dévoué leur vie, ne sauront point le motif de mon départ. Adieu, madame.

Elle essaya de le retenir d'un geste, mais il marcha vers la porte sans s'arrêter, et il ne se retourna point avant d'en avoir franchi le seuil.

Anne de Lorraine, immobile, le vit s'éloigner, elle entendit le bruit de ses pas dans le corridor s'affaiblir par degrés, puis, lorsque ce bruit se fut éteint, une larme s'échappa de ses yeux bleus.

— Pauvre Gaston ! murmura-t-elle.

. . . .

Cependant Noë et Hector s'en allaient paisiblement à Chaillot.

Tantôt c'était Hector qui se trouvait à califourchon sur le bât à paniers de la mule, tantôt c'était Noë qui prenait sa place, et alors, comme la charge était lourde pour la mule, Hector cheminait en tenant l'animal par la bride.

La mule était un bel animal d'origine castillane et de robe grise, avec les quatre pieds blancs, et *buvant dans son blanc*, comme on dit, c'est-à-dire ayant le chanfrein pareillement blanc.

— Mais où allons-nous donc? demanda Hector.

— Chez la tante du valet de Sarah.

Ce nom fit tressaillir Hector.

— Ah! mon pauvre ami, tu n'as pas eu de chance, vraiment.

Hector se tut.

— Il y a une femme qu'aime le roi de Navarre, et c'est de celle-là que tu vas t'éprendre.

— Hélas!

— Et, chose bizarre! je n'ai pu savoir si le roi de Navarre aimait réellement Sarah ou s'il aimait madame Marguerite, continua Noë.

— Oui; mais, dit Hector avec amertume, Sarah l'aime.

— Avec enthousiasme, avec passion, mon pauvre ami.

Hector soupira.

— Tiens! murmura-t-il, tu avais raison tout à l'heure, je n'ai pas de chance! j'aurais dû me faire tuer l'autre nuit, au lieu de me sauver.

— Sang-Dieu! es-tu fou?

— Pourquoi ?

— Et le roi qui a besoin de nous...

— C'est juste. Pardonne-moi.

— Écoute donc, poursuivit Noë, tout change en ce monde, surtout le cœur des femmes. Qui te dit que ton heure ne viendra pas ?

— Tais-toi ! fit Hector.

— Sarah aime le roi de Navarre, mais elle lutte contre cet amour; et s'il cessait de l'aimer, lui, peut-être s'efforcerait-elle d'en aimer un autre.

— Tais-toi ! répéta Hector, parlons d'autre chose.

— Soit !

— Le roi est donc rentré au Louvre. Eh bien, là, crois-tu qu'il ait bien fait ?

— Non, certes !

— Je me suis efforcé de lui faire prendre la route de Gascogne, poursuivit Hector, mais il m'a parlé de toi, il m'a parlé de Lahire, il voulait vous sauver.

— Son masque ne s'est point détaché, je le sais bien.

— Ni le mien, dit Hector.

— Mais il suffit que je me sois trouvé parmi vous pour que la reine-mère demeure convaincue que Henri s'y trouvait aussi.

— Mais on ne le prouvera jamais !

— Hé ! mon Dieu ! fit Noë, il m'est déjà venu par deux fois, depuis une heure, une idée qui m'a donné le frisson.

— Quelle est-elle ?

— Lahire est resté prisonnier.

— La duchesse le sauvera.

— Je l'espère, mais si elle ne le peut, s'il tombe entre les mains du roi de France...

— Eh bien?

— On lui fera donner la torture.

— Il mourra et ne parlera point.

— Je le sais encore... mais...

Et Noë hésita.

— Achève! dit Hector.

— Eh bien, le roi de Navarre est homme à aller trouver le roi Charles IX et à lui avouer la vérité pour sauver Lahire.

— Mordioux! exclama Hector, si pareille chose arrivait, je me passerai mon épée au travers du corps, moi!

Tandis qu'ils causaient ainsi, les deux jeunes gens étaient entrés dans Chaillot.

La maison de la tante Verconsin était située, on se le rappelle, sur le bord de l'eau.

Devant la maison se trouvait un petit jardin clos par une grille.

Malgré l'heure matinale, les croisées de la maison, la grille du jardin et la porte d'entrée étaient ouvertes.

La tante Verconsin, armée d'un arrosoir, inondait une plate-bande de laitues.

Sur le seuil de la porte, Noë aperçut un homme qu'il reconnut sur-le-champ.

C'était le fidèle Guillaume.

Guillaume vit la mule s'arrêter et il reconnut en elle la monture du cabaretier Malican.

Aussitôt il accourut, et, malgré leur déguisement, il reconnut pareillement les deux jeunes gens.

Noë mit un doigt sur ses lèvres.

— Silence ! fit-il.

— Vous ! monsieur de Noë, exclama Guillaume, vous !

— Tais-toi.

— Mais qu'est-il donc arrivé ? demanda Guillaume tout ému. Le roi...

— Nous avons échoué... dit Noë ; mais chut ! je te conterai cela tout à l'heure. Allons au plus pressé.

Et il prit la mule par la bride et la fit entrer dans le jardin.

— Conduis-moi cette bête à l'écurie, dit-il.

Guillaume aurait juré, dix minutes auparavant, que le roi de Navarre, Noë et ses compagnons, étaient plus près de Nérac que de Paris ; et voici que Noë et Hector arrivaient.

Noë le suivit à l'écurie, et lorsqu'ils y furent entrés avec la mule, il ferma la porte, jetant un regard soupçonneux autour de lui.

— On ne peut pas nous voir ici ? demanda-t-il.

— Non, messire.

— Alors, mets la main dans ces paniers et prends à même.

Guillaume, tout étonné, retira l'un des sacs que contenait le bât à paniers.

— De l'or ! fit-il.

— Oui, de l'or, répondit Noë. Il y a là quarante mille pistoles que nous ne savons où cacher et que je viens te confier.

— Vous pouvez les mettre ici, messire. Jamais personne ne soupçonnera que de pauvres gens comme nous puissent avoir un pareil trésor chez eux.

— Où vas-tu placer cet or?

— Ma foi! dit Guillaume, la meilleure cachette est la moins mystérieuse. Tenez...

Il fit sauter le couvercle d'un grand bahut rempli d'avoine, et il y creusa un trou avec ses mains.

Noë et Hector avaient déchargé les sacs un à un, et Guillaume les enterrait à mesure.

— On ne viendra pas les chercher ici, dit-il.

— Et si par hasard on les cherchait, ajouta Noë, on démolirait la maison pierre par pierre avant de songer à fouiller dans ce coffre à avoine. Tu es un garçon d'esprit, Guillaume.

Guillaume salua.

— Mais... le roi?... dit-il.

— Mon pauvre ami, répondit Noë, nous avons été battus. On a délivré la reine-mère.

— Ciel!

— Et je suis resté, avec Lahire, aux mains du duc de Guise et de René.

— René! s'écria Guillaume, toujours René! Cet homme nous poursuivra donc éternellement?

— Où est Sarah? demanda Noë.

— Ici, depuis deux jours. Elle attendait toujours avec anxiété l'arrivée de ce messager qui devait nous apprendre que vous étiez hors de danger.

— Allons la voir! dit Noë.

Hector sentit un flot de sang affluer à son cœur.

XXV

Henri de Bourbon, roi de Navare était sorti de la chambre de madame Catherine, à Meudon, sur les pas de Pibrac.

Pibrac avait placé sous son bras l'épée du roi de Navarre.

Charles IX avait ordonné, le capitaine des gardes devait obéir.

Pibrac prit avec lui deux gardes seulement.

C'était bien assez de trois hommes pour veiller sur un prisonnier tel que le roi de Navarre, lequel n'aurait pas même la pensée de fuir.

On amena un cheval au jeune prince qui sauta en selle et se rangea à la droite de Pibrac :

— Mon cher capitaine, lui dit-il alors à haute voix, afin de vous éviter le souci de me garder, laissez-moi vous donner ma parole de gentilhomme et de roi que je ne chercherai point à vous échapper.

— Je l'accepte, Sire, répondit Pibrac.

Et il se tourna vers les deux gardes :

— Vous avez entendu, messieurs.

Les deux gardes s'inclinèrent.

Alors ces quatre hommes reprirent le chemin de Paris, les deux gardes ouvrant la marche, le roi de Navarre et Pibrac suivant à dix pas en arrière.

— Certes! dit alors le jeune prince, voici l'occasion ou jamais, Pibrac, mon ami, de causer dans la langue de notre pays.

—C'est mon avis, Sire, car nous allons probablement parler de choses qui n'intéresseraient que trop le roi Charles IX et ses gens.

— Hé! hé! dit le roi en riant.

— Ma foi, Sire, murmura Pibrac, vous me paraissez prendre votre arrestation assez gaiement.

— Vous trouvez... Pibrac?

— Et Votre Majesté ne me semble pas comprendre...

— Pardon! je comprends tout, mon ami. Je comprends que tout roi que je suis, je n'ai ni armée ni royaume, et que je me trouve simple gentilhomme chez le roi de France qui, sous prétexte de suzeraineté, me peut faire mettre à mort.

— Ah! Votre Majesté comprend cela? fit Pibrac soucieux.

— Sans doute, ami.

— Et elle ne tremble pas?

— Aucunement.

— Votre Majesté a du courage, en vérité!

— Voyons, Pibrac, mon ami, dit Henri en donnant un coup d'éperon à sa monture, causons sérieusement.

— Je le veux bien, Sire.

— On peut mettre à mort un roi, n'est-ce pas?

— Les rois entre eux, Sire, n'ont d'autre loi que celle du plus fort.

— Je le sais. Mais, pour me mettre à mort, moi, il faudra me juger.

— On vous jugera, Sire.

— Et fournir des preuves...

— On en inventera.

— Oh! la reine-mère a des ressources dans l'esprit, je le sais; mais...

Henri de Navarre souriait à demi; Pibrac le regarda du coin de l'œil :

— J'admire, dit-il, le calme de Votre Majesté.

— Ah! vraiment?

— Et je gage qu'elle a déjà songé aux moyens de se tirer d'affaire.

— Peut-être.

— Comme, par exemple, une certaine lettre écrite par monseigneur le duc d'Alençon à la reine-mère, laquelle lettre est tombée dans les mains de Votre Majesté.

— Cette lettre pourra me servir, en effet.

— Ensuite, sur les papiers que j'ai achetés au commis de La Chesnaye.

— Je conviens qu'ils ne me seront pas inutiles.

— Hé! mais, dit Pibrac, en dehors de ces deux planches de salut...

— J'en vois une troisième, moi.

— Hein? fit Pibrac.

Et la physionomie spirituelle du capitaine des gardes exprima l'étonnement.

— Une troisième et une quatrième, ajouta Henri avec une tranquillité qui tenait du prodige.

— Ah! par exemple! Sire, voilà qui m'étonne!

— Vraiment?

— Et je serais curieux...

— La première planche de salut, Pibrac mon ami, se nomme madame Marguerite, fille de France et reine de Navarre.

Pibrac eut un sourire incrédule.

— Je crois, dit-il, que Votre Majesté se fait des illusions.

— Bah !

— Madame Marguerite adorait Votre Majesté il y a huit jours... mais... depuis lors...

— Ah ! Pibrac mon ami, je sais ce que vous voulez dire.

— Voyons, Sire.

— J'ai trompé la reine de Navarre, et, selon vous, la reine de Navarre ne me pardonnera pas.

— J'en doute, Sire.

— Vous avez tort et raison.

— Plaît-il ?

— Vous avez raison, parce qu'une femme jeune et belle comme Marguerite ne saurait avoir une rivale.

— Eh bien ! Votre Majesté daigne en convenir, ce me semble.

— Vous avez tort parce que, si Marguerite de France en veut à Henri de Bourbon, qui l'a offensé, la reine de Navarre est de trop bonne race pour ne point faire au roi son époux un rempart de son corps.

— C'est assez juste cela, Sire, mais...

— Voyons votre objection, Pibrac ?

— Madame Marguerite n'est plus au Louvre, Sire.

— Je le sais, dit le roi en soupirant.

— Ni même à Paris.

— Bah ! avant que le parlement ou d'autres gens aient osé me condamner, fût-elle au bout du monde...

— Eh bien ?

— Elle reviendra.

— Je l'admets encore, mais...

— Ah ça! Pibrac, dit le roi avec une certaine hauteur, vous êtes insupportable avec vos *mais*.

— J'ai la franchise gasconne, Sire : pardonnez-moi.

— Soit. Expliquez-vous...

— Si on vous juge, la reine de Navarre aura le temps d'arriver.

— J'en suis certain.

— Mais si on vous condamne sans vous juger, Sire.

— De par le roi?

— Hé! mon Dieu! le roi est si faible!...

Henri eut un fier sourire.

— Je sais bien, dit-il, qu'à l'heure qu'il est, la paix est faite entre mon cousin le duc de Guise et lui.

— Je le crains, Sire.

— Et que madame Catherine, devenue toute-puissante dans l'esprit du roi, obtiendra bien des choses avant le coucher du soleil... Mais...

Le *mais* de Henri de Bourbon était non moins accentué que ceux de Pibrac.

Ce dernier tressaillit et regarda le roi de Navarre avec une curiosité pleine d'inquiétude.

— Mon bon ami, dit alors le roi de Navarre, si la chose est ainsi, ce sera le moment de songer à la quatrième planche de salut, n'est-ce pas?

— Ma foi! dit Pibrac, je ne suis pas curieux d'ordinaire, Sire, mais j'avoue que je voudrais la connaître.

— Elle a plusieurs noms...

Cette réponse acheva d'étonner Pibrac.

— Les uns la nommeront le *hasard*, d'autres la *chance;* moi, je l'appelle *mon étoile.*

Et Henri de Navarre eut un si fin sourire que, pour la seconde fois depuis quelques mois, M. de Pibrac éprouva comme un éblouissement.

— Les rois ont leur destinée, ajouta Henri. Ne craignez rien, Pibrac, Dieu me réserve de grandes choses à faire et mon heure n'est point venue!...

Tout en causant, le jeune roi prisonnier et son escorte étaient arrivés dans Paris, et ils venaient de passer la Seine à la hauteur du village de Grenelle, lorsqu'ils rencontrèrent deux hommes qui venaient de Chaillot en suivant le bord de l'eau et poussant devant eux une mule.

Si ces deux hommes ne se fussent point arrêtés et n'eussent manifesté quelque étonnement, sans nul doute Henri et Pibrac eussent passé outre, car ils étaient pauvrement vêtus et paraissaient de condition bourgeoise; mais, l'un deux n'ayant pu retenir un léger cri, le roi de Navarre s'arrêta et fixa ses regards sur lui : soudain, il tressaillit.

— Oh! c'est étrange, se dit-il, si cet homme avait la barbe blonde, je jurerais que c'est Noë.

Et il regarda la mule et ajouta :

— Mais c'est la mule de Malican!

Et celui qui accompagnait l'homme à la barbe noire s'étant approché, le roi de Navarre jeta un cri.

— Hector! dit-il.

Alors Noë, — car c'était lui, — s'approcha.

— Chut! dit-il, c'est moi, Sire.

— Toi?

— Je me suis échappé.

— Et Lahire?

— Oh! soyez tranquille... nous le sauverons!

Henri croyait rêver et regardait M. de Pibrac.

Les deux gardes chevauchaient en avant et ne s'étaient point retournés.

....

Le roi de Navarre et Pibrac avaient échangé un regard rapide. De la part du roi, ce regard voulait dire :

— Est-il prudent de causer ainsi avec Noë?

Le regard de M. de Pibrac répondit :

— Je connais mes deux gardes. Ce sont des Allemands qui vont droit leur chemin. Ils ne se retourneront même pas. D'ailleurs, dit le capitaine des gardes à mi-voix, causons béarnais. Et puis, Noë et Hector ressemblent si bien à de pauvres hères.

— C'est vrai, murmura Henri.

Et il dit à Noë :

— Range ta mule auprès de mon cheval et faisons même route.

— Parbleu! répondit Noë, je vais à Paris moi aussi, quoiqu'il n'y fasse pas très-bon pour moi.

— Ni pour moi, dit Henri.

En ce moment, Noë regarda plus attentivement le prince et étouffa un nouveau cri.

Henri était sans épée.

— Le roi est mon prisonnier, dit tristement Pibrac.

— C'est impossible!

— Cela est.

— Mais d'où venez-vous?

— De Meudon.

— Ah! ah! fit Noë.

Henri répondit :

— Je suis rentré au Louvre cette nuit. Ce matin, je me suis rendu chez le roi Charles.

— Bon!

— Et j'y ai rencontré René qui le venait quérir pour aller voir madame Catherine à Meudon.

— Et le roi y est allé?

— Il m'a emmené avec lui.

— Et... là?...

— Là, madame Catherine a soutenu que j'étais au nombre de ses ravisseurs, et le roi Charles m'a fait arrêter. On me conduit au Louvre; mais toi?

Et le roi de Navarre regardait avec une curiosité inquiète le bizarre accoutrement de Noë et d'Hector.

— Moi, dit Noë, j'ai été mis en liberté par madame de Montpensier.

— Tu railles!

— Hein? fit Pibrac, qui crut avoir mal entendu.

— Par madame de Montpensier, répéta Noë.

Puis il raconta sa merveilleuse évasion.

Henri écoutait ébahi.

— Mais, dit-il, où as-tu retrouvé Hector?

— A la porte Saint-Jacques.

— Comment! tu es entré dans Paris par ce chemin?

— Oui.

— Et je te trouve au bac de Chaillot?

— Ah! dit Noë en souriant, nous sommes allés, Hector et moi, mettre en sûreté un petit trésor, quelque chose comme quarante mille pistoles.

Henri regarda Noë.

— Parles-tu sérieusement? dit-il.

— Très-sérieusement.

— Quarante mille pistoles?

— Oui, Sire.

— A qui appartiennent-elles?

— A vous, Sire.

— Noë, mon ami, je crois que tu as perdu l'esprit.

— Nullement.

— Quarante mille pistoles ! répéta le roi de Navarre, mais c'est plus que ne vaut mon royaume.

— Peut-être.

— Et où veux-tu que j'aie pris cette somme ?...

— Je l'ai prise pour vous, Sire.

— Et... à qui ?

— A M. le duc de Guise.

Henri tressaillit et fit un soubresaut sur sa selle.

— Oui, Sire, répéta Hector, nous avons mis la main sur le trésor secret des princes lorrains, nos ennemis, et la chose nous a semblé de bonne guerre de lui faire changer de maître.

— Nous l'avons transporté à Chaillot, grâce à la mule de Malican, et nous voilà.

— Mais où l'avez-vous trouvé, ce trésor ?

— Dans une cave.

— Où cela ?

— Dans la maison de La Chesnaye.

— Hein ?

— Pauvre La Chesnaye, il a fait une triste fin.

— Bah! dit Noë, il se porte comme un charme.

Henri et Pibrac échangèrent un sourire d'incrédulité.

— Il est mort, répéta Pibrac.

— Vous croyez ? fit Noë.

— Parbleu !

— Eh bien, moi, dit Noë, je gagerais volontiers ma tête contre ces quarante mille pistoles qui appartiennent maintenant à Votre Majesté...

— Que La Chesnaye est vivant ?

— Et que vous entendrez parler de lui avant peu, même.

— Ma foi ! dit Hector, il nous a fièrement joués cette nuit.

— Que nous dites-vous là ? fit Pibrac.

— La vérité.

— Vous avez vu La Chesnaye ?

— Sans doute.

— Cette nuit ?

— Au point du jour.

— Vous avez rêvé !

— Mais non, puisque c'est lui qui nous a indiqué la cachette des quarante mille pistoles.

— Alors, dit Pibrac, les morts reviennent.

— Mais je vous jure qu'il est vivant !

Et Noë raconta sa rencontre avec La Chesnaye, et la circonstance miraculeuse à laquelle ce dernier avait dû son salut.

— Maintenant, murmura Henri de Navarre, je crois que c'est nous qui rêvons, n'est-ce pas ?

— C'est mon avis, Sire.

— Nous n'en avons pas moins les quarante mille pistoles.

— Et nous les papiers, dit Henri.

— Et c'est fort heureux pour vous, Sire; murmura

Pibrac, car nous voici bientôt au Louvre, où vous allez entrer comme prisonnier, et si vous en sortez libre, ce pourra bien être grâce aux papiers trouvés chez La Chesnaye.

— Ah ça ! fit le roi de Navarre s'adressant à Noë, où vas-tu ?

— Moi, Sire ?

— Oui, toi.

— Eh bien, je rentre dans Paris.

— Et où iras-tu te cacher ?

— Chez ma femme.

— Que tu as cachée elle-même chez l'épicier Jodelle.

— Justement, Sire.

— Mais Hector ?

— Eh bien, Hector n'a pas besoin de se cacher, lui.

— Pourquoi ?

— Personne ne le connaît au Louvre.

— C'est juste.

— Et, à sa place, continua Noë, je me promènerais du matin au soir.

— Mais toi, veux-tu que je te donne un bon conseil ?

— Parlez, Sire.

— Mets l'éperon aux flancs de la mule et fais-moi sept ou huit lieues et même dix en tournant le dos à Paris.

— Bon ! après ?

— Quand la mule sera fatiguée, tu achèteras un cheval et tu monteras dessus.

— Pour continuer à galoper ?

— Jusques en Navarre, mon bel ami.

— Sire, vous n'avez pas prêché d'exemple, ce me semble, dit Noë en riant.

— Tu étais prisonnier, je voulais te sauver...

— C'est comme moi, je reste à Paris pour sauver Votre Majesté et mon ami Lahire.

— Entêté! murmura le roi de Navarre.

Les deux gardes du roi Charles IX chevauchaient toujours en avant sans paraître s'inquiéter beaucoup de la conversation du roi de Navarre avec Pibrac, Noë et Hector, persistant à prendre ces deux derniers pour de pauvres hères.

— Allons, mes amis, dit le roi, comme on était tout près du Louvre, il faut nous séparer. Mais nous correspondrons, soyez tranquilles. Pibrac vous donnera de mes nouvelles par l'intermédiaire de Malican.

Et Henri joua de l'éperon, et M. de Pibrac et lui rejoignirent les deux gardes au moment où ils atteignaient la grande porte du Louvre.

Hector et Noë poussaient la mule devant eux et se dirigeaient vers le cabaret de Malican.

XXVI

Qu'était devenu La Chesnaye?

Nous l'avons vu presser un ressort invisible, ouvrir brusquement la porte de fer et disparaître derrière cette porte, contre laquelle Noë et Hector s'acharnèrent vainement.

Cette porte placée entre ses persécuteurs et lui

La Chesnaye se trouva dans une sorte de boyau souterrain qui conduisait on ne sait où.

Du moins, telle eût été l'impression d'un homme qui se fût trouvé à la place de La Chesnaye.

Si on étendait la main à droite ou à gauche, on rencontrait un mur humide; si on l'élevait au-dessus de sa tête, on trouvait une voûte.

Un air malsain vous prenait à la gorge, et le sol glissant et légèrement incliné ne possédait aucune sonorité.

On y marchait sans éveiller le moindre son.

Mais La Chesnaye connaissait probablement ce souterrain mieux que personne, car il s'y engagea bravement et d'un pas ferme, se souciant fort peu des ténèbres.

Il marcha droit devant lui, pendant un quart d'heure environ, les mains en avant, puis, tout à coup, il rencontra un obstacle.

Cet obstacle était un mur qui semblait fermer le souterrain et en faire un cul de sac.

La Chesnaye palpa ce mur avec précaution jusqu'à ce qu'il eût rencontré un anneau de fer qu'il tourna deux fois de droite à gauche.

Et soudain le mur s'entr'ouvrit, une grande pierre fit bascule, et un rayon de lumière vint frapper au visage de maître La Chesnaye.

Le faux drapier se trouvait au bas d'un escalier de quelques marches, en haut duquel on voyait le jour et un lambeau du ciel qui était d'une pureté parfaite.

La Chesnaye gravit cet escalier, et, lorsqu'il en eut atteint la dernière marche, il se trouva dans une petite cour enceinte de murs sur trois côtés et d'une maison sur le quatrième.

Cette cour était celle de l'habitation qui donnait dans la rue du Rempart, qui pour le vulgaire était un cabaret, et dont le duc de Guise et ses gens avaient fait, à Paris, leur demeure secrète.

Le souterrain qui mettait cette cour en communication avec la maison de La Chesnaye, souterrain qui existait depuis fort longtemps, avait été la cause déterminante qui avait fait choisir aux princes lorrains cette retraite mystérieuse de la rue du Rempart.

Le duc de Guise et La Chesnaye communiquaient entre eux par cette voie ignorée de tout le monde, excepté du cabaretier. Lorsqu'il fut monté dans la cour, La Chesnaye, qui arrivait là comme une apparition surnaturelle, entendit un cri d'étonnement et de joie tout à la fois.

Une femme était assise sur le seuil de la maison.

C'était dame Gertrude, la vieille gouvernante du faux drapier.

Dame Gertrude se précipita les bras tendus vers son maître :

— Ah! mon Dieu! mon Dieu! murmura-t-elle, et moi qui n'espérais plus vous revoir, mon bon maître!

— Chut! dit La Chesnaye, tais-toi! je n'ai pas le temps de te donner des explications.

— Mais d'où sortez-vous?

— De l'autre monde, chut!

— Oh! mon Dieu! mais vous êtes tout en sang?

Je me suis meurtri les mains. Mais ce n'est rien. Où est le duc?

— Hé! le sais-je? fit la servante avec un geste plein d'éloquence. Le duc est parti on ne sait pour quel endroit, depuis deux jours.

— Allons donc! c'est impossible.

Un homme qui se trouvait dans la maison accourut, en entendant parler dans la cour. C'était Pandrille.

La Chesnaye le questionna et n'apprit rien autre chose, si ce n'est que madame de Montpensier était pareillement venue, la veille au soir, et qu'elle n'avait rencontré personne.

— O mon Dieu! mon Dieu! murmura La Chesnaye avec désespoir. Comment faire?

Il regarda Pandrille et se demanda sans doute si le colosse et lui ne seraient pas de taille et de force à lutter avantageusement avec Hector et Noë et à leur reprendre l'or du duc.

Mais une réflexion prudente lui vint.

Pandrille était homme à le trahir et à passer à l'ennemi.

Et puis La Chesnaye était sans armes, et il chercha vainement dans la maison une paire de pistolets ou une épée.

— Je veux pourtant sauver l'or de mon maître! se disait La Chesnaye.

Tout à coup il lui vint une idée en regardant dame Gertrude, qui ne comprenait rien à son désespoir.

Dame Gertrude était Normande et elle avait conservé le costume du pays de Caux, c'est-à-dire qu'elle portait une immense coiffe à pyramide dont le bas lui enveloppait une partie du visage.

— Pardieu! se dit La Chesnaye, si mes deux bandits s'attendent à me voir reparaître, ce n'est pas avec les vêtements d'un autre sexe que le mien.

Et il dit à Gertrude, en l'entraînant dans la maison :

— Déshabille-toi et donne-moi ta robe.

— Seigneur Dieu? êtes-vous fou, mon bon maître? demanda la servante.

— Non, tu vas voir.

Et il entra dans la petite chambre où nous avons vu madame Catherine être reçue par le duc, à leur première entrevue.

Dame Gertrude hésita un moment; mais quand elle vit son maître prendre un rasoir et couper lestement sa barbe grise, elle n'hésita plus.

— Pourvu que j'arrive à temps pour savoir où ils porteront cet or? murmurait le faux drapier en endossant pièce à pièce le costume féminin de dame Gertrude.

Et lorsque, pour couronner l'œuvre, il eut placé sur sa tête la coiffe normande, il s'élança dans la direction de la rue du Renard-Saint Sauveur.

La Chesnaye ainsi accoutré était méconnaissable.

Comme il allait atteindre l'angle de la rue du Renard, il entendit le pas d'une monture.

— Hop! la bonne femme! lui cria une voix.

La Chesnaye s'effaça dans l'embrasure d'une porte bâtarde. Puis il suivit des yeux la mule et son conducteur.

Il fut alors témoin, à distance, de la scène que

nous avons décrite, c'est-à-dire de l'enlèvement des sacs d'or qui furent placés dans les paniers du bât.

— Je ne peux pas les leur arracher, murmura-t-il ; mais, du moins, je saurai où ils les portent.

Et lorsque Noë fut monté sur la mule et que, Hector marchant auprès, tous deux s'éloignèrent, La Chesnaye se jeta dans une ruelle voisine.

Mais il ne les perdit pas de vue et les suivit à distance.

Ce fut ainsi qu'il les vit suivre le bord de la rivière et s'en aller à Chaillot.

La mule marchait d'un bon pas, mais sa charge était trop lourde pour qu'elle pût prendre le trot.

La Chesnaye joua des jambes et lui tint pied.

Aussi, lorsque Noë et Hector entrèrent dans la maison de la tante Verconsin, La Chesnaye les vit.

Il y avait un cabaret à l'autre extrémité de la rue. Il y entra.

— Que faut-il vous servir, la bonne femme ? lui demanda le cabaretier, un gros homme à mine réjouie.

— Du vin et du pain, répondit La Chesnaye avec un accent normand.

Et il se mit à manger sur le seuil de la porte, l'œil attaché sur la maison où la mule et ses conducteurs venaient de pénétrer.

Noë et Hector demeurèrent près d'une heure chez la tante Verconsin.

La Chesnaye, sous sa coiffe normande, mangeait comme un rustre et buvait comme un Suisse.

— Voilà une vieille qui a grand faim ! pensait le cabaretier.

Enfin, la grille de la maison se rouvrit et la prétendue Normande vit sortir la mule.

Mais, cette fois, Noë et Hector étaient montés dessus tous deux, et la mule prit le grand trot.

— Bon, pensa La Chesnaye, elle est débarrassée de sa charge.

Et regardant la maison :

— L'or est là, dit-il.

Noë et Hector disparurent au bout de la rue.

Alors La Chesnaye jeta une pièce de monnaie sur le comptoir d'étain du cabaretier :

— Voilà votre écot, maître, dit-il.

Et il reprit le chemin de Paris, se disant :

— Il faut, à tout prix, que je retrouve le duc !

....

XXVII

Où donc La Chesnaye, déguisé en femme, allait-il porter ses pas ?

Ce n'était pas le tout de savoir où était le trésor ; il fallait pouvoir le reprendre.

Or, La Chesnaye, sous sa coiffe normande, n'avait point perdu son regard de lynx, et ce regard s'était arrêté sur l'honnête Guillaume Verconsin, que Noë et Hector avaient laissé dépositaire des pistoles du duc de Guise.

Guillaume était un beau gars, bien découplé, capable de tuer La Chesnaye d'un coup de poing.

La Chesnaye le comprit si bien qu'il ne songea

même pas à rôder autour de la maison, et, en s'en allant, il se dit :

— Cherchons un auxiliaire ; quelqu'un comme un des amoureux de madame la duchesse de Montpensier, par exemple !

Le bonhomme suivit le bord de l'eau, et tout en marchant, il récapitulait tous les événements de la veille, de la nuit dernière et du matin.

— Décidément, se disait-il, pour que j'aie ainsi échappé aux pointes de fer de l'oubliette du *Prie-Dieu* et à l'épée de cet endiablé Noë, il faut que la Providence ait formé sur moi des projets. Je suis réservé bien certainement à de grandes destinées !

La Chesnaye était non moins ambitieux que dévoué aux princes lorrains.

Ce n'était point l'argent qui le tenait, il était riche.

La Chesnaye avait une ambition plus haute : il voulait devenir un noble homme, comme on disait alors, c'est-à-dire obtenir des parchemins qui lui conféreraient la qualité de chevalier.

— Pour le coup, pensait La Chesnaye en s'en allant, si monseigneur de Guise ne me baille pas des lettres de noblesse, cette fois, il sera le plus fier ingrat de la terre.

Et l'ambitieux La Chesnaye marchait d'un pas rapide, et il arriva ainsi en face du bac qu'on passait pour aller à Meudon.

Là, il hésita un moment.

— Je viens de Paris, se dit-il, et je n'ai trouvé ni le duc ni ses gens. Il est possible qu'il soit à Meudon, et, dans tous les cas, j'y trouverai la duchesse qui me donnera deux de ses écuyers à l'aide desquels je pourrai reprendre le trésor.

Cette réflexion le décida, et la prétendue Normande entra dans le bateau et passa le bac.

Comme il arrivait sur la rive gauche de la Seine et prenait le chemin du bois de Meudon, La Chesnaye entendit le pas d'un cheval, puis il vit venir à lui un cavalier.

— Oh! oh! se dit-il, je crois que voilà un des hommes que je cherche!

Et il doubla le pas à la rencontre du cavalier.

Ce cavalier n'était autre que Gaston de Lux, qui avait quitté pour toujours le service des princes lorrains, et chevauchait, mélancolique et la tête inclinée sur sa poitrine.

— Hé! messire Gaston! lui cria La Chesnaye, qui le reconnut.

Gaston jeta les yeux sur cette femme, dont la tête disparaissait sous l'ample coiffe cauchoise.

Puis, malgré sa tristesse, il ne put réprimer un éclat de rire :

— Comment! dit-il, c'est vous, monsieur La Chesnaye?

— Oui, messire.

— Ainsi accoutré?

— Dame!

— Et d'où sortez-vous?

— A peu près de l'autre monde, monsieur Gaston.

— Voyons! fit Gaston, ou vous avez perdu l'esprit...

— Non, certes!

— Ou vous vous moquez de moi...

— Dieu m'en garde!...

— Alors, expliquez-vous...

Et Gaston s'appuya sur le pommeau de sa selle et s'arrêta, regardant avec curiosité La Chesnaye ainsi déguisé.

La Chesnaye ne se fit point prier, et il raconta à Gaston son arrestation de la veille, son plongeon dans l'oubliette du Louvre, puis sa mésaventure dans sa propre maison.

Gaston écoutait fort attentivement.

— Ainsi, lui dit-il enfin, vous êtes sûr que le trésor est demeuré dans la maison de Chaillot?

— Très-sûr, messire.

— Ah! fit Gaston.

— Et, puisque je vous rencontre, reprit La Chesnaye, nous allons y aller sur-le-champ.

Gaston eut un sourire triste dont le sens échappa au drapier.

— Mon pauvre La Chesnaye, dit-il, je vais vous donner un conseil qui vous tirera de peine.

— Parlez, messire.

— Allez-vous-en à Meudon.

— Bon! après?

— Vous y trouverez le duc, le comte Eric et Conrad de Saarbruck. C'est plus qu'il ne vous faut de monde pour aller reconquérir les pistoles

— Mais vous, messire?

— Oh! moi, je suis pressé.

— Vous avez une mission du duc?

— Non.

— De la duchesse?

— Encore moins.

— Mais alors vous pouvez bien me donner vous-même un coup de main.

— Non, dit Gaston.

— Pourquoi?

— Parce que je ne suis plus au service du duc de Guise.

La Chesnaye eut un geste de surprise

— Ah! voilà, mon cher maître, dit Gaston, ce que je vous affirme est la vérité pure.

— Jésus Dieu! mais...

— *Mais?* fit Gaston.

— Vous aimez la duchesse?

Et La Chesnaye cligna de l'œil.

Un nuage passa sur le front de Gaston.

— Non, dit-il.

Et comme La Chesnaye demeurait stupéfait de cette réponse :

— Adieu! reprit-il.

Et il poussa son cheval.

— Au revoir, voulez-vous dire? lui cria le drapier.

— Non, adieu!... répéta-t-il.

Et il mit son cheval au galop.

— Le diable m'emporte si j'y comprends quelque chose, murmura La Chesnaye demeuré immobile au milieu de la route.

Mais lorsque Gaston eut passé l'eau, le drapier comprit qu'il ne fallait plus compter sur lui.

— Allons à Meudon! se dit-il en soupirant.

Et il continua son chemin.

Comme il entrait dans le bois, il entendit de nouveau le pas d'un cheval ou plutôt de deux chevaux, car il vit bientôt venir à lui deux cavaliers qui trottaient côte à côte.

— Ah! pour cette fois, dit La Chesnaye, je crois que voici mon affaire. Je n'aurai pas besoin d'aller jusqu'à Meudon.

La Chesnaye avait reconnu, dans l'un des cavaliers, maître René le Florentin, le parfumeur de la reine-mère et le très-dévoué serviteur du duc de Guise.

L'autre était un des reîtres que le duc et René avaient emmené l'avant-veille à la poursuite des ravisseurs de madame Catherine.

René s'en allait au Louvre après avoir eu avec la reine-mère et le duc une longue conférence à la suite du brusque départ du roi Charles IX.

— Hé! monsieur René? fit le bonhomme déguisé en femme.

René s'arrêta, non moins étonné que ne l'avait été Gaston.

Puis, comme il avait vu La Chesnaye bien moins souvent, et que, d'ailleurs, le drapier avait coupé sa barbe, il ne le reconnut pas tout d'abord et le prit pour ce qu'il paraissait.

— Bonsoir, la vieille, dit-il en voulant passer outre.

Mais La Chesnaye mit résolûment la main sur la bride du cheval de René.

— Regardez-moi bien, lui dit-il.

— Hein! qui êtes-vous? fit le parfumeur étonné.

— Je suis La Chesnaye.

— Per Bacco! s'écria le Florentin, je ne vous eusse pas reconnu ainsi vêtu, maître.

— Monsieur René, répondit le drapier, je n'ai pas le temps de vous expliquer pourquoi je suis travesti de la sorte. Je vous le dirai en chemin. Il faut que vous veniez avec moi...

— Plaît-il ?

— Me donner un coup de main.

— Où cela ?

— A Chaillot.

René tressaillit.

C'était à Chaillot que jadis Noë avait caché la fille du parfumeur et Godolphin.

— Service du duc, ajouta La Chesnaye.

— Mais je suis mandé au Louvre, mon cher maître.

— Eh bien ! vous irez après...

— Mais, enfin, qu'allons-nous faire à Chaillot ?

En ce moment, maître La Chesnaye oublia un peu, tant il avait hâte de reconquérir le trésor volé, les saines traditions de la prudence, et il ne se souvint pas que René avait autrefois assassiné maître Samuel Loriot, l'argentier de la rue aux Ours, à la seule fin de le voler.

Aussi répondit-il :

— Nous allons reprendre l'or du duc.

— Hein ? fit René.

Et au seul mot d'*or*, il ouvrit de grands yeux cupides.

— L'or du duc, répéta La Chesnaye.

— Il est donc à Chaillot ?

— Oui.

— C'est bizarre.

— On me l'a volé ce matin.

— Ah ! où donc ?

— Dans ma maison du quartier Saint-Sauveur.

— Et les voleurs l'ont porté à Chaillot ?

— Oui, messire.

— En quel endroit ?

— Dans une maison au bord de l'eau, en face d'un cabaret qui a pour enseigne : *Au bon Saint-Nicolas*.

— C'est la maison où était Paola ! pensa René, qui tressaillit de nouveau.

Puis il reprit tout haut :

— Quels sont donc ces voleurs ?

— Il y en a un que vous connaissez bien certainement.

— Son nom ?

— Noë.

René tressauta sur sa selle.

— Si je le connais ! dit-il. Noë était parmi eux ?

— Oui.

— Mais où ?... mais quand ?...

— C'est lui qui a tout conduit.

— Mais... quand ? répéta René, qui avait peine à en croire le drapier.

— Ce matin, au point du jour.

— Il est entré dans votre maison ?

— Oui. Ah ! soupira La Chesnaye, j'ai eu tort de m'y laisser prendre. Mais figurez-vous que j'aurais juré, avant qu'il ne relevât sa visière, que j'avais affaire à messire Leo d'Arnembourg.

René jeta un cri et ne douta plus que, en effet, La Chesnaye eût vu Noë.

— Et il vous a volé l'or du duc ?

— Oui.

— Pour le porter à Chaillot?

— En compagnie d'un jeune homme que je n'avais jamais vu, du reste, et qu'il appelait Hector.

— C'est bien certainement un de ceux qui nous ont échappé, pensa René.

Le Florentin avait des palpitations de cœur à la seule pensée qu'il allait chercher de l'or; l'or du duc, comme avait dit maître La Chesnaye.

Et il passa le bac, prit la prétendue Normande en croupe et mit son cheval au grand trot.

— Est-ce qu'il y a une somme considérable, maître? demanda-t-il.

— Quarante mille pistoles environ.

René frissonna de joie.

— Mort de ma vie! pensait-il, ce La Chesnaye est naïf, s'il a cru que je l'allais aider à restituer cet or au duc. Le duc est notre ami, soit, mais l'or trouvé est à celui qui le trouve. Voilà ma maxime.

Puis, comme ils arrivaient à quelques centaines de pas de la maison indiquée, René étendit la main.

— Est-ce bien celle-là?

— Oui.

René arrêta son cheval.

— Que faites-vous?

— Chut! dit René, nous n'avons nul besoin de nous presser.

— Pourquoi?

— Mais parce qu'il faut aviser à reprendre cet or sans esclandre.

— Comment cela?

— La maison n'est point inhabitée, je présume?

— Non. Et même, ajouta La Chesnaye, j'ai vu un vigoureux gaillard conduire à l'écurie la mule de ce sacripant de Noë.

— Bon ! dit René, qui rassembla ses souvenirs, je devine qui ce peut être...

— Ah !

— C'est Guillaume Verconsin.

Ce nom était inconnu à La Chesnaye.

René continua :

— Passons devant la maison sans nous arrêter.

— Pourquoi?

— Et allons-nous-en tenir conseil là-bas, au bord de l'eau, derrière ces arbres, au-dessous du village d'Auteuil.

— Mais...

— Mon cher monsieur La Chesnaye, dit René, on ne reprend pas quarante mille pistoles, en plein jour, dans une maison habitée, au milieu d'un village sans avoir médité un petit plan d'attaque.

Le Florentin se tourna vers le reître qui chevauchait derrière lui et lui dit quelques mots en allemand.

— Que faites-vous? demanda La Chesnaye.

— J'ordonne à cet homme de rester ici et d'aller boire dans ce cabaret.

— Afin de surveiller les hôtes de cette maison ?

— Justement.

Le reître poussa en effet son cheval vers la porte du cabaret, tandis que René continuait à suivre le bord de l'eau, ayant toujours La Chesnaye en croupe.

Il chevaucha ainsi jusqu'au massif d'arbres qu'il avait indiqué du doigt.

— Entrons là, dit-il en mettant pied à terre, nous serons au frais sous ces arbres.

La Chesnaye, sans aucune défiance, se laissa couler à terre et alla s'asseoir sur le tronc d'un saule couché par l'orage, tandis que René attachait son cheval.

— Vous avez une épée et une dague? dit La Chesnaye.

— Et des pistolets dans mes fontes.

— C'est très-heureux, reprit le drapier, car bien certainement il faudra soutenir une lutte. Moi, je suis sans armes.

— Vraiment?

Et René vint s'asseoir auprès du drapier

— Je n'ai pu trouver nulle part un poignard à fourrer sous ma robe.

— Et vraiment, dit tout à coup René, c'est malheureux pour vous, monsieur, La Chesnaye.

— Pourquoi?

— Mais parce qu'il est bien difficile de se défendre sans armes.

— Vous avez raison, mais je n'ai rien à craindre ici...

— Bah! ricana René.

Et le malheureux La Chesnaye reçut un coup de dague en pleine poitrine qui le renversa inanimé et sanglant aux pieds du Florentin.

— Il me faut les quarante mille pistoles! murmura ce dernier en essuyant la lame de sa dague sur l'herbe.

Puis il traîna le corps de La Chesnaye au bord de l'eau et le poussa dans la rivière.

La Chesnaye n'avait pas de chance, en vérité : il n'avait reculé que pour mieux sauter!

XXVIII

Le courant de l'eau emporta le cadavre de La Chesnaye.

René contempla un moment cette robe flottante qui s'en allait à la dérive.

Pendant quelques minutes, la robe soutint le cadavre et se soutint elle-même à la surface, puis elle s'emplit et tout disparut.

— Voilà, murmura René, le vrai moyen de bien clore un secret. Il n'y a pas d'exemple que les morts soient revenus.

Alors le Florentin remonta à cheval, et reprit, au petit pas, le chemin de Chaillot, s'adressant le monologue que voici :

— Ce pauvre La Chesnaye était un vaillant homme, un serviteur dévoué, un véritable esclave de son maître. Il s'est précipité dans une oubliette, il s'est fait rôtir les pieds, il a couru comme un batteur d'estrade toute la nuit pour sauver le trésor de son maître, et il y était parvenu. Eh bien ! voyez à quoi tient la destinée ! Il est mort au seuil du succès, il a fait une fin misérable et ignorée : car *per Bacco*, qui donc devinera jamais, en repêchant ce cadavre enjuponné, que c'est celui du meilleur serviteur de monseigneur le duc de Guise ?

Le reître attendait René sur la porte du cabaret et se versait religieusement un troisième pot de vin, lorsque le Florentin arriva.

Ce dernier jeta une pistole sur le comptoir et dit au cabaretier :

— Hé, l'ami, parles-tu, quand on paye bien ?...

Cette question étonna quelque peu le cabaretier.

C'était un gros homme à l'œil gris et rond, à la mine cauteleuse, à la lèvre pleine de finesse.

Il lui suffit de considérer René pour juger qu'il avait affaire à un homme avec lequel il y avait tout profit à s'entendre.

— Cela dépend, répondit-il.

René tira sa bourse et fit briller l'or qu'elle contenait à travers ses mailles.

L'œil du cabaretier brilla de convoitise.

— J'ai la langue longue quand il le faut, dit-il.

René montra du doigt la maison de la tante Verconsin.

— Qui donc demeure là ?
— Une vieille femme.
— Seule ?
— Non, avec son neveu.
— Comment le nomme-t-on ?
— Guillaume.
— C'est bien cela, pensa René.
— Le neveu est sorti, ajouta le cabaretier.
— Ah ! fit René. Sais-tu où il est allé ?
— A Paris.
— En sorte que la vieille est seule ?
— Oui, messire. Cependant...

Le cabaretier parut hésiter.

— Voyons ! fit René, hâte-toi !...

— Cependant, reprit le cabaretier, je ne répondrais pas qu'il n'y ait point une troisième personne...

— Une femme, peut-être? demanda René qui sentit un flot de sang lui monter au cœur.

Et il songea à Sarah, pour laquelle il avait conservé un violent amour. Puis il dit au cabaretier :

— Tu n'en es donc pas sûr ?

— Je l'ai vue entrer il y a trois jours...

— Et tu ne l'as point revue depuis ?

— Non.

— Comment est-elle, cette femme ?

— Grande, brune et fort belle.

— C'est elle, murmura René.

Le cabaretier entendit cette exclamation et se dit :

— Ce seigneur est un amoureux ; il veut enlever la dame...

— Merci de tes renseignements, bonhomme, lui dit René.

Et il lui donna deux pièces d'or.

Ensuite, tandis que le cabaretier saluait jusqu'à terre, René dit au reître en langue allemande :

— Quelle est ta solde ?

— Un écu par mois.

— Aimes-tu l'or?

— *Tarteifle!* murmura le reître, je n'en ai jamais eu en ma possession.

— Que ferais-tu pour en avoir plein ton casque ?

— Tout ce qu'on voudrait.

— Tuerais-tu ?

— C'est mon métier.

— Même une femme?

— Ça m'est égal, dit la brute allemande.

— Et si je remplissais d'or ton casque, retournerais-tu dans ton pays?

— C'est mon rêve.

— Sans jamais rien révéler de ce qui se serait passé entre nous?

L'Allemand mit deux doigts de sa main gauche sur la poitrine et plaça la droite sur son cœur.

C'était une manière de serment à lui.

— Alors, viens avec moi, dit René.

Et il baissa la visière de son casque, remonta à cheval, traversa la rue et alla droit à la grille du jardin qui précédait la petite maison de la tante Verconsin.

La grille était entr'ouverte, le jardin aussi désert que la rue, les volets de la maison demi-clos.

Il était alors près de onze heures du matin et la chaleur était déjà accablante.

René poussa la grille et entra le premier. Le reître le suivit.

Au bruit des chevaux, la porte de la maison s'entr'ouvrit, et la tante Verconsin se montra sur le seuil.

A la vue de ces gens d'armes, la vieille femme eut un geste d'effroi et se rejeta vivement en arrière.

Mais René lui cria :

— Nous sommes des amis, approchez, bonne femme.

La tante Verconsin, un peu rassurée, s'approcha de ces deux hommes bardés de fer et dont elle ne voyait point le visage.

— Vous êtes la veuve Verconsin, n'est-ce pas? lui
dit René.

En entendant prononcer son nom, elle se rassura
out à fait.

— Oui, mon bon seigneur, répondit-elle.

— La tante de Guillaume?

— Oui, mais il n'est pas ici...

— Oh! je le sais... Nous l'avons rencontré comme
il allait à Paris.

Ces mots achevèrent de gagner la confiance de la
tante Verconsin.

— Vraiment? fit-elle, vous l'avez vu?...

— C'est lui qui nous envoie...

— Qui donc êtes-vous, mes bons seigneurs?

René mit un doigt sur sa bouche.

— Chut! dit-il.

Puis se penchant sur sa selle, il approcha ses
lèvres de l'oreille de la vieille femme et ajouta :

— Nous sommes gens du roi Henri.

La tante Verconsin tressaillit.

— Entrez! dit-elle, entrez, mes bons seigneurs.

René mit pied à terre.

— Avez-vous une écurie par ici, ma bonne femme?

— Là, mon cher seigneur, dit la tante Verconsin
que son neveu n'avait point mise dans le secret des
pistoles.

Elle voulut s'emparer du cheval de René, mais
celui-ci en conserva la bride à la main et se dirigea
vers l'écurie dont le seul hôte était un petit cheval
breton qui tirait sa paille de fort bon appétit.

— Ma bonne femme, dit René, qui voulait tout à

fait capter la confiance de la tante Verconsin, nous venons nous réfugier chez vous.

— Jésus Dieu ! fit-elle en joignant les mains. On vous poursuit?

— Et si nous sommes rejoints, nous serons pendus!

La vieille frissonna.

— Oh! dit-elle, puisque vous êtes gens du roi de Navarre, je vous cacherai, mes bons seigneurs.

Afin de donner encore plus de vraisemblance à la fable qu'il débitait, René avait débridé son cheval et l'avait mis au râtelier. Après quoi il avait ramassé une poignée de paille et s'était mis à bouchonner l'animal.

Le reître, qui avait l'habitude de l'obéissance passive et de l'imitation, suivit l'exemple de René, et soigna pareillement sa monture.

— Avez-vous de l'avoine, bonne femme? demanda le Florentin.

— Oui, messire; voilà le coffre.

Et elle indiquait, dans un coin de l'écurie, le bahut de chêne vermoulu dans lequel le naïf Guillaume avait enfoui les sacs d'or.

René s'empara d'une mesure en osier qu'il prit sur la planche d'écurie, se dirigea vers le coffre qu'il ouvrit, et y plongea les mains pour emplir la vanette.

Soudain, en pénétrant dans l'avoine, sa main gauche ouverte heurta un corps dur. René tressaillit et sa main resta plongée dans l'avoine.

Le Florentin ne fit pas un mouvement, ne laissa échapper ni une exclamation ni un geste. Seulement, ses doigts palpèrent le corps dur.

René avait, comme tous ceux qui se sont occupés de chirurgie, une grande délicatesse de toucher.

Il ne lui fut pas difficile de se convaincre que l'objet qu'il tenait était un sac et que ce sac renfermait de l'or.

— *Per Bacco!* murmura-t-il tout bas, c'est trop de chance!... Je crois que j'ai mis la main sur les pistoles.

Alors il se hâta de remplir la vanette, qui pouvait contenir une double mesure, et il laissa retomber le couvercle du coffre.

Puis, de peur que l'Allemand ne songeât à l'imiter, il alla tout de suite verser le contenu de la vanette dans la mangeoire, entre les deux chevaux, disant :

— Ils en ont assez pour le moment, nous verrons dans une heure.

Et il fit signe au reître de sortir de l'écurie le premier.

En même temps, il se penchait à l'oreille de la tante Verconsin, demeurée sur le seuil extérieur

— J'ai un message, dit-il tout bas, pour *elle*...

— Ah! fit la vieille, est-ce de *lui?*

— Oui.

— Pauvre chère femme! murmura la tante Verconsin, si vous saviez comme elle l'aime!

René pâlit sous sa visière :

— Ah! vieille sorcière! se dit-il, si j'avais songé un moment à t'épargner, voilà un mot qui serait ta condamnation.

Il prit la tante Verconsin par le bras et l'entraîna vers la maison.

— Il faut nous cacher, bonne femme, dit-il ; hâtez-vous de fermer votre porte.

Sarah, enfermée dans sa chambre, dormait-elle, ou bien était-elle agenouillée et priait pour son cher Henri ?

René avait pu croire à la première de ces deux suppositions, car aucune fenêtre ne s'était entr'ouverte, et nul bruit ne se faisait entendre dans la maison.

La tante Verconsin conduisait René et le reître dans la cuisine, qui était la principale pièce du rez-de-chaussée, puis elle ferma la porte au verrou.

— Si on venait, dit-elle, il y a une porte par derrière vous pourriez vous échapper avant qu'on eût enfoncé celle-ci.

René s'assit.

— Où donc est madame Sarah ? dit-il.

— Elle dort.

— Ah !

— Depuis trois nuits la pauvre femme n'a pas fermé l'œil. Elle priait pour *lui*.

— Et ce matin ?

— Il y a une heure que la fatigue a fini par triompher. Elle dort. Cependant, si vous avez un message, je vais l'éveiller.

— Non, laissez-la dormir. Quand elle s'éveillera, plus tard...

Et René regarda le reître à travers sa visière, et le reître comprit.

— Ma bonne femme, continua René, nous mourons de faim et de soif.

— Je vais aller à la cave vous chercher du vin frais, mes bons seigneurs.

La vieille se pencha, saisit un anneau et souleva la trappe de la cave, dans un coin de la cuisine.

— A merveille! pensa René.

La tante Verconsin alluma alors une lampe, s'arma d'un pot de grès, et, toujours sans défiance, elle posa son pied sur l'échelle de meunier qui servait d'escalier.

Puis elle descendit lentement, avec précaution, de façon à ne point s'embarrasser dans sa jupe.

Le reître avait fait deux pas vers la trappe.

— Descends, lu souffla René à l'oreille.

— Comment faut-il la tuer? demanda le reître.

— Étrangle-la. C'est plus sûr.

Le reître se laissa couler dans la cave, et René demeura sur le bord de la trappe, l'oreille tendue.

Une minute s'écoula, puis René entendit un cri étouffé.

Mais ce cri ne fut suivi d'aucun autre, et quelques minutes après le reître reparut au haut de l'échelle.

Pendant les quelques minutes qui venaient de s'écouler, le Florentin avait fait réflexion :

— Quand le reître remontera, je pourrais bien l'envoyer d'un coup de dague au défaut de la cuirasse, rejoindre la tante Verconsin et les fiancer ainsi dans l'éternité. Mais...

Ce *mais*, gros d'objections, sauva la vie au reître.

— J'en ai besoin, se dit René, car il m'est venu une idée. Noë nous a échappé, et je hais Noë de toutes les forces de mon âme. Mettre la main sur lui et m'en emparer de nouveau, c'est servir à la fois ma vengeance et celle de madame Catherine, dont l'amitié pour moi se trouvera décuplée. Noë et le roi de Navarre s'en iront porter leurs têtes en place de Grève, et le roi Charles émerveillé de ce beau coup de filet, me rendra ses faveurs. Or, le meilleur moyen de nous emparer de Noë, c'est de l'attendre ici, car il reviendra... et il tombera dans la souricière. Et puis l'occasion est trop belle pour que je la dédaigne, il faut que Sarah tombe en mon pouvoir.

Il eut un féroce battement de cœur à cette pensée, et au lieu de poignarder le reître, il lui tendit la main, au contraire, pour l'aider à remonter.

— Eh bien ? fit-il.

— Elle est morte.

— Es-tu sûr ?

— Oh ! je l'ai bien serrée... fit le reître avec un sourire féroce.

— Où l'as-tu laissée ?

— Je l'ai poussée dans un coin, derrière une futaille.

— Bien.

René tira sa bourse et la tendit à l'Allemand.

— Tiens, dit-il, voici un premier à-compte.

— C'est un plaisir de servir Votre Seigneurie, murmura le reître avec reconnaissance.

Et il serra la bourse dans ses chausses.

— A présent, dit René, écoute bien ce que je vais te dire...

— Parlez, monseigneur.

— Tu vas te placer près de cette fenêtre.

— Bon !

— Et tu ne quitteras point des yeux la grille du jardin.

— Après ?

— Si un homme vient et frappe, tu lui ouvriras, en te plaçant derrière la porte.

— Et quand il sera entré...

— Tu l'étendras roide mort d'un coup de dague.

— Je préférerais l'étrangler.

— Comme tu voudras. Ah! si tu entends crier là-haut, si le bruit d'une lutte arrive jusqu'à toi...

— Faudra-t-il monter ?

— Non, tu feras comme si tu n'entendais rien.

— C'est bien, dit le soudard. J'ai compris.

Et il se mit à son poste.

— A Sarah, maintenant, murmura René.

Et il gagna l'escalier de bois qui conduisait à l'étage supérieur de la maison. En haut de cet escalier régnait un long corridor sur lequel ouvraient plusieurs portes. René, qui marchait sur la pointe du pied, hésita un moment, se demandant quelle était celle qui conduisait chez Sarah.

Puis il avisa une clef laissée après la serrure de l'une d'elles.

La vue de cette clef le décida.

Ce fut droit à cette porte qu'il marcha; puis, quand il fut arrivé sur le seuil, les battements de son cœur redoublèrent, et il comprit que Sarah était là.

Il ouvrit.

Le parfumeur de la reine-mère ne s'était point trompé.

Sarah Loriot, la belle argentière, était couchée tout habillée sur son lit et dormait.

Sa belle tête pâle reposait sur l'un de ses bras ; sa luxuriante chevelure noire dénouée inondait l'oreiller.

Sarah avait les lèvres entr'ouvertes, et sur ces lèvres le rêve mettait un sourire, un rêve sans doute empli tout entier par son cher Henri.

Elle ne s'éveilla point au léger bruit que fit la porte en s'ouvrant.

René vint tout près du lit, et la belle dormeuse continua de sourire en rêvant.

Le cœur de René tressautait dans sa poitrine, son œil pétillait, ses tempes se mouillaient d'une sueur brûlante.

Et comme la belle argentière dormait toujours, René délassa son casque et sa cuirasse et posa ces deux pièces de son armure sur un escabeau.

Sarah ne s'éveillait point.

Alors René le bandit, René l'empoisonneur, René le lâche assassin, osa s'approcher encore ; il pencha sa tête nue sur le front blanc de Sarah, et ses lèvres effleurèrent le visage de la jeune femme.

Mais ce que le bruit n'avait pu faire, cet odieux contact le fit.

Sarah ouvrit les yeux, jeta un cri terrible et se dressa échevelée.

— A moi ! au secours ! exclama-t-elle éperdue.

Elle avait reconnu René.

L'épouvante de la jeune femme ne désarma point le scélérat, elle ne le fit point hésiter...

— Ah ! dit-il, je crois, madame, que mon heure est venue.

L'argentière s'était précipitée à bas du lit, et

tremblante, égarée, elle s'était réfugiée vers l'embrasure de la croisée...

Mais René la poursuivit et l'enlaça de ses bras.

— Oh! l'infâme! s'écria Sarah; à moi! Guillaume! à moi!...

René répondit par un éclat de rire:

— Guillaume n'est pas ici, dit-il, sa tante est morte... et nous sommes seuls... Ah! tu es en mon pouvoir, Sarah, et cette fois ni Henri de Navarre, ni son ami Noë, ni personne, ne viendront à ton aide...

La pauvre femme se vit perdue; se dégageant par un suprême effort de l'étreinte du misérable, elle se mit à genoux, joignant les mains et d'une voix suppliante:

— Grâce! grâce! dit-elle.

L'œil de René s'était injecté de sang.

— Non, pas de grâce! répondit-il, tu m'aimeras Sarah!

— Jamais!

Prompte comme l'éclair, souple comme une couleuvre, agile comme une cerf, Sarah se releva, glissa une seconde fois des bras de son persécuteur et s'enfuit à l'autre extrémité de la chambre.

René la poursuivit; mais au moment où il allait l'atteindre de nouveau, il s'arrêta tout à coup:

— Ecoutez-moi, dit-il.

Elle eut une lueur d'espoir et crut que cette bête fauve avait été touchée par ses larmes.

— Que me voulez-vous? fit-elle.

— Écoutez-moi, répéta-t-il, et laissez-moi d'abord vous dire de quel fatal et violent amour je vous aime...

30.

— Oh! dit-elle avec un geste d'horreur insurmontable.

Cette exclamation et ce geste n'obtinrent point le résultat qu'on aurait pu en attendre. Au lieu d'exaspérer le Florentin, ils achevèrent de le calmer, au contraire.

Le bandit retrouva cet atroce sang-froid qu'il avait lorsqu'il voulait commettre un crime :

— Ma belle, dit-il, causons donc comme de bons amis, et, si vous avez peur de moi, je vais me tenir à distance.

Et, en effet, il se plaça à califourchon sur un escabeau, tandis que Sarah s'était réfugiée dans l'angle du lit.

René continua :

— Je sais que mon amour vous est odieux, et je ne chercherai point à combattre cette aversion. Cependant, raisonnons... Nous sommes seuls en présence, vous avec votre faiblesse, moi avec ma force et mon amour. La lutte est inégale, sinon impossible.

Sarah tremblait de tous ses membres et ne répondait pas.

— Vous me haïssez, n'est-ce pas? poursuivit René.

Sarah eut le courage de répondre :

— Je vous hais et je vous méprise !

— Soit ! moi je vous aime...

Sarah se mit à genoux.

— Mon Dieu ! dit-elle, accordez-moi la grâce de mourir sur l'heure, pour que je n'entende pas longtemps les odieuses paroles de cet homme...

Mais René eut un éclat de rire féroce.

— Tu as tort, la belle, tu as grand tort de faire une telle prière à Dieu, car j'allais te parler de l'homme que tu aimes!...

— Henri! exclama Sarah.

Et comme si ce nom eût été pour elle le phare qui brille tout à coup, par une nuit obscure, aux yeux des naufragés, Sarah se releva, son visage se rasséréna, ses yeux égarés s'arrêtèrent sur René avec plus de curiosité que d'épouvante.

Il venait de se passer quelque chose d'étrange dans le cœur du Florentin : il avait eu un mouvement de pitié, — le premier de sa vie, peut-être...

— Ecoute, dit-il, veux-tu le sauver?

— Si je le veux, mon Dieu!

— Il est en danger de mort; il mourra sûrement.

— Lui!

— On ne le fera point juger par le parlement, le parlement n'oserait le condamner; on ne l'enverra point en place de Grève, car le bourreau pourrait hésiter... Non, on l'assassinera!... Et cela, avant qu'il soit peu.

Sarah jeta un cri.

— Ecoute donc, poursuivit René, écoute!

Et il attachait sur elle des yeux ardents et disait :

— Oh! je t'aime tant, et d'un amour si furieux, vois-tu, que je suis homme à sacrifier ma haine à mon amour, à sauver ton Henri pour être aimé de toi, ne fût-ce qu'un seul jour.

— Mon Dieu! mon Dieu! murmurait Sarah, les mains jointes, le visage inondé de larmes,

René dit encore :

— C'est dans quarante-huit heures le grand jour, le jour du massacre...

— Du massacre? fit-elle avec un accent étrange.

Et elle cessa tout à coup de trembler, et elle s'approcha de René avec une sorte de curiosité avide.

— De quel massacre parlez-vous donc? répéta-t-elle.

En ce moment, Sarah ne songeait plus à elle-même; elle ne songeait plus que René brûlait pour elle d'un indigne amour.

— Dans deux jours, répondit René, on massacrera tous les huguenots.

— Ciel!

— Vilains et gentilshommes, princes et rois, tous ceux qui ne vont point à la messe, poursuivit René, seront compris dans le massacre...

— Oh! c'est impossible! le roi de France ne le voudra pas.

— Le roi ne règne plus, répondit René.

— Et qui donc règne pour lui? s'écria-t-elle éperdue.

— Moi, dit René, moi qui puis sauver le roi de Navarre...

— Vous! vous!

— Aime-moi! et je le sauverai.

— Oh! jamais! jamais!

Et l'épouvante reprit Sarah, qui recula une fois encore, et crut que René l'allait poursuivre de nouveau.

Mais René ne bougea point.

Le Florentin était calme, sa voix était brève; il était tout à fait maître de lui.

— Ecoute-moi bien, Sarah, dit-il, écoute-moi, si tu veux sauver ton cher roi de Navarre.

Elle attachait sur le Florentin un œil hagard.

— Oui, c'est dans deux jours le massacre, reprit-il. Paris s'endormira au dernier son de cloche du couvre-feu, et il se réveillera bientôt au bruit du tocsin et des arquebusades. Les princes lorrains ont soudoyé les massacreurs; madame Catherine a persuadé au roi que les huguenots étaient les ennemis du royaume et que Coligny était un traître. On égorgera l'amiral, on égorgera le prince de Condé et le roi de Navarre. Eh bien! si tu le veux, ce dernier, je le sauverai.

Sarah eut une inspiration sublime.

— René, dit-elle, vous êtes un grand coupable. N'importe, si vous sauvez mon Henri, je vous donnerai ma fortune entière et je prierai Dieu nuit et jour pour qu'il vous pardonne vos crimes.

— Non, dit René, que la passion dominait, c'est ton amour que je veux!... Choisis : accorde-moi ton cœur de bonne volonté, ou ton cher Henri mourra, et tu seras ma proie, et je serai sans pitié pour toi.

— Mon Dieu! mon Dieu! répéta l'argentière, qui voyait l'abîme entr'ouvert devant elle, mon Dieu! n'aurez-vous donc pas pitié de moi?

— Tu as tort, Sarah, disait René; tu as tort, de ne point profiter du seul bon sentiment qui soit jamais descendu dans mon cœur; tu as tort...

Et il continuait à la contempler d'un œil terrible.

— Oh! ajouta-t-il tout à coup, vaincu, dominé par son amour de bête fauve, toute ma haine pour un mot de toi !... Dis-moi : Oui, je vous aime ! et je sauverai Henri !...

En ce moment sans doute une lutte terrible avait lieu dans l'âme de Sarah ; une lutte entre son amour pour Henri et l'horreur que lui inspirait René.

— Tout à coup le Florentin se leva et marcha droit à elle.

Sarah n'eut pas la force de fuir.

Il lui prit les mains. Elle ne les retira point et murmura :

— Mon Dieu ! sauvez mon Henri et faites que je meure.

Mais comme l'infâme osait l'enlacer de ses bras, la main de l'argentière rencontra la poignée de la dague qui pendait au flanc de René... et Dieu fit un miracle.

Dieu permit que cette femme, brisée de douleur, prête à succomber sous sa honte, eût un éclair de sang-froid et d'énergie ; que son bras acquit tout à coup une vigueur virile, et que tirant cette dague du fourreau, elle la plongeât tout entière dans la poitrine du Florentin.

Les bras de René se détendirent, sa bouche s'entr'ouvrit et vomit un blasphème, et il tomba à la renverse en poussant un dernier cri..............

Le reître, qui n'avait point quitté son poste, entendit le cri de René, et alors il oublia sa consigne, ou plutôt il devina que quelque événement non prévu par le Florentin venait de s'accomplir.

Il s'élança vers l'escalier, monta au premier étage et s'arrêta interdit sur le seul de cette chambre où Sarah venait de poignarder René le Florentin.

L'argentière était debout, la dague fumante à la

main, et elle était si belle et si menaçante à la fois, en ce moment son œil étincelait d'un courroux si majestueux, que le soudard courba le front et se sentit dominé.

....

XXIX

Le roi était rentré au Louvre moins d'une heure après M. de Pibrac et Henri de Navarre.

Pendant le trajet de Meudon à Paris, le monarque avait gardé un silence farouche.

Les gardes qui l'accompagnaient se sentaient mal à l'aise sur leur selle, tant ils savaient combien étaient terribles les colères de Charles IX.

Lahire seul avait conservé un calme parfait.

Il chevauchait, sans épée et sans cuirasse, la tête couverte d'un simple toquet, et il maniait son cheval avec une grâce et une habileté qui, par trois fois, attirèrent l'attention de ce roi fantasque.

Comme ils entraient dans la cour du Louvre, le cheval que montait Lahire eut peur des clairons qui sonnaient pour les Suisses et se cabra.

Le roi fut charmé de la façon avec laquelle Lahire le réduisit.

— Cornes de cerf ! monsieur, lui dit-il, c'est vraiment dommage qu'au lieu de conspirer, vous ne soyez point entré à mon service. Vous êtes un joli cavalier.

Lahire s'inclina et répondit avec son à-propos gascon :

— Votre Majesté me flatte pour m'encourager à mourir !

Charles IX fronça le sourcil et ne souffla mot.

Mais il fit signe à Lahire de le suivre.

Ce dernier monta avec aisance les marches du grand escalier et pénétra dans le cabinet du roi de France comme il serait entré dans son propre manoir de Gascogne.

Le roi plaça deux sentinelles en dehors, puis il ferma la porte et se trouva seul avec Lahire.

Lahire se tint debout tête nue, dans une attitude respectueuse et cependant pleine de fierté.

Le roi s'assit et posa ses deux mains sur les bras de son grand fauteuil, attachant sur le jeune homme ce regard d'aigle qu'il avait hérité des Valois ses pères, et dont on ne pouvait parfois supporter l'éclat.

— Jeune homme, lui dit-il alors, vous avez soutenu ce matin, en présence du duc de Guise, que vous ne connaissiez point M. de Noë.

— C'est vrai, Sire.

— Ni le roi de Navarre ?

— Pas plus que M. Noë, Sire.

Lahire mentait, mais il mentait avec un calme tel que la conviction du roi en fut fort ébranlée.

— C'est bien, dit Charles IX, je saurai si vous m'en imposez.

Le roi frappa sur un timbre, un page souleva la portière :

— Envoyez-moi mon capitaine des gardes ! dit-il.

M. de Pibrac était dans l'antichambre depuis deux minutes ; il entra.

Il regarda Lahire avec indifférence et sembla, par

son attitude ; se demander quel était cet homme.

La physionomie de M. Pibrac acheva de dérouter le roi Charles IX.

— Monseigneur, dit-il à Pibrac, vous allez conduire ce jeune homme dans le Prie-Dieu.

M. de Pibrac eut la présence d'esprit de répondre :

— Que ferai-je de La Chesnaye ?

— Vous le mettrez en liberté.

Pibrac respira; mais son attitude étonnée semblait dire :

— Quel crime a donc commis ce jeune homme, qu'on me commande de l'enfermer en un si dur cachot ?

— Foi de roi ! murmura Charles IX à part lui, si j'avais jamais soupçonné Pibrac de connivence avec tous ces Gascons, qui sont, après tout, ses compatriotes, voilà qui me prouverait l'injustice de mes soupçons.

Pibrac s'effaça sur le seuil de la porte et le roi fit un geste.

— Allez ! dit-il à Lahire.

Le jeune homme salua profondément et sortit.

Mais comme M. de Pibrac avait déjà fait trois pas en dehors, le roi le rappela.

— Quand vous aurez mis ce jeune homme au cachot, dit-il, vous remonterez, Pibrac.

— Oui, Sire.

— Oh ! murmura Charles IX, la vérité s'enveloppe dans les ténèbres, depuis trois jours, mais je sonderai ces ténèbres !

....

Pibrac descendit avec Lahire, non point par le

grand escalier, mais par cet escalier tournant que nous connaissons et sous les dernières marches duquel s'ouvrait le Prie-Dieu.

En prenant ce chemin, le capitaine des gardes avait un but, celui d'échanger quelques mots avec son prisonnier.

Lahire le comprit.

— Si vous voyez Noë, lui dit-il rapidement, dites-lui que j'ai affirmé ne pas le connaître.

— Bien, dit Pibrac.

— Quant au roi de Navarre...

— Il est prisonnier.

Lahire tressaillit.

— Où? demanda-t-il.

— Au Louvre, dans son appartement.

Une inspiration traversa le cerveau de Lahire.

— Qui sait, fit-il, si le roi Charles IX ne cherchera point à me confronter avec lui?

— C'est possible.

— Alors, prévenez-le.

Ils arrivèrent au bas de l'escalier.

Deux Suisses montaient la garde dans le corridor.

M. de Pibrac ouvrit la porte du Prie-Dieu y poussa Lahire en lui disant :

— N'avancez pas plus loin, l'oubliette est ouverte!

— Quelle oubliette?

— Chut! je reviendrai dans une heure; avant même peut-être.

Et il referma la porte et poussa tous les verrous.

Puis il remonta chez le roi.

Charles IX, toujours assis, avait la tête appuyée dans ses mains.

— Pibrac, dit-il au capitaine des gardes en quittant cette attitude et en se relevant aussitôt, qu'avez-vous fait du roi de Navarre?

— Il est prisonnier dans son appartement, Sire, et j'ai placé deux gardes à sa porte.

— Allez le chercher.

— Décidément, pensa Pibrac, je n'aurais pu mieux demander. Je vais le pouvoir prévenir.

Quelques minutes s'écoulèrent, puis la porte se rouvrit.

Henri de Bourbon, roi de Navarre, entra tête nue, sans épée, mais la tête aussi haute, la mine aussi fière que deux heures auparavant, lorsqu'il avait quitté la chambre de madame Catherine et la petite maison de Meudon.

Pibrac marchait derrière lui.

— Monsieur mon cousin, lui dit Charles IX, vous êtes roi, il est vrai, mais le roi de Navarre a toujours été le vassal du roi de France.

— Excepté, répondit fièrement Henri, à l'époque où mon ancêtre maternel, Charles le Mauvais, lui faisait la guerre.

Cette orgueilleuse réplique ne déplut point à Charles IX, le roi fantasque et colère qui passait tour à tour de la malveillance à la douceur.

— C'est-à-dire, fit-il, que vous n'entendez point relever de moi, monsieur mon cousin?

— Je suis le prisonnier de Votre Majesté, mais comme son aïeul, le roi François Ier, était celui de l'empereur Charles-Quint.

— Et vous pensez que je n'ai pas le droit de vous juger.

— Votre Majesté peut me condamner, voilà tout, car je suis entre vos mains.

— Prenez garde, monsieur!

Un éclair de colère passa dans les yeux de Charles IX.

Mais Henri demeura calme et souriant.

— Sire, dit-il, la reine-mère me hait, et, véritablement, c'est son droit, car elle est la première ennemie du trône de France et la meilleure amie des princes lorrains.

Le roi tressaillit.

— Ah! dit-il, voilà bien longtemps que j'entends dire cela.

— La vérité monte parfois jusqu'à l'oreille des rois, Sire.

— Mais enfin, que veulent-ils, ces princes lorrains qui bouleversent tout en mon royaume?

— Ils veulent régner, Sire.

Charles IX regarda fixement Henri de Bourbon.

— Monsieur, monsieur, dit-il, prenez garde!

— A quoi, Sire?

— Vous allez accuser, vous qu'on accuse.

— Peut-être...

— Et taxer la reine-mère de haute trahison.

Henri ne sourcilla point.

— Comment! s'écria Charles IX, vous oseriez prétendre que la reine-mère songerait à me détrôner au profit des princes lorrains?

— Sire, répondit Henri froidement, la reine-mère n'a jamais songé positivement à cela Cependant...

— Voyons, monsieur, fit le roi avec emportement, expliquez-vous!

— La reine-mère, reprit Henri, est convaincue que Votre Majesté est atteinte d'une maladie mortelle.

Le roi fit un soubresaut sur son siége, puis se leva tout d'une pièce et regarda Henri de Navarre avec une sorte de stupeur.

Henri continua :

— La reine-mère ne se joue pas précisément de Votre Majesté, mais elle se joue des princes lorrains, tout en les faisant agir pour le compte de ceux ou plutôt de celui qu'elle veut donner pour successeur à Votre Majesté.

— Et... ce... successeur?

— Ce n'est pas le roi de Pologne.

— Qui donc, alors?

Henri ne répondit pas, mais il ouvrit son pourpoint et en retira cette lettre que Noë avait trouvée sur le cadavre du page de monseigneur le duc d'Alençon, lettre dans laquelle ce dernier avouait ses prétentions au trône, que la reine-mère avait encouragées.

Le roi prit cette lettre, l'ouvrit et la lut en pâlissant.

C'était bien l'écriture du duc, c'étaient bien son cachet et ses armes.

En même temps M. de Pibrac souleva la portière du cabinet du roi.

— Que voulez-vous ? fit le monarque tout frémissant de colère.

— Apporter à Votre Majesté certains parchemins qui lui ouvriront les yeux sur les manœuvres du duc de Guise.

— Encore! s'écria le roi.

Pibrac posa sur la table un énorme rouleau de parchemins.

— Voilà, Sire, dit-il.

Charles IX brisa d'une main fébrile le fil de soie qui attachait le rouleau ; puis il parcourut rapidement et l'un après l'autre tous ces documents, qui portaient l'empreinte de l'ambition immodérée des princes lorrains.

Et, tout à coup, les repoussant de sa main, il dit :

— Je ferai décapiter le duc de Guise, et j'exilerai la reine-mère pour le reste de ses jours!

— Voilà une partie gagnée, pensa Henri.

Mais le roi demeurait sombre en regardant le roi de Navarre, et M. de Pibrac se dit :

— Gare à la dernière épreuve!

— Sire, reprit Henri de Navarre, Votre Majesté est-elle suffisamment éclairée?

Le roi se tourna vers Pibrac :

— Allez me quérir le jeune homme que vous avez enfermé dans le Prie-Dieu, dit-il.

Le capitaine des gardes s'inclina et sortit.

Alors Charles IX dit au roi de Navarre :

— Connaissez-vous un certain gentilhomme gascon nommé Lahire?

— Non, Sire.

— Vous ne l'avez jamais vu?

— Je ne crois pas.

Le roi frappa sur un timbre.

Au bruit, un page accourut.

C'était un grand garçon bien découplé et de la taille du roi de Navarre.

— Ote ton pourpoint, dit Charles IX.

Le page obéit, un peu étonné.

Le pourpoint des pages du roi était mi-parti bleu et rouge avec un nœud de ruban contrariés sur chaque épaule.

— Va-t'en, dit le roi.

Le page sortit, laissant son pourpoint.

— Monsieur mon cousin, dit alors Charles IX au roi de Navarre, vous allez vous prêter, j'imagine, à l'épreuve que je veux tenter?

— Quelle épreuve, Sire?

— Quittez votre pourpoint et endossez celui-là.

Henri devina, mais il n'en feignit pas moins l'étonnement. Cependant il fit ce que le roi lui demandait.

— Maintenant, ajouta Charles IX, tenez-vous debout, derrière mon fauteuil, comme si véritablement vous étiez un de mes pages.

— Votre Majesté a de singuliers caprices, en vérité.

Charles IX ne répondit pas.

Deux minutes après, Lahire parut.

M. de Pibrac l'avait-il prévenu que le roi de Navarre était dans le cabinet du roi Charles IX?

Ou bien sa présence d'esprit seule le servit-elle en ce moment?

Toujours est-il que Lahire entra, n'eut pas l'air de voir le faux page et salua le roi.

Charles IX le regardait attentivement. Lahire avait à peine levé les yeux avec indifférence sur le roi de Navarre ainsi accoutré, et ce dernier regardait Lahire et se demandait ce que ce pouvait être.

L'épreuve fut décisive.

— Enfin ! dit Charles IX, enfin la lumière s'est faite parmi les ténèbres.

Et se tournant vers le roi de Navarre :

— Monsieur mon cousin, dit-il, j'ai été trahi et joué, mais ce n'est pas par vous.

Lahire eut un geste d'étonnement si naturel que le roi s'écria :

— Allons ! décidément, vous aviez dit vrai, monsieur mon cousin.

Et il appela :

— Pibrac ! Pibrac !

— Me voilà, Sire.

Le capitaine des gardes recula étonné en voyant Henri travesti en page.

— Rendez son épée au roi de Navarre, dit Charles IX. Monsieur mon cousin, vous êtes libre.

Henri s'inclina.

Le roi poursuivit, s'adressant à Lahire :

— Quant à vous, jeune homme, choisissez : me nommer vos complices ou retourner dans votre cachot.

Lahire salua.

— Je ne suis pas un traître, Sire, dit-il.

Et se tournant vers Pibrac :

— Monsieur le capitaine des gardes, je suis à vos ordres.

— Allez ! dit le roi.

Pibrac emmena Lahire par le chemin qu'il lui avait déjà fait parcourir.

Seulement, lorsqu'ils furent dans le petit escalier, il lui dit tout bas :

— Savez-vous nager?

— Oui, pourquoi?

— Attendez ! Prenez d'abord ce briquet et ce silex.

— Bon. Après?

— Et cette bougie. C'est pour voir clair dans le Prie-Dieu.

— Mais pourquoi me demandez-vous si je sais nager?

— Je vous ai dit qu'il y avait une oubliette dans le Prie-Dieu...

— Oui, et je n'ai pas osé bouger, de peur d'y tomber.

— Au fond de l'oubliette, il y a une flaque d'eau.

— Je devine.

— Prenez cette corde à nœuds.

Et M. de Pibrac tira de la poche de ses chausses une corde de soie roulée sur elle-même et réduite à son plus simple volume.

— Elle a cent pieds de long, dit-il. Vous la fixerez à un anneau qui se trouve au bord de l'oubliette, et vous la laisserez couler dans le gouffre. L'eau y est froide, sans doute, mais nous sommes en été et cela vous rafraîchira.

— C'est fort joli, cela, dit Lahire, mais quand je serai en bas, que ferai-je?

— Vous verrez un trou lumineux à fleur d'eau, c'est un orifice qui communique avec la Seine. C'est par là que La Chesnaye nous a échappé.

M. de Pibrac ouvrit le Prie-Dieu et y fit entrer Lahire, puis il referma la porte sur lui.

Après quoi, le capitaine des gardes remonta, se disant :

— La partie est gagnée pour nous, mais la reine-mère ne peut pas être battue complétement, et il lui faudra une victime. Si Lahire n'avait la ressource de l'oubliette, je ne prêterais pas un denier sur sa tête.

....

Que se passa-t-il à Meudon après le départ du roi Charles IX et l'étrange entretien du duc de Guise et de sa sœur la duchesse de Montpensier?

Ce fut un mystère.

Mais comme midi sonnait à l'horloge Saint-Germain-l'Auxerrois, une litière entra dans la cour du Louvre, et la reine-mère, appuyée sur deux pages, pâle, défaite, chancelante, en descendit.

Elle s'attendait à trouver le roi au perron d'honneur. Le roi n'y était pas.

Un officier des gardes, qui était de service à la porte, monta en toute hâte aux appartements du roi pour annoncer l'arrivée de la reine-mère.

— Ah! ah! dit Charles IX, j'attendais madame Catherine avec impatience. J'ai un terrible compte à régler avec elle!

Et il dit à l'officier :

— Prévenez la reine-mère que je l'attends dans mon cabinet.

On porta cette réponse à madame Catherine, qui fronça le sourcil.

— Que s'est-il donc passé? murmura-t-elle.

Lorsque madame Catherine entra chez le roi, elle le trouva debout, l'œil enflammé, tourmentant d'une main crispée le manche de sa dague.

Il la salua froidement et ne l'invita point à s'asseoir.

— Mon Dieu, Sire, fit la reine-mère alarmée, qu'avez-vous?

— Madame, répondit le roi, ne vous préoccupez point de ma santé, je vous prie; parlons de vous.

— De moi, Sire?

— Quel est le pays de France qui vous conviendrait le mieux?

— Mais, Sire...

— Répondez! aimeriez-vous le château d'Amboise?...

— Pourquoi cette question, mon fils?

Le roi s'était longtemps contenu, mais sa colère éclata.

— Parce que je vous exile! s'écria-t-il.

Et il prit sur la table la lettre du duc d'Alençon :

— Lisez, madame, lisez, dit-il.

Et tandis que, tremblante, la reine lisait, le roi se prit à arpenter la salle à grands pas, jurant et frappant du pied :

— Ah! je suis malade! disait-il; ah! vous me cherchez un successeur, madame! Ah! ah! ah!...

Et il eut rire furieux, et, tout à coup, il s'arrêta comme frappé d'un mal subit, et il porta la main à son front :

— Mon Dieu! dit-il, auriez-vous donc prédit la vérité? Oh! je souffre!...

Et il attacha un œil hagard sur la reine épouvantée, ajoutant :

— Vous êtes un oiseau de mauvais augure!...

Puis ses yeux s'injectèrent, ses lèvres se bordèrent d'écume, et il jeta un grand cri et s'affaissa sur lui-même.

— Au secours! au secours! cria la reine-mère en courant vers la porte.

Les pages entrèrent et relevèrent le roi.

Le roi retrouva une énergie subite et furieuse; tout à coup il repoussa les pages, tira son épée et se précipita vers la reine en disant :

— C'est cette femme qui veut me tuer!...

La reine, éperdue, voulut fuir l'épée menaçante, mais elle allait être atteinte, quand soudain un homme entra, se précipita sur le roi et lui arracha son épée des mains. C'était Miron, le médecin de Charles IX.

Et Charles IX désarmé jeta sur lui un regard hébété, stupide, puis il entonna un refrain de chasse alors à la mode :

Margot a trois amoureux...

— Le roi est fou! dit Miron.

— Alors, répondit la reine-mère qui se redressa tout à coup, et dont l'épouvante fit place à une indomptable et sauvage énergie, alors, c'est moi qui vais *régner*.

XXX

Le roi de Navarre était rentré chez lui, après son entrevue avec Charles IX. Puis il s'était assis et avait ouvert un livre.

Un livre immortel pour lequel le jeune prince avait une prédilection toute particulière : les *Grands hommes de Plutarque.*

Et il s'était mis à lire avec calme, en homme qui ne craint rien des caprices de la destinée.

Une heure, puis deux, s'étaient écoulées; on avait gratté précipitamment à la porte.

Henri jeta son livre sur une table et se leva.

— Est-ce qu'il y a encore du nouveau? se dit-il.

La porte s'ouvrit et Pibrac entra tout effaré.

— Mon Dieu, dit le prince, qu'avez-vous donc, Pibrac?

— Sire, il faut partir.

— Partir?

— Monter à cheval sans perdre une minute, Sire...

— Et... où aller?

— Et courir ventre à terre jusqu'aux frontières de France.

— Et pourquoi cela, Pibrac? Le roi, tout à l'heure encore...

— Il n'y a plus de roi, Sire.

Ces mots étaient si étranges dans la bouche de Pibrac que Henri de Bourbon fit un pas en arrière et regarda le capitaine des gardes avec stupeur.

Pibrac ajouta :

— Il n'y a plus de roi : il y a une reine régente de France.

— Vous rêvez, Pibrac.

— Et cette reine, c'est madame Catherine.

— Voyons! fit Henri. Le roi se portait fort bien tout à l'heure, et, à moins qu'il n'ait été... assassiné...

— Le roi vit.

— Alors il règne...

— Non, il est fou.

— Fou! exclama Henri.

— Le roi Charles IX, répéta Pibrac, vient d'être pris d'un accès de folie furieuse, comme le roi Charles VI son aïeul, et la reine-mère s'est proclamée régente.

— Ventre-saint-gris! murmura Henri, s'il en est ainsi, nous sommes perdus!...

— Il faut partir, Sire, partir sur-le-champ... Dans une heure la reine aura donné des ordres...

— Est-ce que vous m'accompagnerez, Pibrac?

— Certes, dit le capitaine; il ne fera pas meilleur pour moi que pour vous demain, Sire.

— Partir! murmura Henri, partir! sans avoir revu Marguerite!

— Oui, Sire, répondit Pibrac.

— Mais, s'écria le roi de Navarre, vous ne savez donc pas, Pibrac, que j'aime madame Marguerite?

Pibrac eut une attitude solennelle :

— Je sais, Sire, dit-il, que vous êtes mon roi, que, comme tel, je dois mourir pour vous...

Henri lui tendit la main.

— Vous êtes un vrai Béarnais, lui dit-il.

Pibrac secoua la tête :

— C'est possible, dit-il, mais ce que je sais, Sire, c'est que les gens qui vous ont dévoué leur vie, c'est que ceux qui sont prêts à verser pour vous la dernière goutte de leur sang, ceux-là ont le droit de parler haut.

— Parlez donc!

Et le roi de Navarre regarda M. de Pibrac attentivement.

— Sire, dit alors Pibrac, vous souvenez-vous d'un certain soir où vous étiez accoudé à une fenêtre du Louvre ?

— Après ? fit Henri.

— Le ciel était pur et rayonnant d'étoiles.

— Je m'en souviens.

— Une de ces étoiles, continua Pibrac, brillait d'un éclat presque surnaturel, et Votre Majesté la contempla longtemps.

— C'est encore vrai.

— Or, poursuivit Pibrac, cette étoile que vous contempliez, c'était la vôtre, disiez-vous.

— En effet, répondit Henri avec orgueil.

— Eh bien ! Sire, je sais ce que prédisait cette étoile.

— Bah! fit Henri.

— Elle disait que vous seriez roi.

— Je le suis.

Pour la seconde fois, Pibrac secoua la tête :

— Oh ! fit-il, non pas roi de quelques terres pierreuses et d'une pauvre contrée comme la Navarre, qui produit plus de fer que de froment, plus de braves cœurs que d'opulents gentilshomme.

— Et de quoi donc? demanda le roi Henri de Bourbon.

— D'un beau et grand royaume, Sire, où le blé pousse vert et dru avant de jaunir sous les rayons brûlants de juin, où les hommes sont nombreux et forts, vaillants et fidèles, — un royaume, Sire, où le mot de *patrie* est sonore et retentit au loin...

— Assez! dit Henri.

Et il regarda Pibrac.

— Je sais de quel royaume vous parlez, ami, dit-il.

— Eh bien ! Sire, continua le capitaine des gardes, ce jour-là, le jour où vous ajoutiez foi à votre étoile, vous ne fîtes point le serment de résister à la fatalité qui éprouve les hommes afin de les rendre forts.

— Que voulez-vous dire, Pibrac ?

— Ce jour-là, Sire, vous ne jurâtes point de soutenir avant le temps une lutte inégale. Aujourd'hui, nous sommes vaincus, mais qui sait si demain ne sonnera point l'heure du triomphe ?

— Vous avez raison, Pibrac, dit le prince ; partons !

— J'ai envoyé en toute hâte un homme dont je suis sûr à l'auberge du *Cheval rouan*. On nous y tient des chevaux tout sellés, continua Pibrac. Nous y trouverons Noë et Hector.

— Comment allons-nous sortir du Louvre ?

— Venez, Sire, venez !... On n'a point songé encore à relever les sentinelles qui sont en bas du petit escalier, à la poterne. Venez...

Le roi de Navarre prit son épée et son manteau, et il s'apprêtait à suivre Pibrac, lorsqu'il se fit du bruit au dehors.

En même temps la porte s'ouvrit sans qu'on eût même pris la précaution de frapper.

Un officier des gardes entra.

— Que voulez-vous ? lui demanda Pibrac.

— Capitaine, répondit l'officier, la reine-mère m'a commandé de vous demander votre épée.

— Ah ! fit Pibrac.

— Et de vous conduire au donjon de Vincennes.

Pibrac regarda le roi, et son regard disait éloquemment :

— Partez seul, Sire, partez ! Et, sans proférer une parole, il tendit son épée à l'officier des gardes.

Henri de Navarre fit un pas vers la porte, écartant l'officier.

Mais comme il arrivait sur le seuil, il se trouva face à face avec trois autres gardes, dont l'un lui dit :

— On ne passe pas !

— Comment ! maraud ! s'écria le roi, tu voudrais ?...

— Sire, répondit l'officier, j'ai reçu l'ordre de vous demander votre épée.

Henri regarda Pibrac.

— Trop tard ! murmura-t-il.

Puis il dit à l'officier :

— Est-ce que vous allez aussi me conduire au donjon de Vincennes, monsieur ?

— Non, Sire.

— Où donc, alors ?

— La reine vous donne votre appartement pour prison.

— Eh bien ! dit Henri en riant, je trouve l'attention délicate.

Il prit son épée et la tendit à l'officier des gardes.

— Adieu ! Sire, dit tristement Pibrac.

Henri lui prit la main et la serra

— Dites : « Au revoir, » fit-il.

— Au revoir, donc, Sire !...

Et Pibrac dit à l'officier :

— Marchons, je vous suis...

L'officier avait placé trois gardes dans l'anti-chambre, un à la porte de communication qui existait entre l'appartement de Henri et celui de Noë, un autre au bout du corridor; deux, enfin, sous les fenêtres.

Lorsque Pibrac fut parti, Henri compta toutes ces sentinelles.

— Décidément, dit-il, la reine tient à ce que je ne m'échappe pas. Je suis gardé par une armée.

Et il se rassit tranquillement dans le fauteuil qu'il occupait lorsque Pibrac était entré, reprit son *Plutarque* et continua sa lecture, un moment interrompue.

Le roi de Navarre lut une heure encore, puis, comme il n'entendait aucun bruit, il prit le parti de se lever et d'aller s'accouder à sa fenêtre.

— Je voudrais bien, se dit-il, savoir ce qui se passe au Louvre.

La grande cour du palais avait son aspect accoutumé.

Les gardes du roi s'y promenaient, un page y dressait un faucon.

Henri reconnut le page. C'était Gauthier. Il l'appela d'un signe.

Gauthier s'approcha sous la fenêtre :

— Comment va le roi? lui demanda Henri.

— Il est fou furieux.

— Que dit Miron?

— Miron prétend que c'est un accès de fièvre chaude, et il ne désespère pas de guérir le roi.

— Mon mignon, dit encore Henri, ne pourrais-tu venir causer avec moi?

— Là-haut ?

— Oui.

Le page jeta un regard défiant autour de lui et s'assura que personne n'avait pris garde à sa conversation avec le roi de Navarre.

— Attendez ? dit-il.

Et il disparut, son faucon au poing, sous une des grandes portes intérieures du Louvre.

— Si Gauthier peut arriver jusqu'à moi, pensa Henri, il me dira ce qui advient.

Quelques minutes s'écoulèrent, puis Henri entendit une légère altercation dans l'antichambre.

— Je veux passer, disait la voix enfantine et fraîche de Gauthier.

— J'ai pour consigne de ne laisser entrer personne, répondait un des gardes.

— Oui, mais moi, j'ai un message pour le roi de Navarre.

— De qui ?

— De la reine-mère.

— Montrez-le.

— C'est un message verbal.

Le garde hésitait à laisser entrer Gauthier, mais l'enfant, plein d'audace, lui dit :

— Je vous jure, monsieur, que vous vous repentirez cruellement de m'avoir empêché de passer.

Gauthier était le page favori de Charles IX et quand Charles IX était en bonne santé, Gauthier avait grand crédit.

Le garde fit la sage réflexion que la folie du roi pourrait se calmer au premier jour, que, par conséquent, Gauthier, redevenu tout-puissant, il aurait alors, lui, tout profit à lui avoir été agréable.

— Passez donc, dit-il.

Et il s'effaça.

Gauthier gratta à la porte, l'ouvrit et la referma sur lui.

Gauthier était l'ami de Raoul; Raoul aimait Nancy, Nancy était dévouée au roi de Navarre.

Par conséquent, Gauthier pensait comme Raoul et comme Nancy, c'est-à-dire qu'il était bien plus dévoué au roi de Navarre qu'à madame Catherine.

— Bonjour, mignon, lui dit Henri en lui tendant la main.

Gauthier mit un doigt sur ses lèvres.

— Chut! dit-il, parlons bas... On nous écoute, Sire.

— Je m'en doute.

Le page entraîna Henri dans l'embrasure de la croisée, le point le plus éloigné de la porte au seuil de laquelle veillaient les trois gardes.

— Ah çà! mon mignon, dit Henri, raconte-moi donc ce qui s'est passé.

— Le roi est devenu fou.

— Je sais cela.

— Et la reine-mère s'est proclamée régente.

— Je sais cela encore, mais après?

— Le duc de Guise s'est installé au Louvre.

— Oh! oh!

— Et les Suisses ont été renvoyés à Saint-Germain et remplacés par des lansquenets. On ne parle plus qu'allemand dans le Louvre depuis une heure.

— Que dit-on de moi?

— Mais, Sire, répondit naïvement Gauthier, on

parle de vous faire juger par le parlement, qui vous condamnera à mort.

Un sourire vint aux lèvres de Henri de Bourbon :
— Bah ! fit-il.
— Enfin, continua Gauthier, on a appris la mort de René.
— La mort de René ? s'écria Henri, qui crut avoir mal entendu.
— Je ne devrais pas dire que René est mort, reprit le page, car il n'a point encore rendu le dernier soupir. Cependant il n'en vaut guère mieux. Sa blessure est mortelle.
— Mais que me racontes-tu là ? demanda Henri. René est blessé ?
— Mortellement.
— Depuis quand ?
— Depuis ce matin.
— Par qui donc a-t-il été frappé ?
— Par une femme qu'il voulait enlever.

Henri tressaillit.
— Et où cela est-il arrivé ?
— Dans une maison, au village de Chaillot.

Henri étouffa un cri et un nom vint mourir sur ses lèvres :
— *Sarah !*

Alors Gauthier lui raconta qu'un reître était accouru annoncer cette nouvelle.

La reine-mère, hors d'elle-même, avait envoyé douze lansquenets à Chaillot, avec ordre de brûler la maison et de ramener la femme pieds et poings liés.

A ces derniers mots, Henri frissonna.

— Et on a ramené la femme ?

— Non.

— Pourquoi ?

— Elle avait disparu.

Henri respira.

— Mon petit Gauthier, dit-il, me viendras-tu voir ce soir ?

— Certainement, Sire.

— Et tu me conteras ce qui sera advenu de nouveau ?

— Parbleu ! dit le page ; mais à présent je vais vous quitter. Il ne faut pas que madame Catherine sache que je viens vous visiter.

Et le page s'en alla.

La journée s'écoula pour Henri dans une solitude profonde.

On lui apporta à dîner dans sa chambre, et les gens qui le servirent furent reconnus par lui pour appartenir à la maison de la reine-mère.

On releva les sentinelles et on remplaça les gardes par des lansquenets.

— Ventre-saint-gris! murmura Henri de Navarre, vers le soir, en étirant ses bras, madame Catherine me devrait bien faire juger tout de suite. Je m'ennuie horriblement.

Au moment où dix heures du soir sonnaient à Saint-Germain-l'Auxerrois, Gauthier revint.

Le page avait la mine soucieuse.

— Cela va mal, Sire, dit-il.

— Ah ! fit Henri.

— La folie du roi continue.

— Et la reine-mère ?

— La reine-mère est entourée de Lorrains, et on parle déjà dans le Louvre d'égorger tous les huguenots.

Henri fronça le sourcil.

— Mais, ajouta Gauthier, tout cela n'empêche point les amis de Votre Majesté de songer à elle.

— Je l'espère bien.

— Et je suis chargé de lui faire tenir un billet.

— Un billet ! de qui ?

— De Noë.

— Tu l'as vu ?

— Ce soir.

— Où ?

— Chez Malican, dont il est, avec une grande barbe noire, le garçon cabaretier.

Et Gauthier tira de sa poche un carré de parchemin plié d'une façon bizarre, mais qui, sans doute, était familière à Henri, car le prince le déplia lestement.

La missive de Noë ne contenait que quelques lignes, que voici :

« Lahire est sauvé. Nous sommes réunis tous les
« trois. Pibrac s'est échappé de Vincennes. Nous
« travaillons à vous rendre libre.

« NOE. »

Henri lut et relut ce billet, puis un éclair passa dans ses yeux.

— Allons ! dit-il en redressant fièrement la tête, avec des hommes comme mes Gascons, je passerai sur le corps d'une armée tout entière. Ils mettront le feu au Louvre, s'il le faut, mais ils me délivreront !

— Parbleu! fit le page avec l'assurance de son âge.

XXXI

Comment Lahire s'était-il sauvé du Prie-Dieu?

Il en était sorti comme La Chesnaye, sauf cette différence que ce dernier était tombé dans l'oubliette avec la conviction que les portes de l'éternité s'ouvraient devant lui.

Lahire, au contraire, savait que l'oubliette était pour lui le chemin du salut.

Lorsqu'il eut été enfermé de nouveau par Pibrac, notre héros s'arma du briquet et du silex, et alluma la bougie que lui avait remise le capitaine des gardes.

Cette bougie allumée, il jeta un regard autour de lui.

Le cachot nommé le Prie-Dieu était tel que l'avait laissé La Chesnaye.

Dans un coin se trouvait l'ouverture béante de l'orifice.

Lahire s'en approcha.

Le jeune homme se coucha à plat ventre, et se pencha, la tête en dehors, sur l'abîme.

Un air fétide vint lui fouetter le visage, et il entendit tout au fond, le clapotement de l'eau.

— Peste! mumura-t-il, il faut avoir bonne envie d'éviter la place de Grève et les brutales caresses de maître Caboche pour se risquer dans ce trou de l'enfer...

Lahire était brave, il l'avait suffisamment prouvé, et cependant il hésita pendant quelques minutes à profiter des conseils de Pibrac.

— Il fait noir comme dans un four là-bas, se disait-il, et si j'étais sûr que ma bien-aimée madame la duchesse de Montpensier fût femme à me faire mettre en liberté, je crois que je jetterais cela dans l'oubliette et n'aurais point envie d'y aller voir moi-même.

Tout en s'adressant ce petit monologue, Lahire avait développé la corde à nœuds et il en avait solidement fixé l'extrémité à cet anneau que M. de Pibrac lui avait indiqué.

Cela fait, il jeta dans le gouffre l'autre bout.

Après quoi il le retira, disant :

— Voyons si la corde est assez longue.

L'extrémité de la corde qui avait plongé dans l'abîme remonta mouillée sur une longueur de sept ou huit pieds.

— Ah ! ma foi ! murmura Lahire, je sais nager, comme a dit M. de Pibrac. Je n'aime pas l'eau croupie, mais je la préfère cependant à la hache de maître Caboche.

Lahire rejeta la corde dans l'oubliette, puis il s'assit au bord, les jambes pendant dans le vide.

L'odeur nauséabonde qui montait des noires profondeurs du précipice et ce clapotement sinistre qui se faisait entendre en bas le firent hésiter encore.

— Par la sambleu ! Lahire, mon ami, pensa-t-il, vous êtes aujourd'hui plus couard qu'un procureur.

Soudain Lahire songea au roi de Navarre, à ce jeune prince entouré d'ennemis et que le retour d'amitié, peut-être momentané seulement, que lui témoignait le roi Charles IX, serait impuissant à sauver.

Et alors Lahire n'hésita plus, et il se lança bravement dans l'abîme, saisissant la corde de deux mains et murmurant :

— Meure la reine-mère ! vive le roi de Navarre !

La corde était solide, mais elle était si mince que Lahire, en se laissant glisser lentement sur elle, eut peur un moment qu'elle ne vînt à casser.

Néanmoins il n'en fut rien.

Lahire sentit tout à coup ses jambes tremper dans l'eau.

Alors il se cramponna plus solidement que jamais à la corde à nœuds et jeta un regard autour de lui.

Les ténèbres l'entouraient, et il eût été impossible de préciser si le lieu où il se trouvait était spacieux ou étroit.

Cependant un point lumineux frappa ses yeux déjà faits à l'obscurité.

C'était un petit rayon blanc qui se répercutait sur l'eau noire comme une broderie d'argent sur le velours sombre d'un manteau.

— Voilà mon étoile, pensa Lahire.

Et il lâcha la corde et se mit bravement à nager vers le point lumineux.

A mesure qu'il approchait, le point grandissait ; et lorsque Lahire n'en fut plus qu'à quelques brassées de distance, il put se convaincre que Pibrac lui avait dit vrai, et qu'il avait bien devant lui un trou qui laissait pénétrer la lumière du jour.

Lahire nagea jusqu'à ce que ses mains rencontrassent une aspérité.

C'était une pierre à fleur d'eau, une pierre des puissantes assises du Louvre, à laquelle il se cramponna.

Puis, à l'aide de cette pierre, il se hissa jusqu'au trou et s'y coula à plat ventre, comme un renard qui sort de son terrier.

Lahire était plus grand que La Chesnaye, mais il était plus mince, et là où l'homme d'affaires des princes lorrains s'était meurtri les épaules, le Gascon passa facilement.

Une bouffée d'air frais vint lui frapper le visage aux deux tiers de ce voyage étrange, et Lahire respira cet air à pleins poumons.

Puis il avança encore, rempant sur le ventre et sur les mains.

Et bientôt il vit briller une nappe d'eau bleue sur laquelle s'étalait un rayon de soleil.

C'était la Seine qui coulait de l'autre côté de ce petit souterrain creusé par les infiltrations de l'eau.

Alors, comme le prisonnier qu'on met subitement en liberté et qui passe, sans transition, des ténèbres de son cachot à la lumière éclatante du soleil, Lahire s'arrêta au bord du souterrain, leva les yeux vers l'azur du ciel et se remit à respirer le grand air.

Pendant un moment il éprouva toutes les joies naïves du captif rendu à la liberté.

Mais bientôt le sentiment vrai de sa situation lui

revint, et comme il se l'était déjà dit en plusieurs circonstances, il répéta ces paroles :

— Lahire, mon ami, voici le moment d'assembler votre conseil.

Le conseil de Lahire assemblé se composait de son imagination féconde en ressources et de son esprit subtil et prudent.

La délibération fut courte et eut cette conclusion :

— Lahire, mon ami, il ne faut point vous conduire comme un jeune rat sans expérience qui serait entré dans un trou pour échapper à un chat, et en ressortirait sur-le-champ pour que le chat lui tombât dessus. N'oubliez pas que vous êtes sous les murs du Louvre dont vous avez eu tant de peine à sortir, à quelques pas des sentinelles qui veillent aux poternes et dont il ne faut pas éveiller l'attention. Tout le monde vous a vu entrer au Louvre; il n'est pas un Suisse qui ne vous connaisse, et il est tout à fait impraticable pour vous de remonter sur la berge de la rive droite. Puisque vous savez nager, le plus simple est de vous diriger entre deux eaux jusqu'au-dessous du bac de Nesle. Une fois sur la rive gauche, vous aurez le temps de prendre un parti.

Lahire respira quelque temps encore avant de se remettre à l'eau.

Il était fatigué et la Seine était large.

Tout à coup il aperçut une barque en amont qui descendait le courant avec vitesse.

La voile rougeâtre de cette barque indiquait sa destination et son origine.

C'était un bateau de pêcheur.

— Si je suis las avant d'atteindre l'autre rive, pensa

Lahire, je demanderai à ces gens-là de me prendre à leur bord. On m'a pris ma dague et mon épée, mais on m'a laissé ma bourse, et l'argent en cette circonstance vaut mieux que le fer.

Lahire avait le coup d'œil sûr ; il mesura la distance qui séparait encore la barque de la ligne transversale qu'il allait suivre, lui, en nageant, et il calcula qu'il pourrait la rencontrer à peu près au milieu de la rivière.

Alors il se mit à l'eau, nageant sans bruit et ne montrant à la surface que sa tête.

Comme il atteignait, en effet, le milieu du fleuve, la barque passa.

Lahire calcula son élan, donna un vigoureux coup de pied, étendit les mains et se cramponna au bordage.

La barque n'avait d'autre pilote et d'autre passager qu'un jeune pêcheur de quinze à seize ans qui se tenait assis à la barre et fut assez étonné de voir un homme monter à son bord.

Lahire se hissa dans la barque en murmurant :

— Il était temps, j'étais au bout de mes forces.

Puis il posa un doigt sur ses lèvres :

— Chut ! dit-il au pêcheur, je te paierai bien.

Et comme l'enfant le regardait toujours avec un étonnement craintif :

— Sans ta barque, mon garçon, je me serais sûrement noyé.

Un homme nageant en plein jour dans la Seine, épuisant ses forces et cherchant son salut dans une barque, tout cela eût paru fort naturel, si Lahire n'eut été tout vêtu.

33.

Aussi prit-il soin d'expliquer au pêcheur, encore ahuri, sa situation.

Il est vrai que la version de notre héros manquait d'exactitude, mais il y avait deux ou trois jours déjà que Lahire se trouvait en opposition avec la vérité, et l'habitude en était prise.

D'abord il tira sa bourse, y prit une pistole toute neuve et la tendit au pêcheur, qui hésita à l'accepter. Jamais l'enfant n'avait eu pareille pièce d'or à sa disposition, même dans ses rêves...

— Prends, dit Lahire, et écoute-moi.

L'enfant le regarda.

— Sais-tu ce que c'est que l'amour? continua le Gascon.

Le jeune pêcheur se prit à rougir.

— Tu le sais, je le vois.

Le pêcheur se dit :

— Pourquoi donc me fait-il cette question?

— Puisqu'il en est ainsi, poursuivit Lahire, tu vas comprendre mon histoire. J'aime une dame de la cour dont le mari jaloux m'a fait jeter à l'eau par ses gens.

— Ah! dit le pêcheur, c'est donc pour cela que vous êtes tout habillé, mon gentilhomme?

— Précisément.

— Et maintenant que vous voilà ici, demanda le pêcheur avec le respect que méritait un gentilhomme dont la bourse était pleine d'or où faut-il vous conduire?

— Où tu voudras.

— C'est plutôt où voudra votre seigneurerie, Faut-il virer de bord ?

— Où allais-tu quand je t'ai rencontré?

— Au village de Chaillot ; c'est là que demeurent mes parents.

— Et d'où venais-tu ?

— De Charenton.

— Chaillot ! murmura Lahire ; mais il me semble que c'est là qu'est la maison de Guillaume... Parbleu ! oui, j'y serai bien tranquille, jusqu'à ce soir, du moins... Quand il fera nuit, je rentrerai dans Paris.

Et il dit au pêcheur :

— Eh bien ! allons à Chaillot.

Le pêcheur serra son écoute et sa barque continua à filer rapidement.

La cabane du pêcheur était la première du village, tout à fait au bord de l'eau.

— Arrête devant chez toi, dit Lahire ; voilà une seconde pistole.

L'enfant s'était enhardi. Il prit la seconde pièce d'or, et se confondit en remerciements tout en carguant sa voile et gagnant le bord.

— Connais-tu un garçon nommé Guillaume, à Chaillot ?

— Guillaume Verconsin ?

— Justement.

— Oui, messire.

— Où est sa maison ?

— Là-bas, à l'angle de cette rue, sur la berge ; il y a un cabaret vis-à-vis.

— Merci ! dit Lahire en sautant lestement à terre.

XXXI

Bien que ses habits fussent ruisselants, Lahire se dirigea d'un pas rapide vers l'endroit indiqué.

Mais quel ne fut point son étonnement en voyant un rassemblement de populaire devant la grille du jardin et le cabaret !

Au milieu d'un groupe tumultueux pérorait le gros cabaretier qui avait, le matin, versé à boire tour à tour à La Chesnaye, déguisé en femme, au reître et à René qui lui avait donné deux pièces d'or.

Lahire devina que quelque événement extraordinaire s'était passé dans la maison de Guillaume Verconsin, et il se faufila au milieu du groupe et se mit à écouter.

Le cabaretier racontant que deux cavaliers qu'il ne connaissait pas, mais dont l'un lui avait fait l'effet d'un grand seigneur, étaient venus chez lui le matin.

Le dernier, le grand seigneur, lui avait demandé certains renseignements sur la maison de la veuve Verconsin, s'était informé si Guillaume était sorti ; puis, s'il y avait dans la maison une jeune femme.

Sur sa réponse affirmative, ajoutait-il, les deux cavaliers étaient entrés.

La veuve Verconsin les avait fort bien accueillis d'abord, puis elle les avait introduits dans la maison.

Une demi-heure s'était écoulée, disait toujours le

cabaretier, pendant laquelle rien d'extraordinaire ne lui avait semblé se passer.

Puis il avait entendu des cris étouffés ; et, tout à coup, l'un des cavaliers, le premier, était sorti tout effaré de la maison, avait sauté sur son cheval et l'avait lancé au galop vers Paris. Moins de cinq minutes après, une femme était sortie à son tour.

Cette femme était cette belle et mystérieuse étrangère que les gens de Chaillot avaient entrevue une ou deux fois.

Selon le cabaretier, elle était pâle, les vêtements en désordre et couverts de sang; elle brandissait une dague d'un air égaré et elle s'était mise à fuir à toutes jambes vers la rivière.

Cette apparition avait tant étonné le cabaretier qu'il n'avait point songé à arrêter la jeune femme.

Ce n'avait été qu'au bout de quelques minutes que, revenu de sa stupeur, il avait songé à pénétrer dans sa maison.

Là un spectacle étrange s'était offert à ses yeux.

La cave était ouverte.

Après avoir vainement appelé la veuve Verconsin, le cabaretier s'était décidé à allumer une lampe et à descendre dans la cave, où il avait trouvé le cadavre de la malheureuse femme. Alors, tout bouleversé, il était remonté, avait gagné le premier étage, et il y avait trouvé le gentilhomme qui lui avait donné deux pièces d'or, agonisant au milieu d'une mare de sang.

A cette vue, le cabaretier avait perdu la tête, il avait crié au secours; on était accouru des maisons voisines, et, guidés par lui, les premiers arrivés s'étaient transportés dans la maison. On avait retiré de la cave le cadavre de la veuve Verconsin et on l'avait exposé dans le vestibule.

Puis on avait porté le gentilhomme sur un lit et on était allé quérir un chirurgien en toute hâte.

Voilà ce que Lahire qui, sur-le-champ, au portrait qu'on faisait d'elle, avait reconnu Sarah, venait d'apprendre...

On s'occupait trop du récit du cabaretier pour faire la moindre attention à Lahire et à ses habits trempés.

— Il faut pourtant que je sache quel est ce gentilhomme, se dit notre Gascon.

Alors, comme la maison ne désemplissait pas de curieux, Lahire se glissa parmi la foule qui entrait et sortait et il arriva ainsi jusqu'à la chambre où on avait couché le mourant.

Soudain il s'arrêta stupéfait sur le seuil.

Lahire avait reconnu dans cet homme qui râlait et tournait des yeux hagards et déjà privés d'intelligence le plus mortel ennemi du roi de Navarre et de Noë, — René le Florentin.

Alors Lahire devina jusqu'à un certain point la vérité.

Il savait l'amour furieux de René pour Sarah et il jugea que celle-ci avait dû le poignarder pour se soustraire à ses persécutions.

Mais il songea aussi que ce premier cavalier qui s'était enfui au galop de son cheval vers Paris avait dû courir au Louvre pour y donner l'alarme.

Et Lahire se dit :

— Il ne fait pas bon pour moi ici. Détalons au plus vite !

Il s'esquiva sans avoir autrement excité l'attention, et, tout en s'en allant, il murmura :

— Je ne sais, ma foi ! comment finiront toutes nos aventures ; mais, s'il nous arrive malheur, nous aurons du moins la consolation de laisser derrière nous ce misérable empoisonneur, René le Florentin. J'espère bien qu'il sera mort dans une heure.

Le prudent Lahire s'en alla droit chez le petit pêcheur qu'il trouva étalant son poisson au soleil.

— Mon ami, lui dit-il, tu vas me chercher des habits, car les miens me collent à la peau.

— Mais, monseigneur, dit le pêcheur, je n'ai que des vêtements grossiers.

— Peu importe !

Le petit pêcheur fit entrer Lahire dans la maison où sa vieille mère raccommodait un filet.

Dix minutes après, Lahire avait coupé sa barbe, endossé une souquenille de bure, chaussé de vieilles sandales et, ainsi transformé, il se retournait tranquillement vers Paris, après avoir laissé tomber deux autres pistoles dans la main du pêcheur.

....

C'était donc par le billet de Noë que lui apportait le page Gauthier que Henri de Navarre avait appris l'évasion de Lahire.

René était mort ou mourant, c'était déjà quelque chose.

De plus ses amis travaillaient à le sauver, et le roi de Navarre savait ce que valaient ses quatre Gascons...

Le page Gauthier se retira comme l'heure où on apportait à souper à Henri allait sonner, mais, en s'en allant la tête haute et d'un air conquérant, le page, disons-nous, ne s'attendait point à ce qui allait lui advenir.

Comme il avait déjà fait quelques pas en dehors de l'antichambre du roi de Navarre, dans ce corridor qui conduisait à l'appartement de la reine-mère, on lui frappa sur l'épaule.

Gauthier tressaillit et s'arrêta.

Le corridor était sombre, cependant le page reconnut l'officier des gardes qui, le matin, l'avait laissé pénétrer chez le roi de Navarre.

— Bonsoir, monsieur Gauthier, dit-il.

— Bonsoir, monsieur.

— Vous venez de chez le roi de Navarre?

— J'étais porteur d'un second message pour lui.

— De qui?

— De la reine-mère.

— Voyez quelle rencontre! fit l'officier avec une pointe d'ironie dans le sourire et dans la voix.

— Que voulez-vous dire, monsieur?

— Moi aussi j'ai un message.

— De qui?

— De la reine-mère..

— Pour le roi de Navarre, peut-être?

— Non, pour vous.

— Donnez.

Et, à son tour, Gauthier tendit la main.

— Pardon!... reprit l'officier, c'est un message verbal, monsieur.

— Alors j'écoute.

— La reine-mère vient de me dire : Je n'ai chargé le page Gauthier d'aucun message pour le roi de Navarre...

Gauthier tressaillit.

— Et, continua l'officier des gardes, la reine-mère a ajouté : Vous lui demanderez son épée et l'enverrez au donjon de Vincennes où il tiendra compagnie à M. de Pibrac, puisqu'il a du goût pour la société des gens qui sont prisonniers d'Etat.

— Diable ! murmura Gauthier.

Et il fit à part lui cette réflexion :

— Comment feront les amis du roi de Navarre, à présent, pour correspondre avec lui ?

— Allons ! dit le garde, votre épée, mon jeune ami.

— La voilà.

Gauthier tira son épée, la prit par la lame et en présenta la poignée à l'officier des gardes, qui le prit familièrement par le bras et l'emmena.

Aussi, le lendemain, à l'heure où le page devait venir, Henri l'attendit-il vainement.

La journée tout entière s'écoula, et Gauthier ne parut point.

Pendant toute cette journée, le roi de Navarre fut gardé par des lansquenets, et il ne put échanger un mot avec aucun d'eux.

Comme il finissait de souper, on releva les sentinelles.

— Pourvu qu'on m'envoie des Français maintenant ! je meurs d'envie de parler, se dit Henri.

Et il avala un dernier verre de vin et alla s'accouder à la fenêtre, celle qui donnait sur le bord de l'eau et en bas de laquelle veillaient deux sentinelles qui avaient ordre de l'arquebuser s'il essayait de se sauver.

Le prince regardait avec mélancolie couler l'eau du fleuve et scintiller les étoiles au firmament, lorsqu'il entendit frapper à sa porte avec la crosse d'une hallebarde.

— Entrez ! dit-il.

La porte s'ouvrit et un soldat parut.

— Encore un lansquenet ! murmura Henri désappointé... Hé ! sais-tu le français *tartèfle ?*

Le lansquenet ferma la porte, puis il vint à Henri, se plaça devant lui, releva la visière de son casque et mit un doigt sur ses lèvres.

Henri recula d'un pas et eut toutes les peines du monde à étouffer un cri.

Le lansquenet qui venait de lui montrer son visage à découvert n'était autre que le blond Amaury de Noë, affublé d'une grande barbe noire.

— Chut ! dit Noë, parlons bas, et allons vite en besogne !

— Mais comment as-tu pu arriver jusqu'ici ?

Noë entraîna Henri vers la fenêtre :

— Regardez ! dit-il.

— Eh bien ?

— Voyez-vous ces deux sentinelles ?

— Oui : ce sont des lansquenets.

— C'est Hector et Lahire.

Henri fit un geste de surprise.

— O mes Gascons ! murmura-t-il.

— Il y en a un autre dans l'antichambre, Sire.

— Et... c'est ?...

— C'est Pibrac qui s'est échappé du donjon de Vincennes.

— Ah! fit Henri, je vais donc pouvoir sortir d'ici!

— Oui, par la fenêtre.

Et Noë dégrafa sa cuirasse, et un paquet assez volumineux s'en échappa et tomba sur le sol.

— Qu'est-ce? dit-il.

— C'est une échelle de corde.

— Bien, mais...

— Attendez! derrière Saint-Germain-l'Auxerrois, il y a des chevaux tout sellés. Mais il faut nous hâter. Dans une heure le massacre commencera.

Noë fixait l'échelle de corde à la croisée.

— Quel massacre? demanda Henri.

— Le massacre des huguenots. Oh! fit Noë d'un air sombre, madame Catherine est une terrible femme, Sire; elle s'est servie de la folie du roi son fils, et depuis une heure les catholiques ayant les Guise à leur tête sont maîtres de Paris.

— Mais les huguenots se défendront!

— Ils seront écrasés...

— L'amiral, mon vieil ami...

— Sa maison est cernée.

— Condé...

— Il est à Vincennes.

— Et, s'écria Henri, tu veux que je prenne la fuite, moi, au moment où mes frères vont être égorgés!...

— Je veux vous arracher à une mort inutile, Sire.

— Mourir avec les siens c'est triompher.

Et Henri chercha une épée absente à son flanc et se redressa fier et superbe.

— Tiens! dit-il, tu oublies beaucoup trop souvent ami, que je suis le petit-fils du roi saint Louis et que je m'appelle Henri de Bourbon.

— Mais c'est de la folie et du vertige, Sire!.. s'écria Noë éperdu. Vous serez massacré sans défense.

— Une épée! donne-moi une épée!... répondit le jeune roi.

Et, comme si Dieu eût voulu faire un miracle, en ce moment une porte s'ouvrit, une autre porte que celle par où Noë était entré, et sur le seuil de cette porte apparut une femme.

Elle était rayonnante et belle de fierté ; son œil étincelait de tout l'orgueil d'une antique race de rois chevaleresques.

C'était une fille de France, c'était Marguerite de Valois, reine de Navarre, qui, au moment suprême, venait se ranger à la droite de son époux et lui apporter une épée.

— Voilà celle du roi mon père, Sire, lui dit-elle.

Et soudain Henri tomba à genoux devant Marguerite; et puis il se redressa, saisit l'épée qu'on lui tendait, la baisa sur la lame avec respect, puis courant à la fenêtre, il cria :

— A moi, Navarre! à moi!...

Et soudain encore deux portes s'ouvrirent, celle par laquelle Noë était entré, celle qui avait livré passage à Marguerite.

Par la première entrèrent Raoul et Hogier de Lévis, l'épée nue.

Au seuil de la seconde apparurent Pibrac et le page Gauthier...

— Ah !... s'écria Henri en regardant Marguerite avec enthousiasme, Hector et Lahire vont monter, et vous verrez, madame, si les épées de Gascogne sont bien trempées !... Navarre, à moi !...

XXXII

Revenons sur nos pas et retournons au château d'Angers.

Nancy, on s'en souvient, s'était esquivée de la chambre de M. de Nancey et elle était descendue en toute hâte au premier étage où était logée madame Marguerite. Elle avait, on s'en souvient encore, retrouvé le page Raoul dans l'antichambre de la reine de Navarre.

Raoul lui avait montré la porte close de la reine et avait mit un doigt sur ses lèvres.

Mais la camérière avait bien autre chose à faire, en vérité, que de respecter le repos de madame Marguerite.

Elle frappa.

Marguerite vint entre-bâiller sa porte.

— Qui est là ? fit-elle.

— C'est moi.

Le ton avec lequel Nancy prononça ces deux mots étonna la jeune reine.

— Que veux-tu ? dit-elle.

— Vous parler sur-le-champ.

— Pourquoi ?

— Il s'agit du salut du roi.

— Entre ! dit Marguerite en tressaillant.

Nancy se tourna vers Raoul, qui se trouvait derrière elle.

— Va seller les chevaux, dit-elle : nous partons.

— Quoi ? fit Marguerite.

— Hein ! dit Raoul.

— Mais va donc ! fit-elle avec l'accent de l'autorté.

Et Raoul alla exécuter l'ordre que lui donnait Nancy, tandis que cette dernière entrait chez madame Marguerite stupéfaite.

— Ah çà !... dit Marguerite, qu'est-ce que tout cela, mignonne ?

Et elle ralluma une lampe à la hâte et étouffa un cri, tant Nancy paraissait bouleversée.

— Mais qu'as-tu donc ? comme tu es pâle !

— Le duc est ici, madame.

— Mon frère d'Alençon ?

— Oui, et M. de Nancey aussi.

— Oh ! oh ! qu'est-ce qu'il vient faire, Nancey, ce favori de ma mère ?

— Il vient annoncer au duc que la mort du roi de Navarre est décidée !

Marguerite recula épouvantée.

Alors Nancy lui raconta ce qui s'était passé, il y avait quelques minutes, dans la chambre de M. de Nancey.

Marguerite écouta, haletante, le front baigné de sueur, le récit de ce complot qui devait envelopper tous les huguenots dans un massacre général.

— Mais, s'écria-t-elle tout à coup, le roi de Navarre avait quitté Paris, puisque Hogier s'en allait en avant pour lui préparer des relais.

— Oui, madame, dit Nancy; seulement nous avons entravé Hogier dans sa mission.

— Mon Dieu! fit Marguerite.

Et elle eut comme un pressentiment de la vérité.

— Oh!... dit-elle avec angoisse, je n'aime plus le sire de Coarasse, mais je serai fidèle à la fortune du roi de Navarre.

Elle courut à une porte :

— Hogier! cria-t-elle.

Et Hogier accourut.

Le jeune homme était encore tout ému de son entretien avec Marguerite.

Elle le regarda :

— Vous demandiez à mourir tout à l'heure, lui dit-elle, parce que vous vous considériez comme traître envers le roi de Navarre votre maître...

Hogier baissa tristement la tête.

— Eh bien!... continua Marguerite, il faut le sauver ou mourir pour lui!... A cheval! monsieur.

Raoul revint.

— Les chevaux sont prêts, dit-il.

— Oui, dit Nancy, mais il faudrait pouvoir sortir du château sans donner l'éveil au duc.

— C'est juste, observa Marguerite.

— Et la chose est impossible.

— Pourquoi?

— Parce que l'officier qui commande la porte, dit Raoul, ne le voudra pas, ou tout au moins il ira prévenir le duc d'Alençon.

Nancy hocha la tête.

— Non, dit-elle.

— Vous croyez?

— Le capitaine Hermann ignore la présence du duc dans le château.

Marguerite eut un geste de surprise.

— Chut! fit Nancy, j'expliquerai tout cela à Votre Majesté.

La jeune reine avait repris son manteau et elle faisait à la hâte ses préparatifs de départ.

Nancy entr'ouvit une croisée et se pencha au dehors.

Les premières clartés de l'aube glissaient à la cime des tours.

— Tout dort, murmura la camérière. Il n'y a d'éveillé que la sentinelle qui se promène gravement dans la cour.

Et Nancy descendit avec Raoul, laissant la reine et Hogier en arrière.

Nancy alla droit à la sentinelle :

— Où est le capitaine de la porte? lui demanda-t-elle.

— Là ! fit le soldat surpris de voir la jeune fille levée à pareille heure.

Et il indiquait le corps de garde.

Les soldats sommeillaient sur leur lit de camp, mais le capitaine, à califourchon sur un escabeau, fumait gravement comme un vrai reître qu'il était.

Il fut non moins surpris que la sentinelle en voyant Nancy sur le seuil.

Nancy mit un doigt sur ses lèvres et fit signe au capitaine de sortir.

— Est-ce que S. M. la reine de Navarre aurait besoin de moi? fit le reître.

— Oui, fit Nancy.

— Je suis à ses ordres.
— Il faut nous ouvrir la porte.
— Hein?
— Et nous laisser sortir.
— Mais... à cette heure...

Et, stupéfait, le capitaine regardait la jeune fille.

— Et ne point parler de notre départ avant qu'on s'en aperçoive...
— Mais... enfin?...
— Monsieur, dit Nancy, je vais tout à l'heure vous rendre un grand service.

Et Nancy se dit tout bas :

— J'ai toujours détesté le duc d'Alençon. Je vais tâcher qu'il lui arrive malheur : ce sera toujours un ennemi de moins.

— Vous allez me rendre un service? fit le capitaine, de plus en plus étonné.

— Écoutez, continua Nancy, vous ne pouvez pas vous opposer à ce que la reine de Navarre sorte du château.

— Évidemment.

— Seulement vous avez le droit d'annoncer son départ.

— Ce cera même mon devoir.

— Eh bien! je vous ferai une confidence tout à l'heure.

— A moi?

— Oui, et qui vous intéressera singulièrement, je vous jure.

— Mais...

— Chut! attendez...

En ce moment la reine descendait appuyée sur

Hogier, et Raoul avait sorti les chevaux des écuries.

— Faites ouvrir la porte, dit Nancy, et faites-moi un serment.

— Lequel?

— C'est que si ma confidence a pour vous l'importance que je crois...

— Eh bien?

— Vous serez muet sur notre départ le plus longtemps possible.

Et Nancy sauta lestement sur une haquenée blanche que Raoul tenait en main.

— Soit, dit le reître, je vous en fais le serment.

La reine et Hogier étaient déjà en selle.

Alors Nancy se pencha à l'oreille du capitaine.

— Le duc est au château, dit-elle.

— Comment! que dites-vous?

— Et vous le trouverez dans le parc avec votre pupille.

Le reître porta vivement la main à la garde de son épée.

— Oh! s'écria-t-il, s'il en est ainsi, le duc est un homme mort!

XXXIII

Deux jours après son départ du château d'Angers, madame Marguerite et sa suite arrivaient aux portes du Louvre, à cette heure crépusculaire qu'on a appelée *entre chien et loup*. L'auguste voyageuse s'arrêta devant la grande porte.

Deux lansquenets se promenaient de long en large, la hallebarde sur l'épaule, aux deux côtés de cette porte.

— Tiens, murmura madame Marguerite, il paraît qu'en mon absence on a changé bien des choses au Louvre.

— En effet, dit Nancy, jadis il y avait des Suisses ou des gardes.

— Et maintenant je vois des Allemands.

— C'est que probablement, reprit Nancy, le roi est à Saint-Germain.

— Non, ma mie, le roi est au Louvre.

— Qu'en sait Votre Majesté?

— Tiens! regarde!

Et Marguerite montrait l'oriflamme, ce vieil étendard des rois de France, qui se balançait, en haut du Louvre, au souffle des airs.

— C'est juste, dit Nancy.

Et la soubrette se laissa glisser à bas de sa haquenée.

Puis elle aborda un Allemand et lui dit :

— Fais donc ouvrir les portes !

— *Nein !* dit le reître, ce qui signifiait *non*, ou plutôt : « Je ne comprends pas ce que vous dites. »

Nancy lui montra la porte close :

— *Ya, ya,* fit-il.

Et il frappa avec sa hallebarde.

Un guichet s'ouvrit.

Alors Nancy se prit à parlementer avec l'officier du poste.

Cet officier était pareillement Allemand, seulement il comprenait tant bien que mal le français.

— Que *fulet fous*? demanda-t-il en regardant Nancy.

— Entrer, donc !

— On n'entre *bas*.

— Même quand on s'appelle la reine de Navarre ? fit Nancy.

L'officier regarda par-dessus l'épaule de la camérière et reconnut madame Marguerite.

— C'est autre chose, dit-il.

Il donna un ordre en allemand, et la porte s'ouvrit.

Marguerite et sa suite entrèrent dans la cour du Louvre.

L'officier la salua profondément, fit fermer la porte et rentra.

— Tout cela est fort singulier, pensa la reine de Navarre.

La grande cour du Louvre était encombrée de lansquenets, mais la reine eut beau regarder, elle n'aperçut aucun visage de connaissance.

— Voilà qui est bizarre ! murmura Nancy à l'oreille de Raoul.

Quant à Hogier, il n'était jamais entré au Louvre, et par conséquent il ignorait les us et coutumes.

La reine de Navarre était, comme Nancy, descendue de cheval, et elle se dirigea vers le perron du grand escalier.

Sur la première marche de ce perron, elle rencontra un vieillard. C'était Miron.

Miron fit un pas de retraite et salua la jeune reine avec étonnement.

— Mon Dieu! mon Miron, dit Marguerite, comme vous me regardez!

— J'ignorais la présence de Votre Majesté dans le Louvre.

— J'arrive.

— Ah!...

— Tenez!...

Et Marguerite montrait ceux qui l'accompagnaient et les chevaux.

— Ah! fit encore Miron.

Et il soupira.

— Mais, dit Marguerite inquiète, vous êtes bien sombre, mon bon Miron. Qu'avez-vous, mon Dieu?

— Votre Majesté ne sait rien peut-être?

— Absolument rien.

Miron soupira une troisième fois.

— De quoi s'agit-il donc?

— Le roi est malade.

— Malade! le roi, mon frère?

— Oui, madame.

— Qu'a-t-il donc?

— Il est fou.

Marguerite jeta un cri.

— Fou! dit-elle, le roi de France est fou?

— Oui, madame.

— Mais qui donc règne au Louvre, alors?

— La reine-mère.

Marguerite pâlit.

— Et le duc de Guise, ajouta Miron.

La jeune reine eut un frisson mortel, et son sang se glaça.

— Et cette nuit, ajouta Miron, il va se passer d'étranges choses à Paris.

Marguerite fut saisie tout à coup d'une terreur folle.

— Où donc est le roi de Navarre ? dit-elle.

— Ici.

— Sain et sauf?

— Jusqu'à présent, madame.

Ces mots jetèrent l'épouvante dans le cœur de Marguerite.

— Ah! Miron, Miron! dit-elle, il faut que vous me disiez la vérité !

Miron parut hésiter.

— Miron, Miron, répéta la jeune reine, seriez-vous donc l'ami de la reine-mère, que vous gardez le silence ?

Miron secoua la tête.

— Parlez donc alors ! fit Marguerite.

— Pas ici, madame.

— Pourquoi ?

— Les murs du Louvre ont des oreilles.

— Mais où voulez-vous donc que je vous voie ? fit Marguerite avec angoisse... chez moi?

Un triste sourire vint aux lèvres de Miron.

— Vous ne pourrez rentrer chez vous.

— Pourquoi ?

— Parce que le roi de Navarre y est prisonnier !

Marguerite leva les mains au ciel.

— Mon Dieu ! dit-elle.

Mais le médecin du roi, au lieu de répondre à Marguerite, jetait un regard autour de lui, et, du haut de l'escalier, plongeait dans la cour.

Il n'y avait dans cette cour que des Suisses et des lansquenets, tous gens épais qui ne connaissaient que leur consigne et ne se seraient point émus si le monde s'était écroulé.

On ne voyait au milieu d'eux aucun de ces gentilshommes français ou de ces pages pour qui les nouvelles du jour, les petits cancans de galanterie étaient matière à longs discours.

Miron dit à Marguerite :

— Je gage qu'aucun de ces gens ne sait que Votre Majesté était absente du Louvre depuis près de huit jours.

— C'est possible.

— Et qu'ils lui ont ouvert la porte, persuadés qu'elle revenait de faire une promenade.

— Eh bien ? fit Marguerite.

— Qui sait, murmura Miron, si la reine-mère apprendra le retour de Votre Majesté ?

— Mais certainement, car je la veux voir ce soir, moi.

— Ah!...

— Et lui demander compte...

— Chut! madame, fit Miron en posant un doigt ses ses lèvres.

Puis il se pencha vers Marguerite.

— Je risque peut-être ma tête, dit-il; mais je serais heureux de mourir pour Votre Majesté. Venez chez moi, madame.

— Soit!... dit Marguerite qui se sentait gagnée par une vague épouvante.

Le médecin du roi, Miron, le frère de ce prévôt des marchands, François Miron, qui devait devenir fameux dans l'histoire, Miron, disons-nous, occupait au Louvre un petit appartement situé dans l'aile opposée à celle qu'habitaient madame Marguerite, le roi de Navarre et la reine-mère.

Cet appartement communiquait, par une petite porte, avec ceux du roi.

Ce fut là que Miron conduisit Marguerite.

Il s'enferma avec elle dans la pièce la plus reculée, s'assura qu'on ne pouvait l'entendre du dehors, et alors il changea d'attitude, redressa fièrement sa tête blanche et dit :

— Ah! madame, Votre Majesté a raison de revenir ; il n'est que temps, et peut-être même sera-t-il trop tard…

— Trop tard!…

— Oui, pour sauver le roi de Navarre.

— Oh! dit Marguerite, je sais bien qu'on médite un massacre des huguenots.

— C'est pour cette nuit.

— Dites-vous vrai, Miron?

— Hélas!

— Mais il est impossible que le roi de Navarre soit compris dans ce massacre.

— Oui et non.

Miron prit un air mystérieux.

— Que voulez-vous dire? fit Marguerite.

— Ecoutez, madame. Le roi est fou depuis hier matin. Il a été saisi d'un accès de fièvre chaude et bien lui en a pris, l'histoire ne laissera point peser sur lui seul la responsabilité des crimes qui vont s'accomplir.

— Eh bien! cette folie?…

— Cette folie est venue à propos pour la reine-mère et les princes lorrains, car ils avaient ourdi un immense complot.

— Et... ce complot ?...

— Avait pour but d'enlever le roi, de le séquestrer provisoirement, s'il refusait de signer les ordres du massacre.

— Mais c'était un crime de haute trahison !

— Bah !... fit Miron avec amertume, la reine-mère en a commis bien d'autres.

— Après ? fit Marguerite.

— Heureusement pour eux, le roi est devenu fou.

— Mais comment ?

— A la suite d'un accès de colère.

— Ah !...

— Et sa folie est devenue furieuse, et elle semble toutefois être guidée par un reste de raison.

— En vérité !

— Le roi s'occupe des affaires du royaume depuis ce matin ; il parle de faire un traité avec l'Espagne, de déclarer la guerre à l'électeur palatin et aux Pays-Bas. On lui a persuadé que le royaume de France n'avait d'autres ennemis que les huguenots, et on lui a fait signer l'ordre du massacre.

— Mais cet ordre, s'écria Marguerite, ne peut concerner le roi de Navarre.

— C'est vrai, madame.

— Ah ! vous voyez...

— Quand on a osé parler du roi de Navarre devant le roi, continua Miron, il s'est mis en fureur, disant : « Oh ! celui-là, c'est mon ami, et je ne veux pas qu'il lui arrive malheur. Seulement rendez-le prisonnier ; c'est un huguenot, il faut défier. »

— Et c'est pour cela ?...

— Attendez, madame, attendez !... poursuivit lon. Si le roi de Navarre demeure au Louvre échappera au poignard des assassins.

— Et s'il fuit ?...

— Il sera massacré avant d'avoir atteint une portes de Paris.

— Je ne comprends plus, murmura Marguerite.

— Ah ! c'est que, dit Miron, Votre Majesté pas compté sur le génie infernal de la reine-mère.

— Qu'a-t-elle donc encore inventé ?

— Écoutez... le roi de Navarre a, dans Paris quatre hommes qui lui sont dévoués à la vie, à mort.

Marguerite tressaillit et songea à Hogier de Lév

— L'un se nomme Noë, vous le connaissez ?

— Oui, fit Marguerite d'un signe.

— Le second, vous le connaissez encore, c'est brac.

— Oh ! certes !

— Les deux autres sont deux jeunes gentilshommes nommés Lahire et Hector.

— Eh bien ! ces quatre hommes ?...

— Trois sont libres...

— Ah !...

— Un est prisonnier.

— Lequel ?

— Pibrac.

Marguerite eut un geste douloureux.

— C'est-à-dire, reprit Miron, il ne l'est plus.

— Comment cela ?

— Le premier soin de la reine-mère, en devenant toute-puissante par suite de la folie du roi, a été de faire arrêter Pibrac.

— Cela devait être, murmura Marguerite avec ironie.

— On a conduit Pibrac au château de Vincennes, ainsi qu'un page du nom de Gauthier, puis on les a laissés s'évader.

— Dans quel but ?

— Vous allez voir. Pibrac libre s'est empressé de rejoindre Noë et les deux autres gentilshommes gascons.

— Bien.

— A eux quatre ils ont médité un plan d'évasion pour le roi de Navarre, sans se douter que la facilité qu'ils rencontraient à l'exécuter les perdrait tous.

— Je ne comprends pas, dit la reine de Navarre.

— Attendez, Pibrac a cru pouvoir compter sur un vieil ami, un officier des gardes, qui lui a proposé de sauver le roi de Navarre.

— Et... cet officier ?...

— Est un traître, madame. Dans une heure, auparavant, peut-être, la fuite du roi de Navarre aura été assurée, du moins en apparence. Grâce à une échelle de corde, il pourra sortir du Louvre.

— Et puis ?

— Il trouvera des chevaux derrière l'église Saint-Germain pour lui et ses hommes.

— Et après ?

— Pibrac compte sur un autre officier qui gard la porte Saint-Jacques.

— Et c'est également un traître ?

— Oui, madame.

— Arrivés à la porte Saint-Jacques, le roi de Navarre et les siens seront pris entre deux feux d'arquebusades.

— Oh! s'écria Marguerite, cela ne sera pas, je le sauverai!... je verrai le roi, je lui dirai...

— Chut! Ce n'est point le roi qu'il faut voir.

— Qui donc alors ?

— Il faut empêcher le roi de Navarre de sortir du Louvre.

Et Miron regarda le sablier qui marquait les heures dans un coin de son laboratoire.

— Il est neuf heures, dit-il. Hâtez-vous, madame.

— Mais le roi de Navarre est prisonnier !

— Oui.

— Comment arriver jusqu'à lui ?

Miron eut un mystérieux sourire :

— Je connais un chemin, dit-il.

— Ah! lequel ?

— Votre appartement communique avec celui du roi, n'est-ce pas ?

— Oui.

— Et il existe un passage secret entre votre appartement et celui de Pibrac ?

— Justement.

— Eh bien, depuis que Pibrac a été envoyé à Vincennes, sa chambre est libre.

— Très-bien! Mais comment arriver jusqu'à cette chambre ?

— Par le corridor de l'aile gauche.

— Et nous ne rencontrerons personne?

— Je ne crois pas. On n'a gardé au Louvre que des Suisses et des Allemands.

— Ah! dit Marguerite, il peut se faire que le roi de Navarre, quand on verra qu'il n'a pas fui, soit attaqué chez lui.

— Eh bien! ses amis le défendront.

— Et je lui ferai un rempart de mon corps, moi, dit la jeune femme avec enthousiasme.

Puis elle songea à Hogier et au page Raoul :

— Et, ajouta-t-elle, j'ai encore deux bonnes épées à lui donner.

Elle s'était penchée à une fenêtre qui donnait sur la cour, où Raoul et Hogier causaient avec un lansquenet.

Nancy, à quelques pas de là, jasait avec un reître.

— Nancy! appela Marguerite.

Nancy comprit que la reine de Navarre avait besoin d'elle.

Elle quitta la place, après avoir examiné la fenêtre où madame Marguerite lui était apparue un moment et s'être assurée que c'était celle de Miron, puis elle monta lestement chez le médecin du roi.

— Ah! dit-elle en entrant, j'ai appris bien des choses depuis dix minutes.

— Qu'as-tu donc appris?

— C'est pour cette nuit le massacre. Les lansquenets ont double paie et tous les bourgeois sont armés.

— Je sais tout cela.

— Déjà?

— Va me chercher Hogier et Raoul.

Nancy redescendit aussi lestement qu'elle était montée.

Deux minutes après, Hogier et Raoul arrivèrent.

— Mes amis, leur dit Marguerite, il faut se battre

— Quand? demanda Raoul.

— Cette nuit.

— Est-ce pour le roi de Navarre?

— Oui.

— Ah! morbleu! dit le page, regardez! mon épée sort du fourreau toute seule.

Hogier ne souffla mot, mais il leva sur Marguerite un regard qui semblait dire :

— Je vais donc pouvoir mourir... mourir en vous aimant, mourir pour mon roi, que j'ai trahi.

— Et moi, dit Miron qui décrocha une épée appendue au mur et redressa fièrement sa grande taille voûtée, moi aussi je le défendrai, ce jeune roi, contre qui grondent tant de haines et de colères!

— Toi? fit Marguerite; toi, mon vieux Miron, mon ami?

Et elle lui prit les mains.

— Madame, répondit le vieillard dans les yeux duquel s'allumèrent soudain les rayons enthousiastes de la jeunesse, je suis dévoué au roi de France, d'abord parce que c'est le roi, ensuite parce qu'il est le fils du roi Henri II, qui m'appelait son ami. La reine-mère est et sera toujours pour moi une étrangère, et entre une princesse italienne et un prince de la maison de France, entre madame Catherine et l'époux de la fille de mon roi, mon cœur n'hésitera pas.

— Vous êtes un noble cœur, Miron, dit Marguerite.

Miron lui montra l'épée qu'il tenait.

— La reconnaissez-vous ? dit-il.

— Oui, c'est celle de mon père.

— Eh bien !...

— Eh bien ! ce n'est pas toi qui t'en serviras, Miron.

— Qui donc, madame ?

— C'est le roi de Navarre ; elle lui portera bonheur.

Miron s'inclina.

— Vous avez raison, madame, dit-il. Il faut une noble main et un jeune bras pour la soutenir.

Et il alla prendre une seconde épée pareillement appendue au mur.

— Et maintenant, ajouta-t-il, marchons !

— Madame, dit Nancy, qui venait de reboucler elle-même le ceinturon de son cher Raoul, si nous sortons sains et saufs de cette terrible nuit, ferez-vous quelque chose pour vos serviteurs ?

Et la jeune fille, qui avait dans les veines un vieux sang de gentilhomme, regardait Raoul avec fierté.

— Oui, répondit Marguerite, tu épouseras Raoul, et...

— Et ?... fit Nancy.

— Il sera cornette dans les gardes du roi de Navarre.

— Par Jupiter ! s'écria Raoul, je suis capable de tuer dix Lorrains cette nuit.

Et il mit flamberge au vent.

— Chut ! fit Miron.

Il ouvrit la porte qui donnait sur le corridor et l'aile gauche.

Ce corridor était sombre et désert.

Cependant, à l'extrémité, à la porte de l'appartement jadis occupé par Pibrac, Miron, fut fort étonné de trouver un reître en sentinelle.

— Place! lui dit-il.

Mais le reître ne bougea pas :

— On ne *basse pas !* dit-il.

— Ne me reconnais-tu point?

— Vous êtes le médecin du roi.

— Alors?...

— Mais vous ne *basserez bas* tout de même !

Et le reître se mit en travers la porte, ajoutant :

— J'ai ma consigne.

— De qui la tiens-tu ?

— Du duc de Guise.

— Il faut nous débarrasser de cet homme, pensa Miron.

Et, tout vieux qu'il était, il saisit le reître à la gorge, avant que celui-ci eût songé à faire usage de ses armes et à pousser un cri d'alarme ; puis il lui plongea sa dague dans la poitrine jusqu'au manche.

Le reître étouffa un juron et s'affaissa sur lui-même.

— La place est libre, dit Miron.

Et il repoussa le cadavre du pied et ouvrit la porte de l'appartement de Pibrac.

....

Voilà comment madame Marguerite était arrivée chez le roi de Navarre au moment où ce dernier refusait de prendre la fuite.

XXXIV

Tandis que Lahire et Hector accouraient se ranger auprès de leur roi, il y eut un moment de silence parmi les personnes qui environnaient Henri.

— Enfin Noë dit à la reine :

— Ah ! madame, madame, mieux vaudrait fuir que rester ici.

— Fuir, dit Marguerite, c'est la mort.

Et regardant Pibrac :

— Vous étiez à Vincennes hier ?

— Oui, madame.

— Comment vous êtes-vous évadé ?

— Grâce à Gauthier..

Pibrac désignait le page.

— Parlez, dit Maguerite à ce dernier.

On ne savait trop où la reine voulait en venir, mais elle avait un tel accent d'autorité qu'il était impossible d'oser l'interrompre.

Et comme Gauthier étonné semblait hésiter encore.

— Mais parlez donc ! fit-elle.

Gauthier dit alors :

— On m'a arrêté hier à midi. C'est un officier des gardes qui a servi sous les ordres de M. de Pibrac.

— Son nom?

— Mazzoli.

— C'est un Italien, dit la reine.

— Or, poursuivit Gauthier, ce garde m'a conduit d'abord dans la cour du Louvre.

— Bien.

— Là, il m'a fait monter à cheval et m'a dit : Je vous mène à Vincennes.

— Y demeurerai-je longtemps ?

— Cela dépendra de vous, m'a-t-il répondu d'un air mystérieux.

— Je l'ai regardé avec étonnement. Il a continué :

— Connaissez-vous le gouverneur du donjon de Vincennes ?

— Non.

— C'est un de mes amis.

— Ah !

— Un gentilhomme nommé La Lande, qui m'est fort dévoué.

— A vous ?

— A moi, Francesco Mazzoli : vous vous recommanderez de moi.

— Et il me mettra en liberté ?

— Oh ! je n'ai pas dit cela. Mais enfin, qui sait ?...

Sur ces mots ambigus, le capitaine me confia aux mains de quatre reîtres, qui me conduisirent à Vincennes. Là, continua Gauthier, je m'aperçus qu'on remettait au sire de La Lande, le gouverneur du donjon, un pli cacheté.

— Et vous ignorez ce qu'il contenait ?

— Absolument. On m'enferma dans la grosse tour, au 2e étage, et le guichetier qui me conduisit me dit :

— Vous êtes voisin de M. de Pibrac.

— Où donc est-il ?

— Là, derrière ce mur.

— Me sera-t-il permis de le saluer ?

— Ma foi ! dit le guichetier, je le demanderai au gouverneur.

La chambre qu'on m'assignait pour prison et celle qui était occupée par M. de Pibrac donnaient toutes deux sur un corridor, fermé lui-même par une solide porte de chêne ferrée de haut en bas ; de telle façon qu'on eût ouvert le cachot de M. de Pibrac et le mien, et qu'on nous eût laissé le corridor pour préau, que nous n'en aurions pas moins été prisonniers.

Le guichetier qui m'avait enfermé revint au bout d'une heure :

— Il paraît, me dit-il, que vous êtes chaudement recommandé au gouverneur.

— Par qui ?

— Par un officier des gardes.

Je songeai soudain à Mazzoli.

— Eh bien ? fis-je en regardant le guichetier.

— Et le gouverneur vous permet de voir M. de Pibrac.

— Parfait.

Sur ce, le guichetier alla ouvrir la porte du capitaine des gardes ; je le suivis et j'entrai.

On laissa les portes de nos deux cachots ouvertes, seulement on ferma celle du corridor, et derrière elle nous entendîmes retentir le pas d'une sentinelle.

Et, dit M. de Pibrac à son tour, nous passâmes la journée ensemble. Le soir on ne nous sépara point.

Vers neuf heures, on nous apporta à souper.

Notre souper se composait d'un broc de vin, d'une hure de sanglier et d'un pain énorme.

— C'est moi qui coupai le pain, reprit Gauthier, et je fus fort étonné de rencontrer une certaine résistance filandreuse. Le pain renfermait une corde de soie à nœuds, une lime et un billet.

— Et... ce billet? demanda Marguerite.

— Etait d'une écriture inconnue et contenait ces quelques mots :

« La corde est longue, la terre est dure, la sentinelle qui veille au bas de votre fenêtre sait dormir à propos. »

— Bon! fit Marguerite, je comprends... vous avez scié un barreau de fer?

— Oui.

— Et la corde vous a servi d'échelle pour descendre?

— Justement.

— Et vous avez cru à la protection d'un ami?

— Naturellement.

— Eh bien! cet ami était un traître.

Pibrac et Gauthier se récrièrent.

— Oh! poursuivit Marguerite, je devine le reste, allez!...

Vous êtes revenus à Paris, vous avez retrouvé Noë, Hector et Lahire.

— Ils se creusaient la tête pour trouver un moyen de délivrer le roi de Navarre.

— Et ils ne le trouvaient pas ?

— Non, dit Gauthier.

— Mais, moi, fit Pibrac, je le trouvai.

— En vérité !

— J'avais laissé des amis parmi les gardes et les officiers de reîtres.

— Ces amis-là, interrompit Marguerite, sont des traîtres.

Et tandis que Pibrac hochait la tête d'un air incrédule :

— Ne deviez-vous pas sortir par la porte Saint-Jacques?

— Oui, madame.

— Eh bien! c'est là que vous attend une double arquebusade.

Tous tressaillirent.

Alors la porte où s'était introduite madame Marguerite se rouvrit et Miron entra :

— Sire, dit-il au roi de Navarre, si vous ne voulez mourir massacré, sans défense, comme une victime qu'on égorge, il faut rester ici.

— Ici! firent les Gascons.

— Nous nous barricaderons, continua Miron, qui brandissait une épée nue, et s'il faut périr, nous vendrons chèrement nos vies.

En ce moment, Hector et Lahire entrèrent et vinrent se placer silencieusement à la gauche du roi.

Soudain une détonation se fit entendre, un éclair brilla de l'autre côté de la Seine.

— Minuit !... Voilà le signal! dit Miron, c'est le massacre qui commence.

Et tout aussitôt, au premier coup d'arquebuse mille autre coups répondirent, et Paris qui, moins d'une heure auparavant, semblait sommeiller sous la protection du couvre-feu, s'éveilla frémissant, hurlant, en délire, et l'on entendit des cris de fureur et des cris de détresse, des imprécations de bourreaux et des gémissements des victimes éveillées en sursaut et frappées dans leur lit.

Et, comme une foule de populaire passait frissonnante, éperdue, fuyant devant les massacreurs, entre le fleuve et les murs du Louvre, une fenêtre du royal édifice s'ouvrit, et Marguerite, qui s'était penchée au dehors, put voir un spectacle étrange, épouvantable.

Un homme à demi vêtu, hors de lui, furieux, en délire, déchargeait une arquebuse sur cette foule, jetait l'arme fumante loin de lui, en prenait une autre des mains d'un valet, et recommençait à tirer sur ce peuple désarmé qui fuyait épouvanté.

Cet homme, ce bourreau, ce fou, c'était Charles IX..................................

XXXV

Le massacre avait commencé dans les rues de Paris, il pénétra bientôt dans le Louvre.

Tout à coup un cri terrible, immense, retentit à travers les salles et les corridors, et d'étage en étage arriva jusqu'à Henri de Bourbon qu'entouraient ses fidèles défenseurs.

— *Mort au roi de Navarre !*

— Voici l'heure, murmura Henri, et il ne sera point dit que nous aurons attendu l'ennemi. Allons à sa rencontre.

La pièce contiguë à celle où Henri était demeuré jusque-là était une vaste salle dans laquelle on aurait pu livrer une bataille rangée.

Au moment où on attaquait les portes, Henri et ses défenseurs, au milieu desquels se trouvait toujours Marguerite, formaient un petit bataillon carré.

La porte, volant en éclats, livra passage à une douzaine de reîtres. Mais, pour Henri et ses Gascons, c'étaient là de pauvres adversaires : les douze reîtres tombèrent l'un après l'autre sans avoir tué personne au roi de Navarre.

Lahire seul avait reçu un coup de hallebarde qui pourtant ne le mit point hors de combat.

Mais bientôt arrivèrent des combattants plus redoutables.

Ceux-là portaient la croix de Lorraine sur l'épaule, et à leur tête marchait un homme que Marguerite reconnut sur-le-champ et qui reconnut Marguerite.

C'était le duc de Guise.

— Ah! ah! dit-il en marchant à Henri l'épée haute, vous êtes donc toujours aimé?

— Bien! répondit Henri, à la bonne heure! au moins vous avez le courage de votre haine!

Les hommes qui marchaient avec le duc de Guise étaient au nombre de dix. Parmi eux il y avait encore Eric et Crèvecœur et Conrad de Saarbruck.

— Mort à Navarre! Vive Lorraine! cria le duc.

— Vive le roi! répondirent les Gascons.

Et la lutte s'engagea terrible, acharnée et sans relâche.

Le duc et Henri avaient croisé le fer, et s'étaient blessés réciproquement, mais leurs blessures étaient légères et ne les mettaient point hors de combat.

Lahire et le comte Eric avaient fait coup fourré.

Pibrac avait tué deux Lorrains.

Hector avait été renversé d'un coup de hallebarde et le page Gauthier était tombé frappé d'un coup d'épée dans le flanc.

Le combat durait depuis une heure environ, lorsque Hogier, qui combattait à la droite du roi de Navarre, vit un Lorrain qui, derrière le duc de Guise, ajustait Henri avec un pistolet et faisait feu.

Hogier bondit de côté, se jeta devant le roi de Navarre et reçut la balle en pleine poitrine.

Il tomba sanglant aux pieds du roi en murmurant :

— Mon roi me doit la vie. J'ai reconquis l'honneur.

— Puis un nom, un nom aimé vint mourir sur ses lèvres.

Ce nom, nul ne l'entendit.

Tout à coup, au seuil de cette salle convertie en champ de bataille, et dans laquelle les deux princes, sanglants, tous deux haletants, voyaient tomber un à un leurs défenseurs, on entendit une voix tonnante qui criait :

— Bas les armes ! messieurs, bas les armes !

C'était la voix de Charles IX, de Charles IX qui avait eu un éclair de raison, dont la folie s'était calmée soudain, et que l'horreur de cette nuit de meurtre et de carnage commençait à pénétrer.

Et au son de cette voix, les combattants s'arrêtèrent.

Alors le roi Charles IX marcha droit au roi de Navarre, étendit la main sur lui et dit :

— Cet homme est sacré ! c'est mon frère !

Le roi de Navarre était sauvé.

Marguerite, elle, était agenouillée auprès de Hogier de Lévis, qui allait mourir.

FIN

OUVRAGES DU MÊME AUTEUR
format grand in-18 jésus.

LES NUITS DU QUARTIER BRÉDA
1 volume inédit.. 3 fr.

LA JEUNESSE DU ROI HENRI
I. La belle Argentière. 1 vol.......................... 3 fr.
II. La Maîtresse du roi de Navarre. 1 vol....... 3 fr.
III. Les Galanteries de la Cour. 1 vol.............. 3 fr.
IV. Les Aventures de la cour. 1 vol................ 3 fr.
V. Les Amours de la Belle Nancy. 1 vol......... 3 fr.
VI. La Saint-Barthélemy. 1 vol....................... 3 fr.

I. Les Hommes du bois. 1 vol......................... 3 fr.
II. L'Auberge maudite. 1 vol........................... 3 fr.

LES NUITS DE LA MAISON DORÉE
1 volume... 3 fr.

LE CHIFFONNIER
1 volume... 3 fr.

L'HÉRITAGE DU COMÉDIEN
1 volume... 3 fr.

UN CRIME DE JEUNESSE
1 volume... 3 fr.

MÉMOIRES D'UN GENDARME
1 volume... 3 fr.

LES DRAMES DE PARIS
I. L'Héritage mystérieux. 1 vol...................... 3 fr.
II. Le Club des Valets de cœur. 1 vol............. 3 fr.
III. Turquoise la Pécheresse. 1 vol.................. 3 fr.

LES EXPLOITS DE ROCAMBOLE
I. Une Fille d'Espagne. 1 vol......................... 3 fr.
II. La Mort du Sauvage. 1 vol......................... 3 fr.
III. La Revanche de Baccarat. 1 vol................ 3 fr.

LA RÉSURRECTION DE ROCAMBOLE
I. Le Bagne de Toulon. 1 vol......................... 3 fr.
II. Saint-Lazare. 1 vol.................................... 3 fr.
III. L'Auberge maudite. 1 vol.......................... 3 fr.
IV. La Maison de fous. 1 vol........................... 3 fr.
V. Le Souterrain. 1 vol.................................. 3 fr.

LE DERNIER MOT DE ROCAMBOLE
I. Les Ravageurs. 1 vol................................. 3 fr.
II. Les Étrangleurs. 1 vol............................... 3 fr.
III. Les Millions de la Bohémienne. 1 vol........ 3 fr.
IV. La Belle Jardinière. 1 vol.......................... 3 fr.
V. Un Drame dans l'Inde. 1 vol...................... 3 fr.

PAS DE CHANCE
I. Mémoires de deux Saltimbanques. 1 vol..... 3 fr.
II. Le Mauvais Œil. 1 vol................................ 3 fr.

LES FILS DE JUDAS
I. Un Conte des Mille et une Nuits. 1 vol...... 3 fr.
II. L'Amour fatal. 1 vol.................................. 3 fr.

MON VILLAGE
I. Mademoiselle Mignonne. 1 vol................... 3 fr.
II. La mère Miracle. 1 vol.............................. 3 fr.
III. Le Brigadier la Jeunesse. 1 vol................. 3 fr.

www.ingramcontent.com/pod-product-compliance
Lightning Source LLC
Chambersburg PA
CBHW071108230426
43666CB00009B/1868